21 世纪全国高职高专汽车类规划教材

汽车传感器与检测技术

主　编　郭　彬
副主编　郭伟东　李贵炎

内 容 简 介

本书是根据高职高专汽车电子技术等专业课程建设的需要,在讲述通用传感器的基础上,突出介绍汽车常见传感器的结构、原理与检测;同时尽量反映传感器及检测技术在汽车领域内的新技术和新动向。

本书主要介绍传感器技术在汽车工业中的重要地位;传感器的基本概念和技术现状;检测技术的基本知识;在讲述常用传感器的工作原理及应用的基础上,重点介绍现代汽车通用传感器的结构、原理与检测;最后简要介绍抗干扰技术和自动检测系统在汽车上的应用。

本书可作为高职高专院校汽车电子技术、汽车检测与维修以及汽车运用技术等专业的教材,亦可供从事汽车电子元件制造、汽车运输、汽车检测等相关专业的工程技术人员参考。

图书在版编目(CIP)数据

汽车传感器与检测技术/郭彬主编. —北京:北京大学出版社,2010.7
(21世纪全国高职高专汽车类规划教材)
ISBN 978-7-301-13046-9

Ⅰ. 汽… Ⅱ. 郭… Ⅲ. 汽车—传感器—检测 Ⅳ. U463.607

中国版本图书馆 CIP 数据核字(2007)第 192161 号

书　　　　名:	汽车传感器与检测技术
著作责任者:	郭　彬　主编
策划编辑:	胡伟晔
责任编辑:	桂　春
标准书号:	ISBN 978-7-301-13046-9/U·0007
出版发行:	北京大学出版社
地　　　址:	北京市海淀区成府路 205 号　100871
电　　　话:	邮购部 62752015　发行部 62750672　编辑部 62765126　出版部 62754962
网　　　址:	http://www.pup.cn
电子信箱:	zyjy@pup.cn
印　刷　者:	三河市博文印刷有限公司
经　销　者:	新华书店
	787 毫米×1092 毫米　16 开本　15.5 印张　384 千字
	2010 年 7 月第 1 版　2022 年 1 月第 9 次印刷
定　　　价:	32.00 元

未经许可,不得以任何方式复制或抄袭本书之部分或全部内容。

版权所有,侵权必究

举报电话: 010-62752024　电子信箱: fd@pup.pku.edu.cn

前 言

现代汽车制造业融合了各学科高新技术，其中应用最广泛、影响最大的是电子技术。根据粗略估算，汽车电子产品在豪华车上占总价值的40%，并且这个比例还有上升的趋势。很多城市，例如深圳、天津等城市也都把汽车电子技术作为重点支持产业。

汽车传感器作为汽车电子控制系统的信息源，是汽车电子控制系统的关键部件，也是汽车电子技术领域研究的核心内容之一。目前，一辆普通家用轿车上大约安装有几十到近百个传感器，而豪华轿车上的传感器数量可多达两百余个。汽车传感器在汽车上主要用于发动机控制系统、底盘控制系统、车身控制系统和导航系统中。

近年来，由于汽车电子技术和电子产品市场的发展，全国各高职高专院校纷纷开设汽车电子技术专业，但是相关教材建设还严重滞后。汽车传感器与检测技术作为汽车电子技术专业和汽车检测与维修技术专业的主干课程，这门课程教学的质量直接影响到学生对其他专业课程的理解。

由于汽车传感器与检测技术课程的教学在国内还处在初级阶段，各高职高专院校还没有一套相应的针对汽车相关专业的传感器与检测技术教学资源。因此，我们遵循"加快教学改革，主动适应社会，服务汽车行业，努力办出特色"的教学理念，为了不断优化专业课程结构，紧跟汽车工业发展的新技术，满足教学需要，保证教学效果，组织编写了本教材。本教材有以下特色。

① 根据高职高专汽车电子技术等专业的需要，将机电类"传感器与检测技术"课程与汽车类"汽车传感器检测技术"课程进行整合，在介绍通用传感器技术的基础上，突出汽车用传感器，以满足专业需要。

② 定位高职高专，适当淡化理论和数学公式的推导，强调传感器的应用及检测。

全书共分8章，主要介绍传感器技术在汽车工业中的重要地位；传感器的基本概念和技术现状；检测技术的基本知识；在讲述常用传感器的工作原理及应用的基础上，重点介绍现代汽车通用传感器的结构、原理与检测；最后简要介绍抗干扰技术和自动检测系统在汽车上的应用。

本书编写本着理论知识以必需、够用为度的原则，立意取材新颖，重点突出，重视知识的应用及实践技能的培养。

本书可作为汽车类高职高专汽车电子技术、汽车检测与维修以及汽车运用技术等专业的教材，亦可供从事汽车电子元件制造、汽车运输、汽车检测等相关专业的工程技术人员参考。

本书由南京交通职业技术学院郭彬主编。第1章、第2章、第3章、第4章、第6章的6.1～6.7节由南京交通职业技术学院郭彬编写；第5章、第8章由南京交通职业技术学院郭伟东编写；第6章的6.8～6.9节、第7章由南京交通职业技术学院李贵炎编写。

本书在编写过程中，参考了大量的国内外技术资料，得到了南京交通职业技术学院汽车工程系领导和同事的大力支持。在此，谨向所有本书所引用的参考资料的作者及关心支持本书编写的同志表示感谢。

鉴于编者水平有限，书中缺点和错误在所难免，敬请读者和专家批评指正。

编者
2010年6月

目 录

第1章 绪论 (1)
  1.1 基本的电子控制系统 (1)
  1.2 汽车电子控制技术概述 (2)
  1.3 传感器技术在汽车工业中的地位 (6)

第2章 传感器的基本概念 (9)
  2.1 传感器的定义与组成 (9)
    2.1.1 传感器的定义 (9)
    2.1.2 传感器的组成 (9)
    2.1.3 对传感器的一般要求 (10)
  2.2 传感器的分类 (10)
  2.3 传感器的性能指标、命名和代号 (11)
    2.3.1 传感器的性能指标 (11)
    2.3.2 传感器的命名和代号 (12)
  2.4 传感器的基本特性 (15)
    2.4.1 传感器的静态特性 (15)
    2.4.2 传感器的动态特性 (19)
  2.5 传感器基本测量电路 (21)
    2.5.1 电桥的分类 (22)
    2.5.2 测量电桥的工作原理 (23)
  2.6 传感器的标定与校准 (25)
    2.6.1 传感器的标定 (26)
    2.6.2 传感器的校准 (27)
  2.7 改善传感器性能的主要技术途径 (27)

第3章 传感器技术现状 (30)
  3.1 发达国家传感器技术水平 (30)
  3.2 传感器技术发展方向 (32)

第4章 检测技术的基本知识 (35)
  4.1 检测的作用与意义 (35)
  4.2 现代检测系统的构成 (36)
    4.2.1 信号调理 (37)
    4.2.2 数据采集 (37)
    4.2.3 信号处理 (37)
    4.2.4 信号显示 (38)
    4.2.5 信号输出 (38)
    4.2.6 输入设备 (39)
    4.2.7 稳压电源 (39)

4.3　检测的一般方法 …………………………………………………………（39）
　　　　4.3.1　检测方法的分类 …………………………………………………（39）
　　　　4.3.2　检测方法的选择 …………………………………………………（42）
　　4.4　测量误差分析 ……………………………………………………………（43）
　　　　4.4.1　测量误差的基本概念 ……………………………………………（43）
　　　　4.4.2　测量误差的分类 …………………………………………………（44）
　　　　4.4.3　误差的处理 ………………………………………………………（46）

第5章　常用传感器的工作原理及应用 …………………………………（50）
　　5.1　电阻式传感器 ……………………………………………………………（50）
　　　　5.1.1　电阻式传感器的工作原理 ………………………………………（50）
　　　　5.1.2　电位器式传感器 …………………………………………………（50）
　　　　5.1.3　电阻应变片式传感器 ……………………………………………（53）
　　5.2　电容式传感器 ……………………………………………………………（57）
　　　　5.2.1　电容式传感器的工作原理 ………………………………………（57）
　　　　5.2.2　电容式传感器的测量电路 ………………………………………（60）
　　　　5.2.3　电容式传感器的应用 ……………………………………………（63）
　　5.3　电感式传感器 ……………………………………………………………（65）
　　　　5.3.1　电感式传感器的工作原理 ………………………………………（65）
　　　　5.3.2　自感式传感器 ……………………………………………………（65）
　　　　5.3.3　互感式传感器 ……………………………………………………（68）
　　　　5.3.4　电感式传感器的应用 ……………………………………………（71）
　　5.4　压电式传感器 ……………………………………………………………（73）
　　　　5.4.1　压电效应 …………………………………………………………（73）
　　　　5.4.2　压电式传感器的测量电路 ………………………………………（76）
　　　　5.4.3　压电式传感器的应用 ……………………………………………（78）
　　5.5　固态传感器 ………………………………………………………………（80）
　　　　5.5.1　磁敏传感器 ………………………………………………………（81）
　　　　5.5.2　热敏传感器 ………………………………………………………（84）
　　　　5.5.3　光电传感器 ………………………………………………………（88）
　　　　5.5.4　气体传感器 ………………………………………………………（91）
　　　　5.5.5　湿度传感器 ………………………………………………………（97）
　　5.6　光纤式传感器 …………………………………………………………（100）
　　　　5.6.1　光纤的结构、分类与工作原理 …………………………………（100）
　　　　5.6.2　光纤传感器的种类 ………………………………………………（101）
　　　　5.6.3　光纤传感器的特点 ………………………………………………（103）
　　　　5.6.4　光纤传感器的发展趋势 …………………………………………（103）
　　　　5.6.5　光纤传感器的应用 ………………………………………………（104）

第6章　汽车用传感器 ……………………………………………………（105）
　　6.1　汽车用传感器的特点 …………………………………………………（105）
　　6.2　汽车用传感器的分类 …………………………………………………（106）
　　6.3　空气流量传感器 ………………………………………………………（107）
　　　　6.3.1　概述 ………………………………………………………………（107）

6.3.2　叶片式空气流量传感器 …………………………………………… (109)
　　　6.3.3　卡门涡流式空气流量传感器 ………………………………………… (113)
　　　6.3.4　热线式空气流量传感器 …………………………………………… (120)
　　　6.3.5　热膜式空气流量传感器 …………………………………………… (123)
　6.4　压力传感器的结构、原理与检测 ……………………………………………… (125)
　　　6.4.1　概述 ……………………………………………………………… (125)
　　　6.4.2　半导体压敏电阻式进气歧管压力传感器 …………………………… (126)
　　　6.4.3　真空膜盒式进气压力歧管传感器 …………………………………… (128)
　　　6.4.4　发动机机油压力传感器及油压开关 ………………………………… (130)
　　　6.4.5　制动主缸油压传感器 ………………………………………………… (131)
　　　6.4.6　蓄压器压力传感器 …………………………………………………… (132)
　　　6.4.7　轮胎压力传感器 ……………………………………………………… (133)
　6.5　位置与角度传感器的结构、原理与检测 …………………………………… (136)
　　　6.5.1　曲轴与凸轮轴位置传感器 …………………………………………… (137)
　　　6.5.2　节气门位置传感器 …………………………………………………… (146)
　　　6.5.3　液位传感器 …………………………………………………………… (151)
　　　6.5.4　光电式车高传感器 …………………………………………………… (153)
　　　6.5.5　超声波距离传感器 …………………………………………………… (157)
　6.6　温度传感器的结构、原理与检测 …………………………………………… (158)
　　　6.6.1　概述 ……………………………………………………………… (158)
　　　6.6.2　热敏电阻式温度传感器 ……………………………………………… (159)
　　　6.6.3　热敏铁氧体温度传感器 ……………………………………………… (162)
　6.7　速度与减速度传感器的结构、原理与检测 ………………………………… (164)
　　　6.7.1　概述 ……………………………………………………………… (164)
　　　6.7.2　车速传感器 …………………………………………………………… (164)
　　　6.7.3　轮速传感器 …………………………………………………………… (169)
　　　6.7.4　减速度传感器 ………………………………………………………… (171)
　6.8　爆震与碰撞传感器的结构、原理与检测 …………………………………… (174)
　　　6.8.1　概述 ……………………………………………………………… (174)
　　　6.8.2　爆震传感器 …………………………………………………………… (175)
　　　6.8.3　碰撞传感器 …………………………………………………………… (185)
　6.9　气体浓度传感器的结构、原理与检测 ……………………………………… (196)
　　　6.9.1　概述 ……………………………………………………………… (196)
　　　6.9.2　氧传感器 ……………………………………………………………… (196)
　　　6.9.3　宽量程空然比传感器 ………………………………………………… (210)
　　　6.9.4　稀薄混合气传感器 …………………………………………………… (210)
　　　6.9.5　烟尘浓度传感器 ……………………………………………………… (212)

第7章　传感器与检测系统的信号处理技术 …………………………………… (215)
　7.1　电桥电路 ………………………………………………………………………… (215)
　　　7.1.1　电桥的种类 …………………………………………………………… (215)
　　　7.1.2　直流电桥 ……………………………………………………………… (215)
　　　7.1.3　交流电桥 ……………………………………………………………… (217)

7.2 信号放大 ………………………………………………………………………………… (217)
　　7.2.1 反相比例放大器 …………………………………………………………… (217)
　　7.2.2 同相比例放大器 …………………………………………………………… (218)
　　7.2.3 电压跟随器 ………………………………………………………………… (218)
　　7.2.4 差动放大器 ………………………………………………………………… (219)
　　7.2.5 交流放大器 ………………………………………………………………… (219)
　　7.2.6 加法器 ……………………………………………………………………… (220)
　　7.2.7 比较器 ……………………………………………………………………… (221)
7.3 信号变换 ………………………………………………………………………………… (224)
　　7.3.1 （0～10）mA 电压/电流变换 …………………………………………… (225)
　　7.3.2 （4～20）mA 电压/电流变换 …………………………………………… (225)

第8章 抗干扰技术和自动检测系统在汽车上的应用 ………………………………… (228)
8.1 汽车电控系统抗干扰技术简介 ………………………………………………………… (228)
8.2 自动检测系统在汽车上的应用 ………………………………………………………… (233)
　　8.2.1 概述 ………………………………………………………………………… (233)
　　8.2.2 汽车自动检测系统组成与实例 …………………………………………… (233)

参考文献 ………………………………………………………………………………………… (238)

第1章 绪　　论

1.1 基本的电子控制系统

电子控制系统一般都可分为传感器、控制器和执行器3部分。

① 传感器。将装置的物理参数转换为电信号（数字式或模拟式），用以监测装置的运行情况和环境条件，并将这些信号输送到控制器。换言之，传感器用各种电信号将一个虚拟的、与实际装置相同的模拟装置反映到控制系统中。视装置的复杂程度与控制需要的不同，传感器的数目也不同，一般可有几个至上百个。传感器可被视为控制系统的神经。

② 控制器。接收和处理传感器发出的各种信息，并对这些信息进行分析，以了解装置的情况；利用事先制定的控制策略，决定在当前的状态下该如何控制这个装置；最后将这种决定转换成一条或多条指令输送到执行器。控制器含有一个微处理器，并在内存中储存着设计者事先编制的程序或控制软件。控制器可被视为控制系统的大脑。

③ 执行器。接收控制器发来的各种指令，通过本身的设计，将电信号转变为执行元件的动作（可为电气元件的动作，也可为某种机械运动）。这些元件的动作将改变装置的运行条件，决定装置的运行和输出。执行器可被视为控制系统的肌肉。可以看出，整个控制系统中一直贯穿着大量信息的流动。电子控制系统正是从传感器的信息中了解装置的运行情况，用输入信息与自身储存的信息来决定控制的方式和指令，并将所产生的关于指令的信息输送到执行器来完成整个控制过程。

一个电子控制系统应该：

① 准确地执行它应有的功能。即使装置的输出准确地接近在一定输入条件下的理想输出。

② 足够快的反应。对输入的变化引起足够快的反应，且准确地追随这种变化。

③ 稳定性好。在输入信号改变，特别是突然变化时，控制系统的运作要稳定，而不是发散、振荡；要减小不稳定操作的变化幅度。

④ 只根据有效的输入来反应（抗干扰能力强）。

图 1-1 给出了一个典型的汽车发动机电子控制系统的构成情况。这一系统是 Bosch（博世）公司的 M（Motronic）型电子控制系统，用于直列四缸汽油机。其工作原理如下：

（1）传感器

传感器的作用是将发动机的工况及状态、汽车的行驶工况和状态等物理参量转变为电信号，输送给电子控制器。传感器是电子控制系统的"眼睛"和"耳朵"。

图 1-1 中，空气流量计用来测量进气空气的体积流量；节气门位置传感器用来测量节气门的开度；进气温度传感器用来测量进气入口处的空气温度；发动机冷却水温度传感器用来测量发动机出水口的冷却水温度；发动机转速与曲轴位置传感器用来测量曲轴转角的位置，并由此信号产生转速信号；λ 传感器用来测量排气中的氧含量。点火开关与启动开

关用来将点火与启动需求传送给控制器。

（2）控制器

控制器的作用是对各传感器输入的电信号进行综合的处理，作出实时的判断，并输出控制信号。电子控制器是电子控制系统的"大脑"。

（3）执行器

执行器则是根据控制器的控制信号作出相应的控制动作，将控制参量迅速调整到设定的值，使控制对象工作在设定的状态。

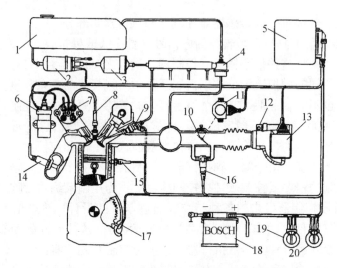

图 1-1 Bosch 公司的 M 型电控系统示意图

1—燃油箱；2—电动燃油泵；3—燃油滤清器；4—压力调节器；5—控制器；6—点火线圈
7—高压分电器；8—火花塞；9—喷油器；10—节气门；11—节气门位置传感器；12—空气流量传感器
13—电位器和空气温度传感器；14—λ传感器；15—发动机温度传感器；16—旋转式怠速执行器
17—转速和定时记号传感器；18—蓄电池；19—点火和启动开关；20—空调开关

图 1-1 中，喷油器与燃油泵由控制器控制。运行时燃油泵提供喷油所需要的恒定压力，一旦控制器将喷油命令送到喷油器，喷油器就开始向各缸的进气道喷射燃油。喷射的顺序与点火顺序相同。控制器根据转速和曲轴转角位置发出供点火用的低压脉冲电流，经过点火线圈升压后送到分电器，再分配到各缸。怠速由旁通空气阀控制。此时节气门全关，由控制器控制旁通空气阀的开度来调节怠速。

1.2 汽车电子控制技术概述

电子控制技术在汽车上的应用始于 20 世纪 60 年代，最初应用于燃油喷射、速度控制、制动防抱死等方面的电子控制装置，由晶体管分立元件组成。20 世纪 70 年代初期，汽车电子控制装置开始使用集成电路组成，其性能得到了提高而成本则逐渐下降，但这一时期汽车上应用电子控制技术还只是一种探索性的研究，商品化的汽车电子控制装置在汽车上的应用并不多。1976 年，美国通用公司首次将微处理器应用于汽车发动机点火控制，自此以后，以微处理器为控制核心的电子控制系统在汽车上迅速得到了广泛的应用。

微电子技术的发展给汽车电子控制技术的发展提供了必要的基础，而人们对汽车性能要求的提高，和汽车对安全、环保及能源的影响是汽车电子控制技术发展的原动力。汽车要消耗大量地球上有限的能源——石油，汽车排放的废气和产生的噪声对人类生存环境的污染，以及交通事故对人们生命的威胁，使安全、环保和节能成为现代汽车技术发展的主要课题。电子控制技术成为解决汽车技术难题、推动汽车技术进步的最有效手段。如今，以微处理器为控制核心的控制系统已广泛地运用于汽车发动机、底盘及车身的各个系统中，汽车也成了机电一体化的产品，并使得汽车的燃油经济性改善、废气污染下降，汽车的安全性、舒适性进一步得到了提高。

1. 电子控制技术在发动机上的应用

(1) 电子控制喷油装置（EFI）

在现代汽车上，机械式或机电混合式燃油喷射系统已趋于淘汰，电控燃油喷射装置因其性能优越而日益普及。电子喷油装置可以自动保证发动机始终工作在最佳状态，使其在输出一定功率的条件下最大限度地节油和净化空气。经过实验并修正得到发动机最佳工况时的供油控制规律、事先把这些客观规律编成程序存在微机的存储器中，当发动机工作时，根据各传感器测得的空气流量、排气管中含氧量、进气温度、发动机转速及工作温度等参数，按预先编好的运算程序进行运算、然后和内存中的最佳工况的参数进行比较和判断再调整供油量。这样就能够使发动机一直处于最优工作条件下运行，从而使发动机的综合性能得到提高。

(2) 电子点火装置（ESA）

它由微机、传感器及其接口、执行机构等部分构成。该装置可根据传感器送来的发动机各种参数进行运算、判断，然后进行点火时刻的调节，这样可以节约燃料，减少空气污染。此外，新型发动机电子控制装置还有自适应控制、智能控制及自诊断操作等。一般认为，发动机电子控制装置的节能效果在 15% 以上，而效果更明显的则是在环境保护方面。

除此之外，在发动机部分利用电子控制技术的内容还有：废气再循环（EGR）、怠速控制（ISC）、电动油泵、发电机输出、冷却风扇、发动机排量、节气门正时、二次空气喷射、发动机增压、油汽蒸发、系统自我诊断功能等，它们在不同的车型上都或多或少地被应用。

2. 电子控制技术在底盘上的应用

(1) 电控自动变速器（ECAT）

ECAT 可以根据发动机的载荷、转速、车速、制动器工作状态及驾驶员所控制的各种参数，经过计算机的计算、判断后自动地改变变速杆的位置，从而实现变速器换挡的最佳控制，即可得到最佳挡位和最佳换挡时间。它的优点是加速性能好、灵敏度高、能准确地反映行驶负荷和道路条件等。传动系统的电子控制装置，能自动适应瞬时工况变化，保持发动机以尽可能低的转速工作。电子气动换挡装置是利用电子装置取代机械换挡杆及其与变速机构间的连接，并通过电磁阀及气动伺服阀汽缸来执行。它不仅能明显地简化汽车操纵，而且能实现最佳的行驶动力性和安全性。

(2) 防抱死制动系统（ABS）

该系统是一种开发时间最长、推广应用最为迅速的重要的安全性部件。它通过控制防止汽车制动时车轮的抱死来保证车轮与地面达到最佳滑动率（15%～20%），从而使汽车在各种路面上制动时，车轮与地面都能达到纵向的峰值附着系数和较大的侧向附着系数，以保证车辆制动时不发生抱死拖滑、失去转向能力等不安全的工况，提高汽车的操纵稳定性和安全性，减小制动距离。驱动防滑系统（ASR）也叫做牵引力控制系统（TCS 或 TRC），是 ABS 的完善和补充，它可以防止启动和加速时的驱动轮打滑，既有助于提高汽车加速时的牵引性能，又能改善其操作稳定性。

(3) 电子转向助力系统

电子转向助力系统是用一部直流电机代替传统的液压助力缸、用蓄电池和电动机提供动力。这种微机控制的转向助力系统和传统的液压助力系统比起来具有部件少、体积小、重量轻的特点，最优化的转向作用力、转向回正特性，提高了汽车的转向能力和转向响应特性，增加了汽车低速时的机动性以及调整行驶时的稳定性。

(4) 适时调节的自适应悬挂系统

自适应悬挂系统能根据悬挂装置的瞬时负荷，自动地适时调节悬架弹簧的刚度和减震器的阻尼特性，以适应当时的负荷，保持悬挂的既定高度。这样就能够极大地改进车辆行驶的稳定性、操纵性和乘坐的舒适性。

(5) 常速巡行自动控制系统（CCS）

在高速长途行驶时，可采用常速巡行自动控制系统，恒速行驶装置将根据行车阻力自动调整节气门开度，驾驶员不必经常踏油门以调整车速。若遇爬坡，车速有下降趋势，微机控制系统则自动加大节气门开度；在下坡时，又自动关小节气门开度，以调节发动机功率达到一定的转速。当驾驶员换低速挡或制动时，这种控制系统则会自动断开。

随着世界各大汽车厂家对汽车安全问题的高度重视，安全气囊系统、行驶动力学调节系统（FDR 或 VDC）、防撞系统、安全带控制、照相控制等方面已大量采用了电子新技术。

3. 汽车电子控制技术应用的发展趋势

当前，汽车电子控制技术进入了优化人—汽车—环境的整体关系的阶段，它向着超微型磁体、超高效电机以及集成电路的微型化方向发展，并为汽车上的集中控制提供了基础（例如制动、转向和悬架的集中控制以及发动机和变速器的集中控制）。汽车电子控制技术成就汽车工业的未来，未来汽车电子控制技术应以下几方面进行突破。

(1) 传感器技术

由于汽车电子控制系统的多样化，使其所需要的传感器种类和数量不断增加。为此，研制新型、高精度、高可靠性和低成本的传感器是十分必要的。未来的智能化集成传感器，不仅要能提供用于模拟和处理的信号，而且还能对信号作放大和处理。同时，它还能自动进行时漂、温漂和非线性的自校正，具有较强的抵抗外部电磁干扰的能力，保证传感器信号的质量不受影响，即使在特别严酷的使用条件下仍能保持较高的精度。它还具有结构紧凑、安装方便的优点，从而免受机械特性的影响。

(2) 微处理机技术

微处理机的出现给汽车仪表带来了革命性的变化，世界汽车工业的微处理机用量激增,由从前单一的仪器逐步发展为多用途、智能化仪表,不但可以很精确地把汽车上所有的待测量都检测出来,分别显示和打印需要的结果,而且还有运算、判断、预测和引导等功能。如可监视汽车各大部件的工作情况,还可以对蓄电池电压、轮胎气压、车速等检测量的高低限量进行报警。微处理机将更广泛地应用于安全、环保、发动机、传动系、速度控制和故障诊断中。

(3) 软件新技术应用

随着汽车电子控制技术应用的增加,对有关控制软件的需求也将会增加,并可能要求进一步计算机联网。因此,要求使用多种软件,并开发出通用的高水平语言,以满足多种硬件的要求。轿车上多通道传输网络将大大地依赖于软件,软件总数的增加及其功能的提高,将能够使计算机能完成越来越复杂的任务。

(4) 智能汽车及智能交通系统(ITS)的研究及应用

汽车智能化相关的技术问题已受到汽车制造商们的高度重视。其主要技术中"自动驾驶仪"的构想必将依赖于电子技术实现。智能交通系统(ITS)的开发将与电子、卫星定位等多个交叉学科相结合,它能根据驾驶员提供的目标资料,向驾驶员提供距离最短而且能绕开车辆密度相对集中处的最佳行驶路线。它装有电子地图,可以显示出前方道路、并采用卫星导航。从全球定位卫星获取沿途天气、车流量、交通事故、交通堵塞等各种情况,自动筛选出最佳行车路线。未来的某天,路上行驶的都会是由计算机控制的智能汽车。

(5) 多通道传输技术

多通道传输技术由试验室将逐步进入实用阶段。采用这种技术后,使各个数据线成为一个网络,以便分离汽车中心计算机的信息。微处理机可通过网络接收其他单元的信号。传感器和执行机构之间要有一个新式接口,以便与多通道传输系统相联系。

(6) 数据传输载体方面的电子新技术应用

汽车电子控制技术未来将实现整车控制系统。这一系统要求有一个庞大而复杂的信息交换与控制系统,车用计算机的容量要求更大,计算速度则要求更高。由于汽车用计算机控制系统的数量日益增多,采用高速数据传输网络日益显得必要。光导纤维可为此传输网络提供传输介质,以解决电子控制系统防电磁干扰的问题。

(7) 汽车车载电子网络

随着电控器件在汽车上越来越多的应用,车载电子设备间的数据通信变得越来越重要。以分布式控制系统为基础构造汽车车载电子网络系统是很有必要的。大量数据的快速交换、高可靠性及价廉是对汽车电子网络系统的要求。在该系统中,各从处理机独立运行,控制改善汽车某一方面的性能。同时在其他处理机需要时提供数据服务。主处理机收集整理各从处理机的数据,并生成车况显示。通信控制器保证数据的正常流动。

此外,电子控制技术中的集成化制造技术等在未来几年内也将会有大的突破。

纵观近十年来汽车技术的重大成就,大都是在应用电子控制技术上进行的突破,电子控制技术已成为汽车工业发展的重要动力源泉。目前,我国汽车工业面临入世的巨大冲击,能否在未来的世界汽车业竞争中能否掌握主动权,关键取决于能否在电子控制技术上占领制高点。加快汽车电子控制技术新领域的研究是我国汽车工业发展的当务之急。

1.3　传感器技术在汽车工业中的地位

传感器是将各种参量送入计算机系统，进行智能监测、控制的最前端，所以传感器性能的好坏直接影响后方的数据处理。近年来，随着汽车智能化、电子化、小型化和轻型化，汽车对传感器的需求已经成为众多行业中之最。业内人士普遍认为，实现汽车系统最优化的关键是能否使用高可靠度、高性能的传感器。

汽车传感器作为汽车电子控制系统的信息源，是汽车电子控制系统的关键部件，也是汽车电子技术领域研究的核心内容之一。目前，一辆普通家用轿车上大约安装几十到近百只传感器，而豪华轿车上的传感器数量可多达二百余只。据报道，2000年汽车传感器的市场为61.7亿美元（9.04亿件产品），到2005年达到84.5亿美元（12.68亿件），增长率为6.5%（按美元计）和7.0%（按产品件数计）。汽车传感器在汽车上主要用于发动机控制系统、底盘控制系统、车身控制系统和导航系统中。

1. 发动机控制系统用传感器

发动机控制系统用传感器是整个汽车传感器的核心，种类很多，包括温度传感器、压力传感器、位置和转速传感器流量传感器、气体浓度传感器和爆震传感器等。这些传感器向发动机的电子控制单元（ECU）提供发动机的工作状况息，供ECU对发动机工作状况进行精确控制，以提高发动机的动力性、降低油耗、减少废气排放和进行故障检测。

由于发动机工作在高温（发动机表面温度可达150℃、排气歧管可达650℃）、振动（加速度30 g）、冲击（加速度50 g）潮湿（100% RH，-40～120℃）以及蒸汽、盐雾、腐蚀和油泥污染的恶劣环境中，因此发动机控制系统用传感器耐恶劣环境的技术指标要比一般工业用传感器高1～2个数量级，其中最关键的是测量精度和可靠性。否则，由传感器带来的测误差将最终导致发动机控制系统难以正常工作或产生故障。

（1）温度传感器

温度传感器主要用于检测发动机温度、吸入气体温度、冷却水温度、燃油温度以及催化温度等。温度用传感器有绕电阻式、热敏电阻式和热偶电阻式三种主要类型。三种类型传感器各有特点，其应用场合也略有区别。线绕电阻式度传感器的精度高，但响应特性差；热敏电阻式温度传感器灵敏度高，响应特性较好，但线性差，适应温度较低；热电阻式温度传感器的精度高，测量温度范围宽，但需要配合放大器和冷端处理一起使用。已实用化的产品有热敏电阻式温度传感器（通用型-50～130℃，精度1.5%，响应时间10 ms；高温型600～100℃，精度5.0%，响应时间10 ms）、铁氧体式温度传感器（ON/OFF型，-40～120℃，精度2.0%）、金属或半导体膜空气度传感器（-40～150℃，精度2.0%～5.0%，响应时间20 ms）等。

（2）压力传感器

压力传感器主要用于检测汽缸负压、大气压、涡轮发动机的升压比、汽缸内压、油压等。吸气负压式传感器主要于吸气压、负压、油压检测。汽车用压力传感器应用较多的有电容式、压阻式、差动变压器式（LVDT）、表面弹性波（SAW）。电容式压力传感器主要用于检测负压、液压、气压,测量范围 20~100 kPa,具有输入能量高,动态响应特性好、境适应性好等特点;压阻式压力传感器受温度影响较大,需要另设温度补偿电路,但适应于大量生产;LVDT 式压力感器有较大的输出,易于数字输出,但抗干扰性差;SAW 式压力传感器具有体积小、质量轻、功耗低、可靠性高、灵度高、分辨率高、数字输出等特点,用于汽车吸气阀压力检测,能在高温下稳定地工作,是一种较为理想的传感器。

(3) 流量传感器

流量传感器主要用于发动机空气流量和燃料流量的测量。空气流量的测量用于发动机控制系统确定燃烧条件、控制空燃比、启动、点火等。空气流量传感器有旋转翼片式(叶片式)、卡门涡旋式、热线式、热膜式等四种类型。旋转翼片式(叶片式)空气流量计结构简单,测量精度较低,测得的空气流量需要进行温度补偿;卡门涡旋式空气流量计无动部件,反应灵敏,精度较高,也需要进行温度补偿;热线式空气流量计测量精度高,无须温度补偿,但易受气体脉的影响,易断丝;热膜式空气流量计和热线式空气流量计测量原理一样,但体积少,适合大批量生产,成本低。空气量传感器的主要技术指标为:工作范围 $0.11 \sim 103 \text{ m}^3/\text{min}$,工作温度 $-40 \sim 120 ℃$,精度 $\leq 1\%$。燃料流量传感器用于检测燃料流量,主要有水轮式和循环球式,其动态范围 $0 \sim 60 \text{ kg/h}$,工作温度 $-40 \sim 120 ℃$,精度 $\pm 1\%$,响应时间小于 10 ms。

(4) 位置和转速传感器

位置和转速传感器主要用于检测曲轴转角、发动机转速、节气门的开度、车速等。目前汽车使用的位置和转速传感器主要有交流发电机式、磁阻式、霍尔效应式、簧片开关式、光学式、半导体磁性晶体管式等,其测量范围 $0° \sim 360°$,精度 $\pm 0.5°$ 以下,测弯曲角 $\pm 0.1°$。

车速传感器种类繁多,有敏感车轮旋转的、也有敏感动力传动轴转动的,还有敏感差速从动轴转动的。当车速高于 100 km/h,一般测量方法误差较大,需采用非接触式光电速度传感器,测速范围 $0.5 \sim 250 \text{ km/h}$,重复精度 0.1%,距离测量误差优于 0.3%。

(5) 气体浓度传感器

气体浓度传感器主要用于检测车体内气体和废气排放。其中,最主要的是氧传感器,实用化的有氧化锆传感器(使用温度 $-40 \sim 900 ℃$,精度 1%)、氧化锆浓差电池型气体传感器(使用温度 $300 \sim 800 ℃$)、固体电解质式氧化锆气体传感器(使用温度 $0 \sim 400 ℃$,精度 0.5%),另外还有二氧化钛氧传感器。和氧化锆传感器相比,二氧化钛氧传感器具有结构简单、轻巧、便宜,且抗铅污染能力强的特点。

(6) 爆震传感器

爆震传感器用于检测发动机的振动,通过调整点火提前角控制和避免发动机发生爆震。可以通过检测汽缸压力、发动机机体振动和燃烧噪声等三种方法来检测爆震。爆震传感器有磁致伸缩式和压电式。磁致伸缩式爆震传感器的使用温度为 $-40 \sim 125 ℃$,频率范围为 $5 \sim 10$ kHz;压电式爆震传感器在中心频率 5.417 kHz 处,其灵敏度可达 200 mV/g,在振幅为 $0.1 \sim 10$ g 范围内具有良好线性度。

2. 底盘控制用传感器

底盘控制用传感器是指用于变速器控制系统、悬架控制系统、动力转向系统、制动防抱死系统等底盘控制系统中的传感器。这些传感器尽管分布在不同的系统中，但工作原理与发动机中相应的传感器是相同的。而且，随着汽车电子控制系统集成化程度的提高和 CAN-BUS 技术的广泛应用，同一传感器不仅可以给发动机控制系统提供信号，也可为底盘控制系统提供信号。

自动变速器系统用传感器主要有：车速传感器、加速踏板位置传感器、加速度传感器、节气门位置传感器、发动机转速传感器、水温传感器、油温传感器等。制动防抱死系统用传感器主要有：轮速传感器、车速传感器；悬架系统用传感器主要有：车速传感器、节气门位置传感器、加速度传感器、车身高度传感器、方向盘转角传感器等；动力转向系统用传感器主要有：车速传感器、发动机转速传感器、转矩传感器、油压传感器等。

3. 车身控制用传感器

车身控制用传感器主要用于提高汽车的安全性、可靠性和舒适性等。由于其工作条件不像发动机和底盘那么恶劣，一般工业用传感器稍加改进就可以应用。主要有用于自动空调系统的温度传感器、湿度传感器、风量传感器、日照传感器等；用于安全气囊系统中的加速度传感器；用于门锁控制中的车速传感器；用于亮度自动控制中的光传感器；用于倒车控制中的超声波传感器或激光传感器；用于保持车距的距离传感器；用于消除驾驶员盲区的图像传感器等。

4. 导航系统用传感器

随着基于 GPS/GIS（全球定位系统和地理信息系统）的导航系统在汽车上的应用，导航用传感器这几年得到迅速发展。导航系统用传感器主要有：确定汽车行驶方向的罗盘传感器、陀螺仪和车速传感器、方向盘转角传感器等。

由于汽车传感器在汽车电子控制系统中的重要作用和快速增长的市场需求，世界各国对其理论研究、新材料应用和新产品开发都非常重视。未来的汽车用传感器技术，总的发展趋势是微型化、多功能化、集成化和智能化。

微型传感器基于从半导体集成电路技术发展而来的 MEMS（微电子机械系统），微型传感器利用微机械加工技术将微米级的敏感元件、信号处理器、数据处理装置封装在一块芯片上，由于具有体积小、价格便宜、便于集成等特点，可以明显提高系统测试精度。目前该技术日渐成熟，可以制作各种能敏感和检测力学量、磁学量、热学量、化学量和生物量的微型传感器。由于基于 MEMS 技术的微型传感器在降低汽车电子系统成本及提高其性能方面的优势，它们已开始逐步取代基于传统机电技术的传感器。

多功能化是指一个传感器能检测 2 个或者 2 个以上的特性参数或者化学参数，从而减少汽车传感器数量，提高系统可靠性。

集成化是指利用 IC 制造技术和精细加工技术制作 IC 式传感器。

智能化是指传感器与大规模集成电路相结合，带有 CPU，具有智能作用，以减少 ECU 的复杂程度，减少其体积，并降低成本。

总之，随着电子技术的发展和汽车电子控制技术应用的日益广泛，汽车传感器市场需求将保持高速增长，微型化、多功能化、集成化和智能化的传感器将逐步取代传统的传感器，成为汽车传感器的主流。

第 2 章　传感器的基本概念

2.1　传感器的定义与组成

2.1.1　传感器的定义

根据中华人民共和国国家标准（GB 7665—1987），传感（Transducer/Sensor）的定义是：能感受规定的被测量并按照一定的规律转换成可用输出信号的器件或装置。传感器是一种以一定的精确度把被测量转换为与之有确定对应关系的、便于应用的某种物理量的测量装置。其包含以下几个方面的意思：

① 传感器是测量装置，能完成检测任务。
② 它的输入量是某一被测量，可能是物理量，也可能是化学量、生物量等。
③ 输出量是某种物理量，这种量要便于传输、转换、处理、显示等，这种量可以是气、光、电量，但主要是电量。
④ 输入输出有对应关系，且应有一定的精确度。

关于传感器，我国曾出现过许多种名称，如发送器、传送器等，它们的内涵相同或者相似，所以近年来已逐趋于统一，大都使用传感器这一名称了。从字面上可以作如下解释：传感器的功用是"一感二传"，即感受被测信息，并传送出去。

2.1.2　传感器的组成

传感器一般由敏感元件、转换元件、转换电路三部分组成，如图 2-1 所示。

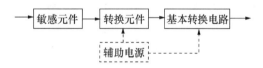

图 2-1　传感器的组成框图

① 敏感元件（sensitive element）：直接感受被测量，并输出与被测量成确定关系的某一物理量的元件。
② 转换元件（transduction element）：以敏感元件的输出为输入，把输入转换成电路参数。
③ 转换电路（transduction circuit）：上述电路参数接入转换电路，便可转换成电量输出。

实际上，有些传感器很简单，仅由一个敏感元件（兼作转换元件）组成，它感受被测量时直接输出电量，如热电偶。有些传感器由敏感元件和转换元件组成，没有转换电路。有些传感器，转换元件不止一个，要经过若干次转换。

2.1.3 对传感器的一般要求

由于各种传感器的原理、结构不同，使用环境、条件、目的不同，其技术指标也不可能相同，但是有些一般要求却基本上是共同的：

① 足够的容量——传感器的工作范围或量程足够大；具有一定的过载能力。

② 灵敏度高，精度适当——即要求其输出信号与被测信号成确定的关系（通常为线性），且比值要大；传感器的静态响应与动态响应的准确度能满足要求。

③ 响应速度快，工作稳定，可靠性好。

④ 使用性和适应性强——体积小，重量轻，动作能量小，对被测对象的状态影响小；内部噪声小而又不易受外界干扰的影响；其输出力求采用通用或标准形式，以便与系统对接。

⑤ 使用经济——成本低，寿命长，且便于使用、维修和校准。

当然，能完全满足上述性能要求的传感器是很少的。我们应根据应用的目的、使用环境、被测对象状况、精度要求和原理等具体条件作全面综合考虑。

2.2 传感器的分类

从能量变换这个观点出发，对每一种（物理）效应都在理论上或原理上构成一类传感器，因此，传感器的种类繁多。在对非电量的测试中，有的传感器可以同时测量多种参量，而有时对一种物理量又可用多种不同类型的传感器进行测量。目前采用较多的传感器分类方法主要有以下几种。

1. 按传感器工作机理分类

(1) 结构型传感器

结构型传感器是按物理学中场的定律定义的，这些定律包括动力场的运动定律，电磁场的电磁定律等。这些定律一般是以方程式给出的，所以这些方程式也就是许多传感器工作时的数学模型。其特点是传感器的工作原理是以传感器中元件相对位置变化引起场的变化为基础，而不是以材料特性的变化为基础。

(2) 物性型传感器

物性型传感器是按照物质定律定义的，如胡克定律、欧姆定律等。由于物质定律是表示物质某种客观性质的法则，因此物性型传感器的性能随着材料的性质不同而异。例如：光电管就是物性型传感器，它按照物质法则中的外光电效应，其特性与电极涂层材料的性质密切相关。

(3) 复合型传感器

由结构型和物性型组合而成、兼有两者特征的传感器，称为复合型传感器。

2. 按传感器转换能量的情况分类

(1) 无源传感器

无源传感器也叫能量转换型传感器，主要由能量变换元件构成，它不需要外部电源。

基于压电效应、热电效应、光电动势效应构成的传感器都属于无源传感器。

（2）有源传感器

有源传感器也叫能量控制型传感器，在信息变化过程中，其能量需要外部电源供给。如电阻、电容、电感等电路参量传感器和基于应变电阻效应、磁阻效应、热阻效应、光电效应、霍尔效应等的传感器均属于有源传感器。

3. 按原理分类

① 电参量式传感器：电阻式、电感式、电容式传感器。
② 磁电式传感器：磁电感应式、霍尔式、磁栅式传感器。
③ 压电式传感器：压电式力传感器，压电式加速度传感器，压电式压力传感器。
④ 光电式传感器：红外式、CCD 摄像式、光纤式、激光式传感器等。
⑤ 气电式传感器：半导体气体传感器，集成复合型气体传感器。
⑥ 热电式传感器：热电偶等。
⑦ 波式传感器：超声波式、微波式传感器。
⑧ 射线式传感器：核辐射物位计、厚度计、密度计等。
⑨ 半导体式传感器：半导体温度传感器，半导体湿度传感器等。
⑩ 其他原理的传感器。

4. 按被测量类别分类

传感器按被测量类别分类如表 2-1 所示。

表 2-1 按被测量类别分类

被测量类别	被 测 量
热工量	温度、热量、比热；压力、压差、真空度；流量、流速、风速
机械量	位移（线位移、角位移），尺寸、形状；力、力矩、应力；重量、质量；转速、线速度；振动幅度、频率、加速度、噪声
物性和成分量	气体化学成分、液体化学成分；酸碱度（PH 值）、盐度、浓度、黏度；密度、比重
状态量	颜色、透明度、磨损量、材料内部裂缝或缺陷、气体泄漏、表面质量

5. 按传感器输出信号的形式分类

凡输出量为模拟量的传感器称模拟量传感器；而输出量为数字量的传感器则称数字量传感器。

2.3 传感器的性能指标、命名和代号

2.3.1 传感器的性能指标

由于各种传感器的原理、结构及其使用的环境、条件、目的不同，因此其性能指标也

不可能相同。但是对所有传感器提出带有共性的基本要求，是评价传感器性能的一个基本条件。这些基本要求如下。

① 可靠性：包括工作寿命、平均无故障时间、疲劳性能、安全措施等。
② 静态精度：包括静态误差、线性度、重复性、灵敏度、稳定性指标。
③ 动态性能：包括固有频率、阻尼比、时间常数、频率响应范围、临界速度等。
④ 量程：包括量程范围、过载能力等。
⑤ 抗干扰能力：包括抗击外界产生的电磁波、振动、冲击、加速度、噪声干扰等的能力。
⑥ 通用性：指设计的标准应符合国际或国家标准。
⑦ 外形尺寸：为设计者的安装提供依据。
⑧ 价格成本低。
⑨ 能耗少。
⑩ 对被测对象的影响：因传感器测量精度、外形尺寸、质量等指标引起被测对象固有性能的变化。

需要指出的是，上述指标并不是每一种传感器都必须具备的，按照不同的需要，可以对上述指标有所侧重。另外，使某一种传感器各项指标都达到优良的努力，往往会加大制造成本和难度。比较明智的选择是保证主要参数，其他指标基本满足要求就可以了。

2.3.2 传感器的命名和代号

1. 传感器命名方法

根据国家标准 GB/T 7666—2005《传感器命名法及代码》规定：一种传感器产品的名称，应由主题词加 4 级修饰语构成：

主题词——传感器；
第一级修饰语——被测量，包括修饰被测量的定语；
第二级修饰语——转换原理，一般可后续以"式"字；
第三级修饰语——特征描述，指必须强调的传感器结构、性能、材料特征、敏感元件以及其他必要的性能特征，一般可后续以"型"字；
第四级修饰语——主要技术指标（量程、测量范围、精度等）。

在有关传感器的统计表格、图书索引、检索以及计算机汉字处理等特殊场合，应采用以上所规定的顺序。例如：传感器，声压，电容式，100～160 dB。

而在技术文件、产品样本、学术论文、教材及书刊的陈述句子中，作为产品名称应采用与上述命名方法相反的顺序。例如：100～160 dB 电容式声压传感器。

当对传感器的产品名称命名时，除第一级修饰语外，其他各级可视产品的具体情况任选或省略。例如：业已购进 150 只各种测量范围的半导体压力传感器。

2. 传感器代号标记方法

国家标准《传感器命名法及代码》（GB/T 7666—2005）规定：应该用大写汉语拼音字母（或国际通用标志）和阿拉伯数字构成传感器完整的代号。

传感器的完整代号应包括以下 4 部分：主称（传感器）、被测量、转换原理和序号。4 部分代号表述格式如图 2-2 所示。其中在被测量、转换原理、序号三部分代号之间须有连字符"-"连接。

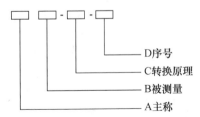

图 2-2　传感器的代号表述格式

各部分代号的意义如下。

第一部分：主称（传感器），用汉语拼音字母"C"标记。

第二部分：被测量，用其一个或两个汉字汉语拼音的第一个大写字母标记（见表 2-2）。当这组代号与该部分的另一个代号重复时，则用其汉语拼音的第二个大写字母作代号。依次类推。当被测量有国际通用标志时，应采用国际通用标志。当被测量为离子、粒子或气体时，可用其元素符号、粒子符号或分子式加圆括号"（ ）"表示。

第三部分：转换原理，用其一个或两个汉字汉语拼音的第一个大写字母标记（见表 2-3）。当这组代号与该部分的另一个代号重复时，则用其汉语拼音的第二个大写字母作代号。依次类推。

表 2-2　被测量代号举例

被测量	代号	被测量	代号	被测量	代号
压力	Y	黏度	N	氢离子活［浓］度	(H$^+$)
真空度	ZK	浊度	Z	PH 值	(PH)
力	L	硬度	YD	DNA	(DNA)
重量（称重）	ZL	流向	LX	葡萄糖	PT
应力	YL	温度	W	尿素	NS
剪切应力	QL	光	G	胆固醇	DG
力矩	LJ	激光	JG	血脂	XZ
扭矩	NJ	可见光	KG	谷丙转氨酶	(GPT)
速度	V	红外光	HG	血型	XX
线速度	XS	紫外光	ZG	生化需氧量	(BOD)
角速度	JS	射线	SX	谷氨酸	GA
转速	ZS	X 射线	(X)	血气	XQ
流速	LS	β 射线	(β)	血液 PH	X (PH)
加速度	A	γ 射线	(γ)	血氧	X (O$_2$)
线加速度	XA	射线剂量	SL	血液二氧化碳	X (CO$_2$)
角加速度	JA	照度	HD	血液电解质	XD
振动	ZD	亮度	LU	血钾	X (K$^+$)
冲击	CJ	色度	SD	血钠	X (Na$^+$)

（续表）

被测量	代号	被测量	代号	被测量	代号
流量	LL	图像	TX	血氯	X（Cl⁻）
质量流量	[Z] LI	磁	C	血钙	X（Ca²⁺）
容积流量	[R] LL	磁场强度	CQ	血压	[X] Y
位移	WY	磁通量	CT	食道压力	[S] Y
线位移	XW	电场强度	DQ	膀胱内压	[P] Y
角位移	JW	电流	DL	胃肠内压	[W] Y
位置	WZ	电压	DY	颅内压	[L] Y
物位	WW	声	SH	脉搏	MB
液位	YW	声压	SY	心音	XY
姿态	ZT	噪声	ZS	体温	[T] W
尺度	CD	超声波	CS	皮温	[P] W
厚度	H	气体	Q	血流	XL
角度	J	氧气	(O₂)	呼吸	HX
倾角	QJ	湿度	S	呼吸流量	[H] LL
表面粗糙度	MZ	结露	JL	呼吸频率	HP
密度	M	露点	LD	细胞膜电位	BW
液体密度	[Y] M	水分	SF	细胞膜电容	BR
气体密度	[Q] M	离子	LZ	—	—

表2-3 转换原理代号举例

转换原理	代号	转换原理	代号	转换原理	代号
电容	DR	分子信标	FX	热辐射	RF
电位器	DW	光导	GD	热释电	RH
电阻	DZ	光伏	GF	热离子化	RL
电磁	DC	光纤	GX	伺服	SF
电感	DG	光栅	GS	石英振子	SZ
电离	DL	霍尔	HE	隧道效应	SD
电化学	DH	红外吸收	HX	声表面波	SB
电涡流	DO	化学发光	HF	生物亲和性	SQ
电导	DD	核辐射	HS	涡轮	WL
电解	DJ	核磁共振	HZ	涡街	WJ
电晕放电	DY	控制电位电解法	KD	微生物	WS
电弧紫外光谱	DZ	晶体管	JG	谐振	XZ
表面等离子激原共振	BJ	PN结	PN	消失波	XB
磁电	CD	离子选择电极	LX	应变	YB
磁阻	CZ	离子通道	LT	压电	YD
差压	CY	酶	M	压阻	YZ
差动变压器	CB	免疫	MY	荧光	YG
场效应管	CX	浓差电池	NC	阻抗	ZK
超声（波）	CS	热电	RD	转子	ZZ
浮子	FZ	热导	ED	—	—
浮子—干簧管	FH	热丝	RS	—	—

第四部分：序号，用阿拉伯数字标记。序号可表征产品设计特征、性能参数、产品系列等。如果传感器产品的主要性能参数不改变，仅在局部有改进或改动时，其序号可在原序号后面顺序地加注大写汉语拼音字母 A，B，C（其中 I，O 两个字母不用）。序号及其内涵可由传感器生产厂家自行决定。

传感器代号标记示例如图 2-3 所示。

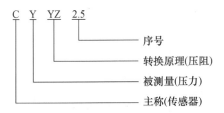

图 2-3　压阻式压力传感器标记

2.4　传感器的基本特性

传感器作为感受被测量信息的器件，希望它能按照一定的规律输出有用信号。因此，需要了解传感器的输入—输出关系及特性，以便用理论指导其设计，制造、校准与使用。

传感器的输入—输出特性是传感器的基本外部特性，由于传感器所测的物理量（输入量）有静态量和动态量两种形式，对应传感器的输入—输出特性也分别有静态特性和动态特性。因为不同传感器的内部结构、参数各不相同，它们的静态特性和动态特性也表现出不同的特点，对测量结果的影响也各不相同。对这些特性进行分析，是为了掌握一种揭示传感器性能指标的方法，从而全面地去衡量传感器的性能差异及优劣。

2.4.1　传感器的静态特性

静态特性表示传感器在被测量各个值处于稳定状态时的输入输出关系。即当输入量为常量，或变化极慢时，这一关系就称为静态特性。衡量传感器静态特性的主要技术指标有：线性度、迟滞、重复性、灵敏度等。

1. 线性度

传感器的输入与输出关系或多或少地都存在着非线性问题。在不考虑迟滞、蠕变等因数的情况下，其特性可用多项式代数方程来表示：

$$y = a_0 + a_1 x + a_2 x^2 + \cdots + a_n x^n \tag{2-1}$$

式中　x——输入量；

y——输出量；

a_0——零位输出；

a_1——传感器的灵敏度，常用 K 或 S 表示；

$a_2, a_3, \cdots, a_n$——非线性项的待定常数。

式（2-1）就是传感器的静态特性数学模型。

各项系数不同决定了静态特性的具体形式。

静态特性曲线可通过实际测试获得。实践中为了标定和数据处理的方便,希望得到线性关系,采用各种方法(如计算机硬件或软件补偿法等)进行线性化处理。一般,这些方法都比较复杂。但在线性误差不太大的情况下,总是采用直线拟合的办法来线性化。

在采用直线拟合线性化时,输出输入的校正曲线与拟合曲线之间的最大偏差,就称为非线性误差或线性度。通常用相对误差来表示:

$$e_L = \pm \frac{\Delta L_{max}}{y_{FS}} \times 100\% \tag{2-2}$$

式中 ΔL_{max}——非线性最大偏差;

y_{FS}——理论满量程输出值。

目前常用的拟合方法有:理论拟合、端点连线拟合、端点连线平移拟合和最小二乘拟合等,前3种方法如图2-4所示。

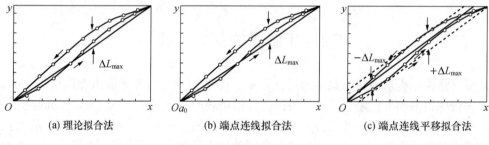

(a) 理论拟合法　　(b) 端点连线拟合法　　(c) 端点连线平移拟合法

图2-4 几种不同的拟合方法

采用最小二乘法拟合时,按最小二乘原理求取拟合直线,该直线能保证传感器校准数据的残差平方和最小。如用式(2-3)表示最小二乘法拟合直线。

$$y = b + kx \tag{2-3}$$

式中 b——截距;

k——斜率。

式中的系数 b 和 k 可根据下述分析求得。

例如实际校准测试点有 n 个,则第 i 个标准数据 y_i 与拟合直线上相应值之间的残差为

$$\Delta_i = y_i - (b + kx_i) \tag{2-4}$$

按最小二乘法原理,应使 $\sum_{i=1}^{n} \Delta_i^2$ 最小;故由 $\sum_{i=1}^{n} \Delta_i^2$ 分别对 k 和 b 求一阶偏导数并令其等于零,即可求得 k 和 b

$$k = \frac{n\sum x_i y_i - \sum x_i \sum y_i}{n \sum x_i^2 - (\sum x_i)^2} \tag{2-5}$$

$$b = \frac{\sum x_i^2 \sum y_i - \sum x_i \sum x_i y_i}{n \sum x_i^2 - (\sum x_i)^2} \tag{2-6}$$

式中 $\sum x_i = x_1 + x_2 + \cdots + x_n$;

$$\sum y_i = y_1 + y_2 + \cdots + y_n;$$
$$\sum x_i y_i = x_1 y_1 + x_2 y_2 + \cdots + x_n y_n;$$
$$\sum x_i^2 = x_1^2 + x_2^2 + \cdots + x_n^2 。$$

在获得 k 和 b 的值后代入式（2-3）即可得到拟合直线，然后按式（2-4）求出残差的最大值 $\Delta L_{\max}$ 即为非线性误差。最小二乘法的拟合精度很高，但校准曲线相对拟合直线的最大偏差绝对值并不一定最小，最大正、负偏差的绝对值也不一定相等。

2. 迟滞

传感器在正（输入量增大）反（输出量减小）行程中输出输入曲线不重合称为迟滞。如图 2-5 所示。也就是说对应于同一大小的输入信号，传感器的输出信号大小不相等。

一般由试验室方法测得迟滞误差，并以满量程输出的百分数表示，即

$$e_H = \frac{\Delta H_{\max}}{y_{FS}} \times 100\% \tag{2-7}$$

式中　$\Delta H_{\max}$——正反行程间输出的最大差值。

迟滞误差也称回程误差，回程误差常用绝对误差表示。它反映了传感器的机械部分和结构材料方面不可避免的弱点，如轴承摩擦、间隙等。

3. 重复性

重复性是指传感器在输入按同一方向作全量程连续多次变动时所得曲线不一致的程度。图 2-6 所示为校正曲线的重复性特性，正行程的最大重复性偏差为 $\Delta R_{\max 1}$，反行程的最大重复性偏差为 $\Delta R_{\max 2}$。重复性偏差取这两个最大偏差中之较大者：$\Delta R_{\max}$，再以满量程输出 y_{FS} 的百分数表示，即

$$e_R = \pm \frac{a\sigma_{\max}}{y_{FS}} \times 100\% \tag{2-8}$$

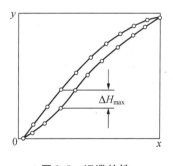

图 2-5　迟滞特性

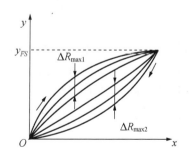

图 2-6　重复性特性

4. 灵敏度

传感器输出的变化量 Δy 与引起该变化量的输入量变化 Δx 之比即为其静态灵敏度。表达为

$$K = \frac{\Delta y}{\Delta x} \tag{2-9}$$

即传感器校准曲线的斜率就是其灵敏度。

线性传感器，其特性的斜率处处相同，灵敏度 K 是一常数。以拟合直线作为其特性的传感器，也可认为其灵敏度为一常数，与输入量的大小无关。非线性传感器的灵敏度不是常数，应以 dy/dx 表示。由于某些原因，会引起灵敏度变化，产生灵敏度误差。灵敏度误差用相对误差表示

$$e_s = \pm \left(\frac{\Delta K}{K}\right) \times 100\% \tag{2-10}$$

5. 分辨率和阈值

分辨率：指传感器能检测到的最小的输入增量。分辨率可用绝对值表示，也可用与满量程的百分数表示。

阈值：当一个传感器的输入从零开始极缓慢地增加，只有在达到了某一最小值后，才测得出输出变化，这个最小值就称为传感器的阈值。事实上阈值是传感器在零点附近的分辨率。分辨率说明了传感器的最小的可测出的输入变量，而阈值则说明了传感器的最小可测出的输入量。阈值大的传感器其迟滞误差一定大，而分辨率未必差。

6. 稳定性和温度稳定性

稳定性是指传感器在长时间工作的情况下输出量发生的变化。有时称为长时间工作稳定性或零点漂移。测试时先将传感器输出调至零点或某一特定点，相隔 4 h、8 h 或一定的工作次数后，再读出输出值，前后两次输出值之差即为稳定性误差。

温度稳定性也称为温度漂移，是指传感器在外界温度变化下输出量发生的变化。测试时先将传感器置于一定的温度下（如室温），将其输出调至零点或某一特定点，使温度上升或下降一定的度数（如5℃或10℃）再读出输出值，前后两次输出值之差即为温度稳定性误差。

7. 漂移

漂移指在一定时间间隔内，传感器输出量存在着与被测输入量无关的、不需要的变化。漂移包括零点漂移与灵敏度漂移。零点漂移或灵敏度漂移又可分为时间漂移（时漂）和温度漂移（温漂）。时漂是指在规定条件下，零点或灵敏度随时间的缓慢变化；温漂为周围温度变化引起的零点或灵敏度漂移。

8. 静态误差

静态误差是指传感器在其全量程内任一点的输出值与其理论输出值的偏离程度，是评价传感器静态性能的综合性指标。其求取方法如下：

（1）将全部校准数据相对拟合直线的残差看成随机分布，求出标准偏差 σ，即：

$$\sigma = \sqrt{\frac{\sum_{i=1}^{p}(\Delta y_i)}{p-1}} \tag{2-11}$$

式中　Δy_i——各测试点的残差；
　　　p——所有测试循环中总的测试点数。

例如正反行程共有 m 个测试点，每个测试点重复测量 n 次，则 $p = mn$。然后取 2σ 或 3σ 值即为传感器的静态误差，也可用相对误差来表示，即：

$$e_s = \pm \frac{(2 \sim 3)\sigma}{y_{FS}} \times 100\% \tag{2-12}$$

（2）静态误差是一项综合性指标，它基本上包括了前面叙述的非线性误差、迟滞误差、重复性误差、灵敏度误差等，所以也可以把这几个单项误差综合而得，即

$$e_s = \pm \sqrt{e_L^2 + e_H^2 + e_R^2 + \cdots} \tag{2-13}$$

2.4.2 传感器的动态特性

动态特性是指传感器对随时间变化的输入量的响应特性。

设计传感器时要根据其动态性能要求与使用条件选择合理的方案并确定合适的参数。

使用传感器时要根据其动态性能要求与使用条件确定合适的使用方法，同时对给定条件下的传感器动态误差作出估计。总之，动态特性是传感器性能的一个重要指标。在测量随时间变化的参数时，只考虑静态性能指标是不够的，还要注意其动态性能指标。如当传感器在测量动态压力、振动、上升温度时，都离不开动态指标。

总的来说，传感器的动态特性取决于传感器本身，另一方面也与被测量的变化形式有关。如图 2-7 所示为传感器的幅频特性曲线。

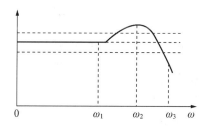

图 2-7　传感器的幅频特性曲线

当被测信号的频率小于 ω_1 时，该传感器能准确地反映被测信号；在 ω_2 附近时，其输出信号远大于真实信号；在 ω_3 附近时，输出远小于真实信号，此时无法完成准确测量。可见若不考虑传感器的动态性能，其动态测量的输出误差就可能很大。因此使用传感器时，必须注意其动态性能指标是否符合测量要求。

研究动态特性时，通常只能根据"规律性"的输入来考察传感器的响应。复杂周期输入信号可以分解为各种谐波，所以可用正弦周期输入信号来代替。其他瞬变输入不及阶跃输入来得严格，可用阶跃输入代表。

1. 传感器的频率响应特性

由控制理论可知，在初始条件为零时，传感器及系统输出的傅里叶变换和输入的傅里叶变换之比，即为传感器及系统的频率响应函数。这样传感器及系统的频率响应函数为：

$$G(j\omega) = \frac{b_m(j\omega)^m + b_{m-1}(j\omega)^{m-1} + \cdots + b_1(j\omega) + b_0}{a_n(j\omega)^n + a_{n-1}(j\omega)^n + \cdots + a_1(j\omega) + a_0} \tag{2-14}$$

式中，a_0，a_1，$\cdots$，a_n；b_0，b_1，$\cdots$，b_m 是与传感器及系统结构特性有关的常数。

频率响应函数表示将各种频率不同而幅值相等的正弦信号输入传感器，其输出正弦信号的幅值、相位与频率之间的关系，简称频率特性。

(1) 幅频特性：频率特性 $G(j\omega)$ 的模，亦即输出与输入的幅值比。$A(\omega) = |G(j\omega)|$，以 ω 为自变量，以 $A(\omega)$ 为因变量的曲线称为幅频特性曲线。

(2) 相频特性：频率特性 $G(j\omega)$ 的相角 $(j\omega)$，亦即输出与输入的相角差。$\Phi(j\omega) = -\arctan G(j\omega)$，以 ω 为自变量，以 $\Phi(j\omega)$ 为因变量的曲线称为相频特性曲线。

由于相频特性与幅频特性之间有一定的内在关系，因此表示传感器的频响特性及频域性能指标时主要用幅频特性。图 2-8 是典型的对数幅频特性曲线。工程上通常将 ±3 dB 所对应的频率范围称为频响范围，又称通频带。对于传感器，则常根据所需测量精度来确定正负分贝数，所对应的频率范围，称为工作频带。

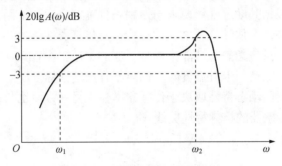

图 2-8 典型对数幅频特性曲线

2. 传感器的阶跃响应特性

当给静止的传感器输入一个单位阶跃信号 $u(t) = \begin{cases} 0 & t \leq 0 \\ 1 & t > 0 \end{cases}$ 时，其输出信号称为阶跃响应。阶跃响应如图 2-9 所示，衡量阶跃响应的指标如下。

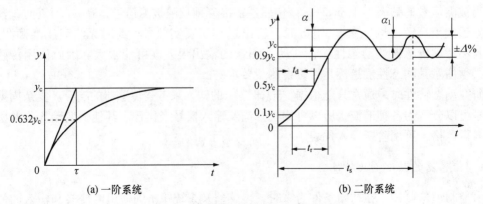

(a) 一阶系统 (b) 二阶系统

图 2-9 一阶、二阶系统的阶跃响应曲线

① 时间常数 τ：传感器输出值上升到稳态值 y_c 的 63.2% 所需的时间。
② 上升时间 t_r：传感器输出值由稳态值的 10% 上升到 90% 所需的时间。
③ 响应时间 t_s：输出值达到允许误差范围 $\pm\Delta\%$ 所经历的时间。
④ 超调量 α：输出第一次超过稳态值时的峰高，即 $\alpha = y_{max} - y_c$，常用 $\alpha/y_c \times 100\%$ 表示。
⑤ 衰减度 ψ：指相邻两个波峰（或波谷）高度下降的百分数 $(\alpha - \alpha_1)/\alpha \times 100\%$。
⑥ 延迟时间 t_d：响应曲线第一次达到稳定值的一半所需的时间。

其中：时间常数 τ、上升时间 t_r、响应时间 t_s 表征系统的响应速度性能；超调量 α、衰减度 ψ 则表征传感器的稳定性能。通过这两个方面就完整地描述了传感器的动态特性。

2.5 传感器基本测量电路

传感器是将各种被测非电量转换为电阻、电容或电感的变化，如铂电阻温度传感器、电容式物位计等。被检测到的电阻、电容、电感的变化，不能直接输出，只有将它们转换为电流或电压的变化，才有可能用电测仪表来测定。测量电桥是解决这类问题的最有效方法。

图 2-10 所示为典型的测量电桥电路。图中 E 为供桥电源，可为直流电源或交流电源。Z_1、Z_2、Z_3、Z_4 为电阻、电容或电感等元件的电抗，称为电桥的 4 个桥臂，U 为测量电桥输出电压。

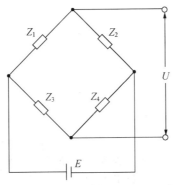

图 2-10 典型的测量电桥电路

测量电桥具有以下几个特点。
① 能把反映被测信号变化的电阻、电容、电感等电抗参数的变化转换成电压或电流的变化，从而便于信号的放大和处理。
② 当被测电抗参数变化为零时，可以通过调节电桥的某些桥臂，使电桥处于平衡状态，输出为零。即消除了系统的静态成分（若为直流电桥，则指直流成分）。这就使得微弱的有效信号不会被淹没在相对较大的静态成分（例如直流偏置）之中。这是电桥被广泛应用于检测电路的原因。
③ 电桥电路的输出（电压或电流）与电桥的输入电抗之间存在非线性关系。这种非线性严重时，需加以校正。一般可通过增加电桥的工作桥臂来降低非线性误差，即采用对

称差动式传感器结构组成差动半桥或全桥来实现非线性误差的补偿。同时这一方法还可提高电桥输出的灵敏度。

2.5.1 电桥的分类

1. 按电桥的工作状态分类

按电桥的工作状态来分，电桥可分为平衡电桥和不平衡电桥两类。下面以电阻电桥为例，来介绍这两类电桥。不平衡电桥如图2-11（a）所示。设其初始工作状态是平衡状态，此时输出电压U为零。当电桥的工作桥臂电阻R_3受被测参量的变化而做相应变化时，电桥失去平衡，电桥的输出为不平衡电压U。由于在整个测量过程中，电桥始终处于不平衡状态，所以被称为不平衡电桥。

平衡电桥如图2-11（b）所示，其初始工作状态为平衡状态，输出电压U为零。当桥臂电阻R_3随被测量变化而变化时，电桥将输出电压U送入伺服机构。此机构将自动调整桥臂电阻R_1的阻值，使电桥恢复平衡。此时电桥输出电压U为零，被调整桥臂电阻R_1产生的变化（此变化通常用刻度表示）与被测参量成函数关系。由于读刻度时，电桥处于新的平衡状态，所以称为平衡电桥。

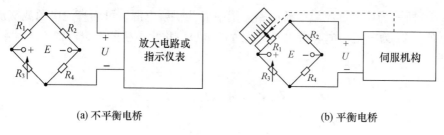

(a) 不平衡电桥　　　　　　　　　　(b) 平衡电桥

图2-11　电桥的工作方式

平衡电桥主要用于静态测量或在反馈系统中起比较器作用。在自动检测中大量采用的是不平衡电桥，由它将R、C、L一类电路参数的变化转换成电桥的不平衡输出电压（或电流）的变化。由于它没有反馈环节和起恢复平衡作用的调节环节，因此结构简单，对被测量的变化反应较快，特别适用于对被测量的连续测量，但在准确度方面一般不如平衡电桥。

2. 按组成桥臂的参数分类

按组成桥臂的参数分类，电桥可分为电阻电桥和阻抗电桥。电阻电桥的4个桥臂均为电阻。阻抗电桥的工作臂为阻抗元件电容或电感，其他桥臂可以是阻抗元件，也可以是电阻元件。

3. 按供桥电源的类型分类

按供桥电源的类型分类，电桥可分为直流电桥和交流电桥，或分为恒压源电桥和恒流源电桥。

直流电桥稳定性高，电桥的平衡调节简单，但不平衡电桥输出的直流信号易受干扰，后接的直流放大器易产生零漂。交流电桥平衡调节困难，易受分布参数影响，由于输出为交流信号，其后接交流放大电路相对容易一些。近年来，随着低漂移直流放大器的应用和智能检测技术的发展，直流电桥的使用日益普遍。

恒压源电桥的供桥电源为恒压源，这种电桥实现简单。恒流源电桥以恒流源做供桥电源，这种电桥输出电压受环境影响小，且线性度好，在半导体传感器的测量电桥中常被采用。

4. 按电桥的工作桥臂个数分类

按电桥的工作桥臂个数来分，电桥可分为单臂电桥、双臂（同向或差动变化）电桥和差动全桥。单臂电桥的工作臂只有一个。双臂电桥的工作臂有两个，两臂为同向变化时，应分别置于电桥的相对桥臂；两臂为差动变化时，应置于电桥的相邻桥臂。差动全桥的4个桥臂均为工作臂，必须保证电桥的相邻桥臂向相反方向变化。

2.5.2 测量电桥的工作原理

下面以直流电阻电桥为例说明电桥电路的工作原理，电路如图2-12所示。

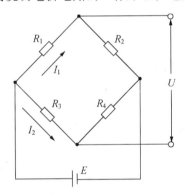

图2-12 桥式电路的工作原理

图2-12中电桥由4个电阻R_1、R_2、R_3、R_4组成，其中一组对角线接激励电压E，另一组对角线为输出端，接到电桥放大器上，设输出电压为U。当输出放大器的输入阻抗比较高时，电桥输出端相当于开路，所以输出电流为零。此时有

$$I_1 = \frac{E}{R_1 + R_2}; \quad I_2 = \frac{E}{R_3 + R_4}$$

由此可求出输出电压为：

$$U = I_1 R_2 - I_2 R_4 = \frac{R_2}{R_1 + R_2} \times E - \frac{R_4}{R_3 + R_4} \times E = \frac{R_2 R_3 - R_1 R_4}{(R_1 + R_2)(R_3 + R_4)} \times E \quad (2\text{-}15)$$

由式（2-15）可见，要使电桥输出电压为零（即使电桥平衡），必须满足

$$R_2 R_3 = R_1 R_4 \quad (2\text{-}16)$$

式（2-16）称为电桥平衡条件，它说明欲使电桥达到平衡，其相对的两臂电阻的乘积要相等。式（2-16）中的任何一个电阻变化，都将使电桥失去平衡，产生输出。

设 4 个电阻 R_1、R_2、R_3、R_4 的变化为 ΔR_1、ΔR_2、ΔR_3、ΔR_4，由式（2-15）得

$$U = \frac{(R_2+\Delta R_2)(R_3+\Delta R_3) - (R_1+\Delta R_1)(R_4+\Delta R_4)}{(R_1+\Delta R_1+R_2+\Delta R_2)(R_3+\Delta R_3+R_4+\Delta R_4)} \times E \tag{2-17}$$

在 $R_1 R_4 = R_2 R_3$ 的条件下，当 $\Delta R_i \ll R_i$（$i=1, 2, 3, 4$）时，上式可简化为

$$U = E\frac{R_1 R_4}{(R_1+R_2)(R_3+R_4)}\left(-\frac{\Delta R_1}{R_1} + \frac{\Delta R_2}{R_2} + \frac{\Delta R_3}{R_3} + \frac{\Delta R_4}{R_4}\right)$$

设 $\dfrac{R_2}{R_1} = \dfrac{R_4}{R_3} = n$，有

$$U = E\frac{n}{(1+n)^2}\left(-\frac{\Delta R_1}{R_1} + \frac{\Delta R_2}{R_2} + \frac{\Delta R_3}{R_3} + \frac{\Delta R_4}{R_4}\right)$$

可见，电桥的输出取决于每个桥臂电阻的相对变化量及桥臂电阻之比 n。

取

$$K_U = E\frac{n}{(1+n)} \tag{2-18}$$

式中　K_U——电桥的电压灵敏度。

由式（2-18）可见，欲提高电桥的电压灵敏度，必须提高电桥的电源电压，但它受桥臂电阻允许功耗的限制。另外，就是适当选择桥臂比 n。下面我们来分析，当电桥电压一定时，n 为何值，电桥灵敏度最高。

所以 $n=1$ 时，K_U 最大。即在电桥电压一定时，当电桥为等臂电桥，即满足 $R_1 = R_2 = R_3 = R_4$ 时，电桥灵敏度最大。

下面以等臂电桥为例分别讨论单电桥、双电桥和全电桥 3 种电路的特点。常用电桥的几种形式如图 2-13 所示。设 $R_1 = R_2 = R_3 = R_4$。

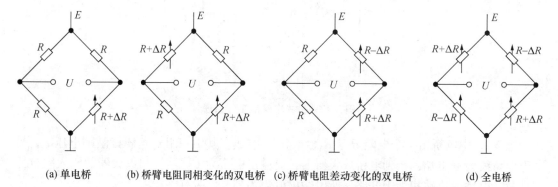

(a) 单电桥　　(b) 桥臂电阻同相变化的双电桥　(c) 桥臂电阻差动变化的双电桥　　(d) 全电桥

图 2-13　常用电桥的几种形式

1. 单电桥

所谓单电桥就是指传感器的敏感元件只作为电桥的一个臂，而其余三个桥臂均为固定阻值的电阻，如图 2-13（a）所示。由式（2-17）得

$$U = \frac{E}{4} \cdot \frac{\Delta R}{R} \cdot \frac{1}{1+\Delta R/2R}$$

当 $\frac{\Delta R}{R} \ll 1$ 时，上式可简化为：

$$U \approx \frac{E}{4} \cdot \frac{\Delta R}{R}$$

由上式可见，当电源电压 E 及电阻相对变化 $\Delta R/R$ 一定时，电桥的输出电压及电压灵敏度将与各桥臂阻值大小无关。随着 $\Delta R/R$ 的增大，电桥的非线性误差也相应增大。

2. 双电桥

所谓双电桥是指电桥的工作臂有两个，当两电阻同向变化时，应分别将可变电阻置于电桥的相对桥臂，如图 2-12（b）所示，由式（2-17）可推出

$$U = \frac{E}{2} \cdot \frac{\Delta R}{R} \cdot \frac{1}{1 + \Delta R/2R}$$

当 $\frac{\Delta R}{R} \ll 1$ 时，上式可简化为：

$$U \approx \frac{E}{2} \cdot \frac{\Delta R}{R}$$

由上式可见，对于同向双电桥，电桥的输出电压及电压灵敏度是单电桥的两倍，且还存在非线性问题。

对于双电桥，当两臂为差动变化时，应将其置于电桥的相邻桥臂。如图 2-12（c）所示，该电桥又可称差动电桥。由式（2-17）可推出

$$U = \frac{E}{2} \cdot \frac{\Delta R}{R}$$

由上式可见，差动双电桥比单电桥灵敏度提高一倍，且不存在非线性误差，同时还具有特性漂移的补偿作用。

全电桥是指电桥的 4 个桥臂均为工作臂，且满足 $\Delta R_2 = \Delta R_3 = \Delta R$，$\Delta R_1 = \Delta R_4 = \Delta R$，电桥的连接必须保证电桥的相邻桥臂向相反方向变化。如图 2-12（d）所示。由式（2-17）可得

$$U = E \cdot \frac{\Delta R}{R}$$

由上式可见，全桥的电压灵敏度是单桥的 4 倍。此外，全桥与差动电桥一样，同样可消除非线性误差，且有特性漂移的补偿作用。因而在非电量电测技术中，在条件允许时应尽量采用全电桥。

2.6　传感器的标定与校准

任何一种传感器在装配完后都必须按设计指标进行全面严格的性能鉴定。使用一段时间后（中国计量法规定一般为一年）或经过修理，也必须对主要技术指标进行校准试验，以便确保传感器的各项性能指标达到要求。

2.6.1 传感器的标定

传感器标定就是利用精度高一级的标准器具对传感器进行定度的过程，从而确立传感器输出量和输入量之间的对应关系。同时也确定不同使用条件下的误差关系。

为了保证各种被测量量值的一致性和准确性，很多国家都建立了一系列计量器具（包括传感器）检定的组织、规程和管理办法。我国由国家技术监督局（原国家计量局）、中国计量科学研究院和部、省、市计量部门以及一些企业的计量站进行制定和实施。国家技术监督局制定和发布了力值、长度、压力、温度等一系列计量器具规程，并于1985年9月公布了"中华人民共和国计量法"。

工程测量中传感器的标定，应在与其使用条件相似的环境下进行。为获得高的标定精度，应将传感器及其配用的电缆（尤其像电容式、压电式传感器等）、放大器等测试系统一起标定。

根据系统的用途，输入可以是静态的也可以是动态的。因此传感器的标定有静态和动态标定两种。

1. 传感器的静态标定

传感器的静态标定主要用于检验测试传感器的静态特性指标，如线性度、灵敏度、滞后和重复性等。

根据传感器的功能，静态标定首先需要建立静态标定系统，其次要选择与被标定传感器的精度相适应的一定等级的标定用仪器设备。例：如图2-14所示为应变式测力传感器静态标定设备系统框图。测力机用来产生标准力，高精度稳压电源经精密电阻箱衰减后向传感器提供稳定的电源电压，其值由数字电压表读取，传感器的输出由高精度数字电压表读出。

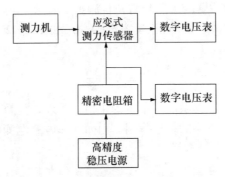

图2-14 应变式测力传感器静态标定系统

由上述系统可知，传感器的静态指标系统一般由以下几部分组成：
① 被测物理量标准发生器，如测力机；
② 被测物理量标准测试系统，如标准力传感器、压力传感器、标准长度——量规等；
③ 被标定传感器所配接的信号调节器和显示、记录器等，所配接的仪器精度应是已知的，也作为标准测试设备。

各种传感器的标定方法不同，常用力、压力、位移传感器标定。具体标定步骤如下：
① 将传感器测量范围分成若干等间距点；
② 根据传感器量程分点情况，输入量由小到大逐渐变化，并记录各输入输出值；
③ 再将输入值由大到小慢慢减少，同时记录各输入输出值；
④ 重复上述②、③两步骤，对传感器进行正反行程多次重复测量，将得到的测量数据用表格列出或绘制曲线；
⑤ 进行测量数据处理，根据处理结果确定传感器的线性度、灵敏度、滞后和重复性等静态特性指标。

2. 传感器的动态标定

一些传感器除了静态特性必须满足要求外，其动态特性也需要满足要求。因此在进行静态校准和标定后还需要进行动态标定，以便确定它们的动态灵敏度、固有频率和频响范围等。

传感器进行动态标定时，需有一标准信号对它激励，常用的标准信号有两类：一是周期函数，如正弦波等；另一是瞬变函数，如阶跃波等。用标准信号激励后得到传感器的输出信号，经分析计算、数据处理、便可决定其频率特性，即幅频特性、阻尼和动态灵敏度等。

2.6.2 传感器的校准

传感器需定期检测其基本性能参数，判定是否可继续使用，如能继续使用，则应对其有变化的主要指标（如灵敏度）进行数据修正，确保传感器的测量精确度的过程，称之为传感器的校准。校准与标定的内容基本相同，此处不再重复。

2.7 改善传感器性能的主要技术途径

纵观几十年来的传感技术领域的发展，不外乎分为两个方面：一是提高与改善传感器的技术性能，二是寻找新原理、新材料、新工艺及新功能等。改善传感器的性能，可采用下列技术途径：

1. 差动技术

差动技术是传感器中普遍采用的技术。它的应用可显著地减小温度变化、电源波动、外界干扰等对传感器精度的影响，抵消了共模误差，减小非线性误差等。不少传感器由于采用了差动技术，还可使灵敏度增大。

2. 平均技术

在传感器中普遍采用平均技术可产生平均效应，其原理是利用若干个传感单元同时感受被测量，其输出则是这些单元输出的平均值，若将每个单元可能带来的误差 δ 均可看作随机误差且服从正态分布，根据误差理论，总的误差将减小为：

$$\delta_\Sigma = \pm \frac{\delta}{\sqrt{n}}$$

式中 n——传感单元数。

可见，在传感器中利用平均技术不仅可使传感器误差减小，且可增大信号量，即增大传感器灵敏度。

光栅、磁栅、容栅、感应同步器等传感器，由于其本身的工作原理决定有多个传感单元参与工作，可取得明显的误差平均效应的效果。这也是这一类传感器固有的优点。另外，误差平均效应对某些工艺性缺陷造成的误差同样起到弥补作用。在懂得这种道理之后，设计时在结构允许情况下，适当增多传感单元数，可收到很好的效果。例如圆光栅传感器，若让全部栅线都同时参与工作，设计成"全接收"形式，误差平均效应就可较充分地发挥出来。

3. 补偿与修正技术

补偿与修正技术在传感器中得到了广泛的应用。这种技术的运用大致是针对下列两种情况。一种是针对传感器本身特性的，另一种是针对传感器的工作条件或外界环境的。

对于传感器特性，可以找出误差的变化规律，或者测出其大小和方向，采用适当的方法加以补偿或修正。

针对传感器工作条件或外界环境进行误差补偿，也是提高传感器精度的有力技术措施。不少传感器对温度敏感，由于温度变化引起的误差十分可观。为了解决这个问题，必要时可以控制温度，配置恒温装置，但往往费用太高，或使用现场不允许。而在传感器内引入温度误差补偿又常常是可行的。这时应找出温度对测量值影响的规律，然后引入温度补偿措施。

在激光式传感器中，常常把激光波长作为标准尺度，而波长受温度、气压、温度的影响，在精度要求较高的情况下，就需要根据这些外界环境情况进行误差修正才能满足要求。补偿与修正，可以利用电子线路（硬件）来解决，也可以采用微型计算机通过软件来实现。

4. 屏蔽、隔离与干扰抑制

传感器大都要在现场工作的，现场的条件往往是难以充分预料的，有时是极其恶劣的。各种外界因素都会影响传感器的精度与各有关性能。为了减小测量误差，保证其原有性能，就应设法削弱或消除外界因素对传感器的影响。其方法归纳起来有二：一是减小传感器对影响因素的灵敏度；二是降低外界因素对传感器实际作用的烈度。

对于电磁干扰，可以采用屏蔽、隔离措施，也可用滤波等方法抑制。对于如温度、湿度、机械振动、气压、声压、辐射，甚至气流等，可采用相应的隔离措施，如隔热、密封、隔振等，或者在变换成为电量后对干扰信号进行分离或抑制，减小其影响。

5. 稳定性处理

传感器作为长期测量或反复使用的器件，其稳定性显得特别重要，其重要性甚至胜过精度指标，尤其是对那些很难或无法定期鉴定的场合。

造成传感器性能不稳定的原因是：随着时间的推移和环境条件的变化，构成传感器的各种材料与元器件性能将发生变化。

为了提高传感器性能的稳定性，应该对材料、元器件或传感器整体进行必要的稳定性处理。如结构材料的时效处理、冰冷处理、永磁材料的时间老化、温度老化、机械老化及交流稳磁处理，电气元件的老化筛选等。

在使用传感器时，若测量要求较高，必要时也应对附加的调整元件，后续电路的关键元器件进行老化处理。

第3章　传感器技术现状

3.1　发达国家传感器技术水平

传感器是一种能将物理量、化学量、生物量等转换成电信号的器件。输出信号有不同形式，如电压、电流、频率、脉冲等，能满足信息传输、处理、记录、显示、控制要求，是自动检测系统和自动控制系统中不可缺少的元件。如果把计算机比作大脑，那么传感器则相当于五官，传感器能正确感受被测量并转换成相应输出量，对系统的质量起决定性作用。自动化程度越高，系统对传感器要求越高。在今天的信息时代里，信息产业包括信息采集、传输、处理三部分，即传感技术、通信技术、计算机技术。现代的计算机技术和通信技术由于超大规模集成电路的飞速发展，而已经充分发达后，不仅对传感器的精度、可靠性、响应速度、获取的信息量要求越来越高，还要求其成本低廉且使用方便。显然传统传感器因功能、特性、体积、成本等因素制约已难以满足而逐渐被淘汰。世界上许多发达国家都在加快对传感器新技术的研究与开发，并且都已取得极大的突破。当今传感器新技术的发展，主要有以下几个方面。

1. 发现并利用新现象

利用物理现象、化学反应、生物效应作为传感器原理，所以研究发现新现象与新效应是传感器技术发展的重要工作，是研究开发新型传感器的基础。日本夏普公司利用超导技术研制成功高温超导磁性传感器，是传感器技术的重大突破，其灵敏度高，仅次于超导量子干涉器件。而制造工艺远比超导量子干涉器件简单。可用于磁成像技术，有广泛推广价值。

利用抗体和抗原在电极表面上相遇复合时，会引起电极电位的变化，利用这一现象可制出免疫传感器。用这种抗体制成的免疫传感器可对某生物体内是否有这种抗原作检查。如用肝炎病毒抗体可检查某人是否患有肝炎，起到快速、准确作用。美国加州大学已研制出这类传感器。

2. 利用新材料

传感器材料是传感器技术的重要基础，由于材料科学进步，人们可制造出各种新型传感器。例如用高分子聚合物薄膜制成温度传感器；光导纤维能制成流量、温度、位移等多种传感器；用陶瓷制成压力传感器。

高分子聚合物能随周围环境的相对湿度大小成比例地吸附和释放水分子。高分子电介常数小，水分子能提高聚合物的介电常数。将高分子电介质做成电容器，测定电容容量的变化，即可得出相对湿度。利用这个原理制成等离子聚合法聚苯乙烯薄膜温度传感器，其有以下特点：

① 测湿范围宽；
② 温度范围宽，可达 -400～1500℃；
③ 响应速度快，小于 1 s；
④ 尺寸小，可用于小空间测湿；
⑤ 温度系数小。

陶瓷电容式压力传感器是一种无中介液的干式压力传感器。采用先进的陶瓷技术，厚膜电子技术，其技术性能稳定，年漂移量小于 0.1% F.S，温漂小于 ±0.15%/10 K，抗过载强，可达量程的数百倍，测量范围在 0～60 MPa 之间。德国 E+H 公司和美国 Kavlio 公司产品处于领先地位。

光导纤维的应用是传感材料的重大突破，其最早用于光通信技术。在光通信利用中发现当温度、压力、电场、磁场等环境条件变化时，会引起光纤传输的光波强度、相位、频率、偏振态等变化。因此，测量光波量的变化，就可知道导致这些光波量变化的温度、压力、电场、磁场等物理量的大小，利用这些原理可研制出光导纤维传感器。光纤传感器与传统传感器相比有许多特点：灵敏度高、结构简单、体积小、耐腐蚀、电绝缘性好、光路可弯曲、便于实现遥测等。日本的光纤传感器处于先进水平，如 IDEC IZUMI 公司和 SUNX 公司。光纤传感器与集成光路技术相结合，加速光纤传感器技术的发展。将集成光路器件代替原有光学元件和无源光器件，使光纤传感器有高的带宽、低的信号处理电压，可靠性高，成本低。

3. 微机械加工技术

半导体技术中的加工方法有氧化、光刻、扩散、沉积、平面电子工艺，各向异性腐蚀及蒸镀，溅射薄膜等，这些都已引进到传感器的制造中。因而产生了各种新型传感器，如利用半导体技术制造出硅微传感器，利用薄膜工艺制造出快速响应的气敏、湿敏传感器，利用溅射薄膜工艺制造出压力传感器等。

日本横河公司利用各向异性腐蚀技术进行高精度三维加工，制成全硅谐振式压力传感器。核心部分由感压硅膜片和硅膜片上面制作的两个谐振梁组成，两个谐振梁的频差对应不同的压力。这种用频率差测压力的方法，可消除环境温度等因素带来的误差。当环境温度变化时，两个谐振梁频率和幅度变化相同，将两个频率取差后，其相同变化量就能够相互抵消。其测量最高精度可达 0.01% FS（年漂移量）。

美国 Silicon Microstructure Inc.（SMI）公司开发了一系列低价位、线性度在 0.1% 到 0.65% 范围内的硅微压力传感器，最低满量程为 0.15 psi/kPa，其以硅为材料制成，具有独特的三维结构，轻细微机械加工和多次蚀刻制成惠斯登电桥于硅膜片上，当硅片上方受力时，其产生变形，电阻产生压阻效应而失去电桥平衡，输出与压力成比例的电信号。像这样的硅微传感器是当今传感器发展的前沿技术，其基本特点是敏感元件体积为微米量级，是传统传感器的几十、几百分之一。在工业控制、航空航天领域、生物医学等方面有重要的作用，如应用在飞机上可减轻飞机重量，从而降低能源消耗。另一特点是能敏感微小被测量，可制成血压压力传感器。

4. 集成传感器

集成传感器的优势是传统传感器无法达到的,它不仅仅是一个简单的传感器,还将辅助电路中的元件与传感元件同时集成在一块芯片上,使之具有校准、补偿、自诊断和网络通信的功能。该技术可降低成本、增加产量,美国 Lucas NovaSensor 公司开发的这种血压传感器,每星期能生产 1 万只。

5. 智能化传感器

智能化传感器是一种带微处理器的传感器,是微型计算机和传感器相结合的成果,它兼有检测、判断和信息处理功能,与传统传感器相比有很多特点:

① 具有判断和信息处理功能,能对测量值进行修正、误差补偿,因而提高测量精度;
② 可实现多传感器多参数测量;
③ 有自诊断和自校准功能,提高了可靠性;
④ 测量数据可存取,使用方便;
⑤ 有数据通信接口,能与微型计算机直接通信。

把传感器、信号调节电路、单片机集成在一芯片上形成超大规模集成化的高级智能传感器。美国 Hony Well(霍尼韦尔)公司 ST-3000 型智能传感器,芯片尺寸才有 $3 \times 4 \times 2$(mm^3),采用半导体工艺,在同一芯片上制成 CPU、EPROM,目前有静压、压差、温度 3 种传感器。

智能化传感器的研究与开发,美国处于领先地位。美国宇航局在开发宇宙飞船时称这种传感器为灵巧传感器(Smart Sensor),在宇宙飞船上这种传感器是非常重要的。我国在这方面的研究与开发还很落后,主要是因为我国半导体集成电路工艺水平有限。

传感器的发展日新月异,特别是 20 世纪 80 年代人类由高度工业化进入信息时代以来,传感器技术向更新、更高的技术发展。美国、日本等发达国家的传感器技术发展最快,我国由于基础薄弱,传感器技术与这些发达国家相比有较大的差距。因此,我们应该加大对传感器技术研究和开发的投入,使我国传感器技术与外国差距缩短,促进我国仪器仪表工业和自动化技术的发展。

3.2 传感器技术发展方向

1. 传统技术的改进途径

为了提高和改善传感器的性能,对传感器技术可采用以下途径改进。

① 稳定性处理。为提高传感器产品性能的稳定性,应对材料、元器件进行时效处理、冰冷处理、时间老化处理、温度老化处理、机械老化及交流稳磁处理,电器元件必须进行电老化筛选处理。

② 补偿和修正技术。根据传感器的特性找出误差的来源和变化规律,可采用补偿和修正技术进行补偿和修正。对于系统误差,由于补偿和修正的技术手段比较完善,因此通

过补偿和修正技术，大多数情况下可以满足性能指标。

③ 屏蔽、隔离与抗干扰。因外部环境而产生的随机误差和干扰，可通过屏蔽、隔离技术减小。采用屏蔽、隔离、滤波等方法能有效地消除或减小电磁波干扰。采用有效的隔离技术进行分离和抑制，对温度、湿度、气压、声压、辐射、气流等干扰效果明显。

④ 差动技术。差动技术对抑制共模信号干扰、减小非线性误差、提高传感器的灵敏度具有很好的效果，是目前传感器普遍采用的技术。

⑤ 平均技术。采用平均技术可产生平均效应，在传感器中利用平均技术，可以使传感器误差减小并增加传感器的灵敏度。

2. 高端传感器的发展方向

（1）传感器的集成化

传感器的集成化是利用集成电路制作技术和微机械加工技术将多个功能相同、功能相近或功能不同的传感器件集成为一维线型传感器或二维面型（阵列）传感器；或利用微电子电路制作技术和微型计算机接口技术将传感器与信号调理、补偿等电路集成在同一芯片上。前一种集成具体可分为三种类型。

① 将多个功能相同的敏感元件集成在同一芯片上，检测被测量的线状、面状、甚至体状的分布信息，例如固态图像传感器，即 CCD 阵列光电器件，它不仅在自动化生产线上发挥"视觉"作用（例如纺织品质量检查及大规模集成电路图形检查等），而且在天文罗盘、星体跟踪、卫星遥感装置上也开始应用。

② 将多个结构相似、功能相近的敏感元件集成在同一芯片上，在保证测量精度的扩大传感器的测量范围。例如将不同气敏元件集成在一起组成，利用各种气敏元件对不同气体的敏感效应，采用神经网络及模式识别等先进的数据处理技术，对混合气体的各组分同时监测，得到混合气体的有关信息，同时提高气敏传感器的测量精度。这种方式还可将不同量程的传感元件进行集成，根据被测量的大小在各传感元件之间进行切换。

③ 将多个不同功能的敏感元件集成在同一芯片上，使传感器能测量不同性质的参数，实现综合检测。例如集成压力、温度、湿度、流量、加速度、化学等不同功能敏感元件的传感器，能同时检测外界环境的物理特性或化学特性，从而实现多环境的多参数综合监测。

多传感元件集成具有以下优点：可使传感器检测由点到面甚至到体，从而实现信息多维化；若加上时序，变单参数检测为多参数检测。另一种集成可使传感器由单一的信号变换功能，扩展为兼有放大、运算、补偿等功能。将硅单晶腐蚀成膜片作为压力敏感元件，在膜片上镀电极，对面为固定电极，构成一个压力敏感电容。压力作用使电容变化，在同一硅片上制作出输出信号放大电路。

显然，集成化将降低对单一传感器的性能要求，但在多敏感元件集成时，应充分考虑传感元件的性能互补性，电磁兼容性以及资源共享性等问题。

（2）传感器的微型化

20 世纪 80 年代末，随着微电子技术高速发展和工艺成熟，一种具有重大影响的核心技术——微电子机械加工技术（Micro Electro Mechanical Technology，MEMT）已获取飞速发展，为制作传感器、微电子机械系统（简称 MEMS）创造了条件。

微传感器一般是指敏感元件的特征尺寸从几微米到几毫米的这类传感器的总称，它包括三种结构形式：

① 微型传感器，通常它是单一功能的简单传感器，其敏感元件工艺一般与集成工艺兼容；

② 具有微机械结构敏感元件的机电一体化的微结构传感器，如微电容加速度传感器，微谐振梁式压力传感器等，其制造工艺具有微机械加工特点；

③ 具有数字接口、自检、EPROM（CPU）、数字补偿和总线兼容等功能的微传感器系统。

微系统是指系统各部件的制造和部件组装成系统，组装工艺均采用 MEMT，形成了微系统。包括各种微电子、微机械、微光学及各种数据处理单元。

微传感器和微系统具有划时代微小体积、低成本、高可靠等独特的优点。例如一个压力成像微系统，含有 1024 个微型压力传感器。传感器之间的距离为 250 μm，每个压力膜片尺寸为 50 μm×50 μm，整个膜片尺寸仅为 10 mm×10 mm，信号处理单元负责信号放大、零点校正，所有这些部件均采用 CMOS 工艺集成在同一芯片上。

迄今为止，MEMS 技术应用最为广泛的领域是汽车领域，许多安全气囊的触发器都是采用 MEM 加速度计，新一代喷墨打印头以及用于测量血液流量的微型压力传感器均用 MEMS 工艺制作而成的。

（3）传感器智能化、网络化

智能传感器系统采用微机械加工技术和大规模集成电路技术，利用硅作为基本材料制作敏感元件、信号处理电路、微处理器单元，并把它们集成在一块芯片上，故又称为集成智能传感器（Integrated Smart/Intelligent Sensor）。

智能传感器系统具有自检测、自补偿、自校正、自诊断、远程设定、状态组令、信息储存和记忆等功能。随着信息技术的发展，特别是计算机网络技术的不断进步，对智能传感器的通信功能提出了新的要求。为了实现信息的采集、处理和传输的协同和统一，将计算机网络技术和智能传感器技术有机结合已成为必要。

智能传感器网络发展大致经历了三个阶段：第一代传感器网络是由传统传感器组成、点到点输出的测控系统，采用二线制 4～20 mA 电流和 1～5 V 电压标准，其缺点是布线复杂、抗干扰性差，虽然目前仍广泛应用，但最终将被淘汰。

第二代传感器网络是基于智能传感器的测控网络。信号传输方式与第一代基本相同，随着现场采集的信息量不断增加，传统的通讯方式成为智能传感器发展的制约。在分散控制系统（Discrete Control System，DCS）中，数据通讯标准 RS-232，RS-485 等被广泛应用。但智能传感器与控制设备之间仍然采用传统的模拟电流或电压信号通讯。

第三代传感器网络是智能传感器网络，即基于现场总线（Field Bus）的智能传感器网络。现代总线是连接智能化现场设备和控制室之间全数字式、开放式、双向通信网络，现场总线的不断发展和基于现场总线通讯协议的智能传感器广泛应用，使智能传感器的通信技术进入局部测控网络阶段，其局部测控网络通过网关和路由器可以实现与 Internet/Intranet 相连。现场总线技术的发展最终将导致现场总线控制系统（FCS）取代传统的分散控制系统。

第4章 检测技术的基本知识

4.1 检测的作用与意义

　　检测技术属于信息科学的范畴，与计算机技术、自动控制技术和通信技术构成完整的信息技术学科。检测是指确定被测对象属性量值为目的的全部操作。测试是具有试验性质的测量，或者可以理解为测量和试验的综合。

　　客观世界的一切物质都以不同形式在不断地运动着。运动着的物质是以一定的能量或状态表现出来的，这就是信号。人们为了认识物质世界，就必须寻找表征物质运动的各种信号以及信号与物质运动的关系。这就是检测的任务。

　　自古以来，检测技术早就渗透到人类的生产活动、科学实验和日常生活的各个方面，如计时、产品交换、气候和季节的变化规律等。

　　在工业生产领域内，检测技术也得到了广泛地应用，如生产过程中产品质量的检测、产品质量的控制、提高生产的经济效益、节能和生产过程的自动化等。这些都要测量生产过程中的有关参数和（或）进行反馈控制，以保证生产过程中这些参数处在最佳、最优状态。

　　在科学研究领域内，人们通过观察、试验、并用已有的知识和经验，对试验结果进行分析、对比、概括、推理。通过不断的观察、试验，从而找出新的规律，再上升为理论。因而能否通过观察试验得到结果，而且是可靠的结果，决定于检测技术的水平，所以，从这个意义上讲，科学的发展、突破是以检测技术的水平为基础的。例如，人类在光学显微镜出现以前，只能用肉眼来分辨物质。而16世纪出现了光学显微镜，这就使人们能借助显微镜观察细胞，从而大大推动了生物科学的发展。而到20世纪30年代，出现了电子显微镜，又使人们的观察能力进入微观世界，这又推动了生物科学、电子科学和材料科学的发展。当然，科学技术的发展又反过来促进检测技术的发展。

　　现代人们的日常生活中，也愈来愈离不开检测技术。例如现代化起居室中的温度、湿度、亮度、空气新鲜度、防火、防盗和防尘等的测试、控制，以及由有视觉、听觉、嗅觉、触觉和味觉等感觉器官，并有思维能力的机器人来参与各种家庭事务管理和劳动等，都需要各种检测技术。尤其是自动化生产出现以后，要求生产过程参数的检测能自动进行。这时就产生了自动检测系统。

　　在自动控制领域中，检测的任务不仅是对成品或半成品的检验和测量，而且为了检查，监督和控制某个生产过程，需要随时检查和测量各种参量的大小和变化等情况（如热工参数、几何参数、表面质量、内部缺陷、泄漏、成分等）。这种对生产过程实施定性检查和定量测量的技术又称为工程检测技术。因此，检测技术是指人们为了定性了解或掌握自然现象或状态所从事的一系列定性检查和定量测量的技术措施。随着生产水平与自动化程度的提高，要求先进的检测技术与仪表作基础。据统计：大型发电机组约需要3 000台传感器及其配套监测仪表；大型石油化工厂约需要6 000台传感器及其配套监测仪表；钢铁厂约需要20 000台传感器及其配套监测仪表；电站约需要5 000台传感器及其配套监测仪表；一架飞机约需要3 600只传感器及其配套监测仪表；一辆汽车约需要30～100只传感器及其配套监测仪表。

在各种现代装备系统的设计和制造工作中，检测工作内容已占首位。检测系统的成本已达到该装备系统总成本的50%～70%，它是保证现代工程装备系统实际性能指标和正常工作的重要手段，是其先进性及实用性的重要标志。以电厂为例，为了实现安全高效供电，电厂除了实时监测电网电压、电流、功率因数及频率、谐波分量等电气量外，还要实时监测电机各部位的振动（振幅、速度、加速度）及压力、温度、流量、液位等多种非电气量，并实时分析处理、判断决策、调节控制，以使系统处于最佳工作状态。如果检测系统不够完备，主汽温度测量值有+1%的测量偏差，则汽轮机高压缸效率减少3.7%；若主汽流量测量值有-1%的测量偏差，则电站燃烧成本增加1%。又如：为了对工件进行精密机械加工，需要在加工过程中对各种参数，如位移量、角度、圆度、孔径等直接相关量及振动、温度、刀具磨损等间接相关参量进行实时监测，实时由计算机进行分析处理；然后由计算机实时地对执行机构给出进刀量、进刀速度等控制调节指令，才能保证预期的高质量要求，否则得到的将是次品或废品。

总之，人们对自然界的认识在很大程度上取决于检测技术的水平。

4.2 现代检测系统的构成

尽管现代检测仪器、检测系统的种类、型号繁多，用途、性能千差万别，但它们作用都是用于各种物理或化学成分等参量检测，其组成单元按以信号传递的流程来区分：首先通常由各种传感器（变送器）将非电被测物理或化学成分参量转换成电信号，然后经信号调理（信号转换、信号检波、信号滤波、信号放大等）、数据采集、信号处理、信号显示、信号输出（通常有4～20 mA、经D/A变换和放大后的模拟电压、开关量、脉宽调制—PWM、串行数字通信和并行数字输出等）以及系统所需的交、直流稳压电源和必要的输入设备（如拨动开关、按钮、数字拨码盘、数字键盘等）便组成了一个完整的检测（仪器）系统，其各部分关系如图4-1所示。

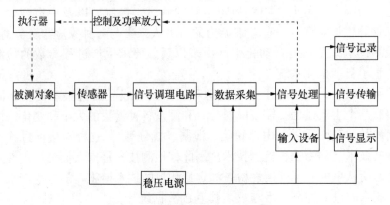

图4-1 现代检测系统一般组成框图

4.2.1 信号调理

信号调理在检测系统中的作用是对传感器输出的微弱信号进行检波、转换、滤波、放大等，以方便检测系统后续处理或显示。例如，工程上常见的热电阻型数字温度检测（控制）仪表其传感器 Pt100 输出信号为热电阻值的变化，为便于后续处理，通常需设计一个四臂电桥，把随被测温度变化的热电阻阻值转换成电压信号；由于信号中往往夹杂着 50 Hz 工频等噪声电压，故其信号调理电路通常包括滤波、放大、线性化等环节。

需要远传的话，通常采取 D/A 或 V/I 电路获得的电压信号转换成标准的 4～20 mA 电流信号后再进行远距离传送。检测系统种类繁多，复杂程度差异很大，信号的形式也多种多样，各系统的精度、性能指标要求各不相同，它们所配置的信号调理电路的多寡也不尽一致。对信号调理电路的一般要求是：

① 能准确转换、稳定放大、可靠地传输信号；
② 信噪比高，抗干扰性能要好。

4.2.2 数据采集

数据采集（系统）在检测系统中的作用是对信号调理后的连续模拟信号离散化并转换成与模拟信号电压幅度相对应的一系列数值信息，同时以一定的方式把这些转换数据及时传递给微处理器或依次自动存储。数据采集系统通常以各类模/数（A/D）转换器为核心，辅以模拟多路开关、采样/保持器、输入缓冲器、输出锁存器等组成。数据采集系统主要性能指标是：

① 输入模拟电压信号范围，单位为 V；
② 转换速度（率），单位为次/秒；
③ 分辨率，通常以模拟信号输入为满度时的转换值的倒数来表征；
④ 转换误差，通常指实际转换数值与理想 A/D 转换器理论转换值之差。

4.2.3 信号处理

信号处理模块是现代检测仪表、检测系统进行数据处理和各种控制的中枢环节，其作用与功能和人的大脑相类似。现代检测仪表、检测系统中的信号处理模块通常以各种型号的单片机、微处理器为核心来构建，对高频信号和复杂信号的处理有时需增加数据传输和运算速度快、处理精度高的专用高速数据处理器（DSP）或直接采用工业控制计算机。

当然由于检测仪表、检测系统种类和型号繁多，被测参量不同、检测对象和应用场合不同，用户对各检测仪表的测量范围、测量精度、功能的要求差别也很大。对检测仪表、检测系统的信号处理环节来说，只要能满足用户对信号处理的要求，则是愈简单愈可靠、成本愈低愈好。对一些容易实现、传感器输出信号大，用户对检测精度要求不高、只要求被测量不要超过某一上限值，一旦越限，送出声（喇叭或蜂鸣器）、光（指示灯）信号即可的检测仪表的信号处理模块，往往只需设计一个可靠的比较电路，比较电路一端为被测信号，另一端为表示上限值的固定电平；当被测信号小于设定的固定电平值，比较器输出为低，声、光报警器不动作，一旦被测信号电平大于固定电平，比较器翻转，经功率放大驱动扬声器、指示灯动作。这种简单系统的信号处理就很简单，只要一片集成比较器芯片和几个分立元件就可构成。但对于像热处理炉的炉温检测、控制系统来说，其信号处理电路将大大复杂化。因为热处理炉炉温测控系统，用户不仅要求系统高精度地实时测量炉温，而且需要系统根据热处理工件的热处理工艺制定的时间—温度曲线进行实时控制（调节）。

如果采用一般通用中小规模集成电路来构建这一类较复杂的检测系统的信号处理模块，则不仅构建技术难度很大，而且所设计的信号处理模块必然结构复杂、调试困难、性能和可靠性差。

由于微处理器、单片机和大规模集成电路技术的迅速发展和这类芯片价格不断降低，对稍复杂一点的检测系统（仪器）其信号处理环节都应考虑选用合适型号的单片机、微处理器或DSP或新近开始推广的嵌入式模块为核心来设计和构建（或者由工控机兼任），从而使所设计的检测系统获得更高的性能价格比。

4.2.4 信号显示

通常人们都希望及时知道被测参量的瞬时值、累积值或其随时间的变化情况；因此，各类检测仪表和检测系统在信号处理器计算出被测参量的当前值后通常均需送给各自的显示器作实时显示。显示器是检测系统与人联系的主要环节之一，显示器一般可分为指示式、数字式和屏幕式三种。

① 指示式显示，又称模拟式显示。被测参量数值大小由光指示器或指针在标尺上的相对位置来表示。有形的指针位移用于模拟无形的被测量是较方便、直观的。指示式仪表有动圈式和动磁式等多种形式，但均有结构简单、价格低廉、显示直观的特点，在检测精度要求不高的单参量测量显示场合应用较多。指针式仪表存在指针驱动误差、标尺刻度误差，这种仪表读数精度和仪器的灵敏度等受标尺最小分度的限制，如果操作者读仪表示值站位不当就会引入主观读数误差。

② 数字式显示，以数字形式直接显示出被测参量数值的大小；在正常情况下，数字式显示彻底消除了显示驱动误差、能有效地克服读数的主观误差，（相对指示式仪表）提高显示和读数的精度，还能方便地与计算机连接和进行数据传输。因此，各类检测仪表和检测系统正越来越多地采用数字式显示方式。

③ 屏幕显示，实际上是一种类似电视显示方法，具有形象性和易于读数的优点，又能同时在同一屏幕上显示一个被测量或多个被测量的（大量数据式）变化曲线，有利于对它们进行比较、分析。屏幕显示器一般体积较大、价格与普通指示式显示和数字式显示相比要高得多；其显示通常需由计算机控制，对环境温度、湿度等指标要求较高，在仪表控制室、监控中心等环境条件较好的场合使用较多。

4.2.5 信号输出

在许多情况下，检测仪表和检测系统在信号处理器计算出被测参量的瞬时值后除送显示器进行实时显示外，通常还需把测量值及时传送给控制计算机、可编程控制器（PLC）或其他执行器、打印机、记录仪等，从而构成闭环控制系统或实现打印（记录）输出。检测仪表和检测系统信号输出通常有 4~20mA、经 D/A 变换和放大后的模拟电压、开关量、脉宽调制 PWM、串行数字通信和并行数字输出等多种形式，需根据测控系统的具体要求确定。

4.2.6 输入设备

输入设备是操作人员和检测仪表或检测系统联系的另一主要环节，用于输入设置参数、下达有关命令等。最常用的输入设备是各种键盘、拨码盘、条码阅读器等；近年来，随着工业自动化、办公自动化和信息化程度不断提高，通过网络或各种通讯总线利用其他计算机或数字化智能终端，实现远程信息和数据输入方式愈来愈普遍。最简单的输入设备是各种开关、按钮；模拟量输入、设置，往往借助电位器进行。

4.2.7 稳压电源

一个检测仪表或检测系统往往既有模拟电路部分，又有数字电路部分，通常需要多组幅值大小要求各异但均需稳定的电源。这类电源在检测系统使用现场一般无法直接提供，通常只能提供交流 220 V 工频电源或 24 V 直流电源。检测系统的设计者需要根据使用现场的供电电源情况及检测系统内部电路的实际需要，统一设计各组稳压电源，给系统各部分电路和器件分别提供它们所需稳定电源。

最后，值得一提的是，以上七个部分不是所有的检测系统（仪表）都具备的，而且对有些简单的检测系统、其各环节之间的界线也不是十分清楚，需根据具体情况进行分析。

4.3 检测的一般方法

检测是借助于专用的技术器具，通过实验、计算来获取表征被测对象特征的某些参数的定量信息；测量实质上就是一个比较过程，即在尽可能短的时间内，以同性质的标准量与被测量进行比较，求其相应的倍数的过程。通常将某种特定量的检测称之为测量。

4.3.1 检测方法的分类

实现被测量与标准量比较得出比值的方法，称为测量方法。针对不同测量任务，进行具体分析，找出切实可行的测量方法，对测量工作是十分重要的。

对于测量方法，从不同角度，有不同的分类方法。根据获得测量值的方法可分为直接测量、间接测量和组合测量；根据测量方式可分为偏差式测量、零位式测量与微差式测量；根据测量条件不同可分为等精度测量与不等精度测量；根据被测量变化快慢可分为静态测量与动态测量；根据测量敏感元件是否与被测介质接触可分为接触式测量与非接触式测量；根据测量系统是否向被测对象施加能量可分为主动式测量与被动式测量等。

1. 按获得测量值的方法分类

（1）直接测量

在使用仪表进行测量时，对仪表读数不需要经过任何运算，就能直接表示测量所需要的结果，称为直接测量。例如，用磁电式电流表测量电路的支路电流，用弹簧管式压力表测量锅炉压力等就是直接测量。直接测量的优点是测量过程简单而迅速，缺点是测量精度不容易做到很高。这种测量方法是工程上大量采用的方法。

(2) 间接测量

有的被测量无法或不便于直接测量，这就要求在使用仪表进行测量时，首先对与被测物理量有确定函数关系的几个量进行测量，然后将测量值代入函数关系式，经过计算得到所需的结果，这种方法称为间接测量。例如，对生产过程中的纸张或地板革的厚度进行测量时无法直接测量，只得通过测量与厚度有确定函数关系的单位面积重量来间接测量。因此间接测量比直接测量来得复杂，但是有时可以得到较高的测量精度。

(3) 联立测量（也称组合测量）

在应用仪表进行测量时，若被测物理量必须经过求解联立方程组才能得到最后结果，则称这样的测量为联立测量。在进行联立测量时，一般需要改变测试条件，才能获得一组联立方程所需要的数据。

对联立测量，在测量过程中，操作手续很复杂，花费时间很长，是一种特殊的精密测量方法。它一般适用于科学实验或特殊场合。

在实际测量工作中，一定要从测量任务的具体情况出发，经过具体分析后，再决定选用哪种测量方法。

2. 按测量方式分类

(1) 偏差式测量

在测量过程中，用仪表指针的位移（即偏差）决定被测量的测量方法，称为偏差式测量法。应用这种方法进行测量时，标准量具不装在仪表内。而是事先用标准量具，对仪表刻度进行校准；在测量时，输入被测量，按照仪表指针在标尺上的示值决定被测量的数值。它是以间接方式实现被测量与标准量的比较。例如，用磁电式电流表测量电路中某支路的电流，用磁电式电压表测量某电气元件两端的电压等就属于偏差式测量法。采用这种方法进行测量，测量过程比较简单、迅速，但是，测量结果的精度较低。这种测量方法广泛应用于工程测量中。

在偏差式测量仪表中，一般要利用被测物理量产生某种物理作用（通常是力或力矩），在此物理作用下，使仪表的某个元件（通常是弹性元件）产生相似，但是方向相反的作用，此相反作用又与某变量紧密相关，这个变量通常是指针的线位移或角位移（即指针偏差），它便于人们在测量过程中用感官直接观测。此相反作用一直要增加到与被测物理量的某物理作用相平衡，这时指针的位移在标尺上对应的刻度值，就表示被测量的测量值。图4-2所示的压力表就是这类仪表的一个示例。由于被测介质压力的作用，使弹簧变形，产生一个弹性反作用力。被测介质压力越高，弹簧反作用力越大，弹簧变形位移越大。当被测介质压力产生的作用力与弹簧变形反作用力相平衡时，活塞达到平衡，这时指针位移在标尺上对应的刻度值，就表示被测介质压力值。很显然，此

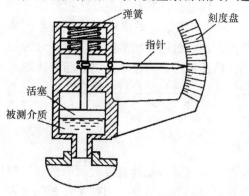

图4-2 压力表

压力表的指标精度取决于弹簧质量及刻度校准情况；由于弹簧变形力不是力的标准量，必须用标准重量校准弹簧，因此，这种类型仪表一般精度不高。

（2）零位式测量

在测量过程中，用指零仪表的零位指示，检测测量系统的平衡状态；在测量系统达到平衡时，用已知的基准量决定被测未知量的测量方法，称为零位式测量法。应用这种方法进行测量时，标准量具装在仪表内，在测量过程中，标准量直接与被测量相比较；测量时，要调整标准量，即进行平衡操作，一直到被测量与标准量相等，即使指零仪表回零。例如，用电位差计测量电势就属于零位式测量法。图4-3 所示电路是电位差计的简化等效电路。在进行测量之前，应先调 R_1，将回路工作电流 I 校准；在测量时，要调整 R 的活动触点，使检流计 G 回零，这时 I_g 为零，即是 $U_R = U_x$，这样，标准电压 U_R 的值就是表示被测未知电压值 U_x。

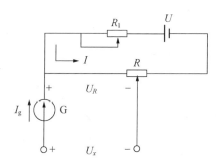

图4-3　电位差计的简化等效电路

采用零位式测量法进行测量时，优点是可以获得比较高的测量精度。但是，测量过程比较复杂，在测量时，要进行平衡操作，花费时间长。采用自动平衡操作以后，可以加快测量过程，但它的反应速度由于受工作原理所限，也不会很高。因此，这种测量方法不适用于测量变化迅速的信号，只适用于测量变化较缓慢的信号。这种测量方法在工程实践和实验室中应用很普遍。

（3）微差式测量

微差式测量法是综合了偏差式测量法与零位式测量法的优点而提出的测量方法。这种方法是将被测的未知量与已知的标准量进行比较，并取得差值，然后用偏差法测得此差值。应用这种方法进行测量时，标准量具装在仪表内，并且在测量过程中，标准量直接与被测量进行比较。由于二者的值很接近，因此，测量过程中要调整标准量，而只需要测量二者的差值。由于这种方法不需要可调节的标准量，也无需平衡操作，标准量的精度容易做得很高，测量过程也比较简单，所以它比较适合于工程测量，如不平衡电桥测电阻。

3. 按测量条件分类

（1）等精度测量

在测量过程中，若影响和决定误差大小的全部因素（条件）始终保持不变，如由同一个测量者，用同一台仪器，用同样的方法，在同样的环境条件下，对同一被测量进行多次重复测量，称为等精度测量。

(2) 不等精度测量

有时在科学研究或高精度测量中，往往在不同的测量条件下，用不同精度的仪表，不同的测量方法，不同的测量次数以及不同的测量者进行测量和对比，这种测量称为不等精度测量。

一般在科学研究、重要的精密测量或检定工作中，为了获得更可靠和精确的测量结果才采用不等精度测量法。在工程技术中，常采用的是等精度测量。

4. 按被测量在测量过程中的状态分类

(1) 静态测量

被测量在测量过程中认为是固定不变的，对这种被测量进行的测量称为静态测量。静态测量不需要考虑时间因素对测量的影响。因此在一段时间内可以重复测量。

(2) 动态测量

若被测量在测量过程中是随时间不断变化的，对这种被测量进行的测量称为动态测量。在动态测量中，所采用的仪器仪表工作响应速度应能满足被测量快速变化的需要。

5. 其他测量方法

前面4种属于传统的检测方法，随着科学试验及工业应用的不断发展，这些测量方法远不能满足要求。因此，非接触检测及在线检测在科学试验，工业过程检测及工业控制过程中显得越来越重要，显示出巨大的优越性。

非接触检测是利用物理、化学及声光学的原理，使被测对象与检测元器件之间不发生物理上的直接接触而对被测量进行检测的方法。

在线检测与离线检测的区别是：检测工作是在被测量变化过程中进行，还是在过程之外或过程结束后进行。

在线检测，狭义上讲，是在检测量变化过程中进行的检测。广义地说，是应用各种传感器对被测量进行实时监测，并实时地进行分析处理而获得信息，与预先设定的量进行比较，然后根据误差信号进行处理，保证检测精度或使生产过程处于最佳运行状态。

随着在线检测技术的发展，对检测系统各个环节的实时性提出了更高的要求，即要求各个环节响应要快，以满足实时监测的需要。

4.3.2 检测方法的选择

在选择检测方法时，要综合考虑下列主要因素。

① 从被测量本身的特点来考虑。被测量的性质不同，采用的测量仪器和测量方法当然不同，因此，对被测对象的情况要了解清楚。例如，被测参数是否为线性、数量级如何、对波形和频率有何要求、对测量过程的稳定性有无要求，有无抗干扰要求及其他要求等。

② 从测量的精确度和灵敏度来考虑。工程测量和精密测量对这两者的要求有所不同，要注意选择仪器、仪表的准确度等级，还要选择满足测量误差要求的检测技术。如果属于精密测量，还要按照误差理论的要求进行比较严格的数据处理。

③ 考虑测量环境是否符合测量设备和检测技术的要求，尽量减少仪器、仪表对被测

对象状态的影响。

④ 测量方法简单可靠，测量原理科学，尽量减少原理性误差。

总之，在测量之前必须先综合考虑以上诸方面的情况，恰当选择测量仪器、仪表及设备，采用合适的测量方法和检测技术，才能较好地完成检测任务。

4.4 测量误差分析

4.4.1 测量误差的基本概念

由于检测系统（仪表）不可能绝对精确，测量原理的局限、测量方法的不尽完善、环境因素和外界干扰的存在以及测量过程可能会影响被测对象的原有状态等，使得测量结果不能准确地反映被测量的真值而存在一定的偏差，这个偏差就是测量误差。

下面介绍测量误差几个名词术语：

（1）真值

指一定的时间及空间条件下，某物理量体现的真实数值，即与给定的特定量定义一致的值。真值的本性是不确定的，它是客观存在的。在实际测量工作中，经常使用"约定真值"和"相对真值"。约定真值是按照国际公认的单位定义，利用科技发展的最高水平所复现的单位基准约定，并常以法律规定或指定；相对真值也叫实际值，是在满足规定准确度时用来代替真值使用的值。

（2）示值

由测量仪器给出或提供的量值，也称测量值。

（3）标称值

测量器具上标注的量值，如标准砝码上标出的1 kg 受制造、测量及环境条件变化的影响，标称值并不一定等于它的实际值，通常在给出标称值的同时也应给出它的误差范围或精度等级。

（4）精确度（精度）

它是测量结果中各种误差的综合，表示测量结果与被测量的真值之间的一致程度。精确度是一个定性的概念，它并不指误差的大小，所以不能用如：±5 mg、≤5 mg 或 5 mg 等形式来表示。精确度只是表示是否符合某个误差等级的要求，或按某个技术规范要求是否合格，或定性地说明它是高或低。定量表达则用"测量不确定度"（过去常讲的两个术语"精密度"和"正确度"在1993年第二版的《国际通用计量学基本术语》中已不再列出）。

（5）重复性

在相同条件下，对同一被测量进行多次连续测量所得结果之间的一致性。所谓相同条件即重复条件，它包括：相同的测量程序、测量条件、观测人员、测量设备、地点等。

（6）误差公理

实际测量中，由于测量设备不准确，测量方法、手段不完善，测量程序不规范及测量环境因素的影响，都会导致测量结果或多或少地偏离被测量的真值。测量结果与被测量真值之差就是测量误差,它的存在是不可避免的,也即"一切测量都具有误差,误差自始至终存在于所有科学实验的过程之中",这就是误差公理。研究误差的目的就是寻找产生误差的原因,认识误差的规律、性质、找出减小误差的途径,以求获得尽可能接近真值的测量结果。

4.4.2 测量误差的分类

1. 按误差的性质分类

从不同的角度,测量误差有不同的分类方法。根据测量误差的性质(或出现的规律)产生的原因通常可分为系统误差、随机误差和粗大误差三类。

(1) 系统误差

在相同条件下,多次重复测量同一被测参量时,其测量误差的大小和符号保持不变;或在条件改变时,误差按某一确定的规律变化,这种测量误差称为系统误差。其误差值恒定不变的又称为定值系统误差,其误差值变化的则称为变值系统误差。变值系统误差又可分为累进性的、周期性的以及按复杂规律变化的几种。

(2) 随机误差

在相同条件下多次重复测量同一被测参量时,测量误差的大小与符号均无规律变化,这类误差称为随机误差。随机误差表现测量结果的分散性,通常用精密度表征随机误差的大小。随机误差越大,精密度越低;反之,精密度就越高。测量的精密度高,亦即表明测量的重复性好。

(3) 粗大误差

粗大误差是指显然与事实不相符的误差。当系统误差远大于随机误差,此时按纯粹系统误差处理;系统误差很小,已经校正,则可按纯粹随机误差处理;系统误差和随机误差不多,此时应分别按不同方法来处理。

精度是反映检测仪器的综合指标,精度高必须做到准确度高、精密度也高,也就是说必须使系统误差和随机误差都小。

2. 按被测参量与时间的关系分类

按被测参量与时间的关系可分为静态误差和动态误差两大类。习惯上,在被测参量不随时间变化时所测得的误差称为静态误差;在被参测量随时间变化过程中进行测量时所产生的附加误差称为动态误差。

还有按产生误差的原因把误差分为由于测量原理、方法的不尽完善,或对理论特性方程中的某些参数作了近似或略去了高次项而引起原理性误差(也叫方法误差)和因检测仪器(系统)在结构上,在制造、调试工艺上不尽合理、完善而引起的构造误差(也叫工具误差)等。

3. 按误差的来源分类

(1) 测量装置误差

测量仪表本身及附件所引入的误差。如装置本身电气或机械性能、制造工艺不完善,仪表中所用材料的物理性能不稳定，仪表的零位偏移、刻度不准、灵敏度不足以及非线性，电桥中的标准量具、天平的砝码、示波器的探极性能等。

（2）环境误差

由于各种环境因素与要求条件不一致所造成的误差。如环境温度、电源电压、电磁场影响等引起的误差。

（3）方法误差

由于测量方法不合理所造成的误差，在选择测量方法时、应首先研究被测量本身的性能，所需要的精度等级，具有的测量设备等因素，经综合考虑后，再确定采用哪种测量方法。正确的测量方法，可以得到精确的测量结果，否则还可能损坏仪器、设备和元器件等。

（4）理论误差

由于测量原理是近似的，用近似公式或近似值计算测量结果时所产生的误差。

（5）人身误差

由于测量者的分辨能力、视觉疲劳、固有习惯或缺乏责任心等因素引起的误差称为人身误差。

4. 按照误差的表示方法分类

检测系统（仪器）的基本误差通常有如下几种表示形式。

（1）绝对误差

检测系统的指示值与被测量的真值之间的代数差值称为检测系统测量值的绝对误差，表示为：

$$\Delta x = x - x_0 \tag{4-1}$$

式中，真值可为约定真值，也可是由高精度标准器所测得的相对真值。绝对误差 Δx 说明了系统示值偏离真值的大小，其值可正可负，具有和被测量相同的量纲单位。

（2）系统误差

将标准仪器（相对样机，具有更高精度）的测量示值作为近似真值与被校检测系统的测量示值进行比较，它们的差值就是被校检测系统测量示值的绝对误差。如果它是一恒定值，即为检测系统的"系统误差"。

此时检测仪表的测量示值应加以修正，修正后才可得到被测量的实际值 x_0。

$$\Delta x = x - x_0 = x + C$$

式中，数值 C 称为修正值或校正量。修正值与示值的绝对误差的数值相等，但符号相反，即为：

$$C = -\Delta x = x_0 - x \tag{4-2}$$

计量室用的标准器常由高一级的标准器定期校准，检定结果附带有示值修正表，或修正曲线 $c = f(x)$。

（3）相对误差

检测系统测量值（示值）的绝对误差 Δx 与被测参量真值 x_0 的比值，称之为检测系统测量（示值）的相对误差 δ，常用百分数表示：

$$\delta = \frac{\Delta x}{x_0} \times 100\% = \frac{x - x_0}{x_0} \times 100\% \tag{4-3}$$

用相对误差通常比其绝对误差能更好地说明不同测量的精确程度，一般来说相对误差值小，其测量精度就高；相对误差本身没有量纲。

在评价检测系统的精度或不同的测量质量时，利用相对误差作为衡量标准有时也不很准确。故用下面的引用误差的概念来评价测量的质量更为方便。

（4）引用误差

检测系统指示值的绝对误差 Δx 与系统量程 L 之比值，称为检测系统测量值的引用误差 γ。在评价检测系统的精度或不同的测量质量时，利用相对误差作为衡量标准有时也不很准确。引用误差 γ 通常仍以百分数表示：

$$\gamma = \frac{\Delta x}{L} \times 100\% \tag{4-4}$$

（5）最大引用误差

在规定的工作条件下，当被测量平稳增加和减少时，在检测系统全量程所有测量值引用误差（绝对值）的最大者，或者说所有测量值中最大绝对误差（绝对值）与量程的比值的百分数，称为该系统的最大引用误差，符号为 γ_{max}，可表示为：

$$\gamma_{max} = \frac{|\Delta x_{max}|}{L} \times 100\% \tag{4-5}$$

最大引用误差是检测系统基本误差的主要形式，故也常称为检测系统的基本误差。它是检测系统的最主要质量指标，可很好地表征检测系统的测量精确度。

4.4.3 误差的处理

误差是不可避免的，但要想办法尽量消除或减小测量误差。

1. 系统误差的处理

系统误差是产生测量误差的主要原因，消除或减小系统误差是提高测量精度的主要途径。目前，对系统误差的研究，虽已引起人们的重视，但它涉及对测量设备和测量对象的全面分析，并和测量者的测量知识、实际经验和测量技术的发展密切相关。系统误差产生的原因十分复杂，通常单个因素引起的系统误差容易发现和消除，但多个因素综合引起的系统误差往往难以判断。尤其是随机误差与系统误差同时存在的情况下，在测试过程是否发生随机误差对系统误差的影响，也是很难估计的。因此，研究系统误差的特征和规律，采用新的有效的方法去发现、减少或消除系统误差，已成为误差理论的重要课题

（1）系统误差的判别

为了消除或削弱系统误差，首先要判断系统误差是否存在，然后再设法消除。在测量过程中产生系统误差的原因很复杂，发现和判断系统误差的方法也有很多种，但目前还没有适用于发现各种系统误差的普遍方法。

① 实验对比法。实验对比法是通过改变产生系统误差的条件，在不同的条件下测量，从而发现系统误差。如当一台仪表进行多次重复测量某一被测量时，不能有效发现系统误差，可以采用高一级精度的仪表进行同样的测量，通过对比可以发现系统误差是否存在。

② 残差观察法。根据测量的各个残差的大小和符号的变化规律，直接由误差数据或误差曲线图来判断是否存在系统误差。这种方法主要适用于判断有规律变化的系统误差。

图 4-4 为一组残差曲线图。图 4-4（a）中残差大体正，负相同，且无显著变化规律，因此不存在系统误差。图 4-4（b）中残差有规律的增加或减少，因此可以认为存在线性变化的系统误差。图 4-4（c）中残差有规律的由正变负，又由负变正，且周期性变化，因此认为存在周期性的系统误差。图 4-4（d）中根据残差变化规律，可以认为既存在线性系统误差，也存在周期性系统误差。

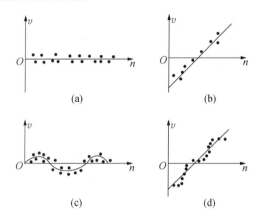

图 4-4 残差曲线

③ 马利科夫判据。当测量次数较多时，可采用马利科夫判据来判断是否存在系统误差。设对某一被测量进行 n 次测量，依次得到一组测量值 $x_1, x_2, \cdots, x_n$，相应的残差为 $v_1, v_2, \cdots, v_n$。将前面一半以及后一半数据的残差分别求和，然后取其差值。

当 n 为偶数时

$$M = \sum_{i=1}^{k} v_i - \sum_{i=k+1}^{k} v_i, \quad k = \frac{n}{2} \tag{4-6}$$

当 n 为奇数时

$$M = \sum_{i=1}^{k} v_i - \sum_{i=k}^{k} v_i, \quad k = \frac{n+1}{2} \tag{4-7}$$

当 M 趋近于零时，则测量值中不存在系统误差；当 $M \geqslant v_i$ 时，则测量值中存在系统误差；当 $0 < M < v_i$ 时，则不能肯定测量值中是否存在系统误差。

④ 阿卑-赫梅特准则。阿卑-赫梅特准则是用来判断测量数据中是否存在周期性的系统误差。当随机误差很显著，周期性系统误差很难从测量数据或残差的变化规律中发现。

阿卑-赫梅特准则将残差按测量顺序排列，并依次两两相乘，然后取和的绝对值，如果

$$B = \left| \sum_{i=1}^{n-1} v_i v_{i+1} \right| > \sqrt{n-1} \sigma^2 \tag{4-8}$$

则可以判断测量数据中存在周期性系统误差。σ 为标准误差。

(2) 系统误差的消除

① 从系统误差的来源上消除。从系统误差的来源上消除系统误差是最基本的方法。这种方法要求实验人员对整个测量过程有一个全面仔细的分析，弄清楚可能产生系统误差

的各种因素，然后在测量过程中予以消除。如选择精度等级高的仪器设备来消除仪器的基本误差；在规定的工作条件下，使用正确调零、预热来消除仪器设备的附加误差；选择合理的测量方法，设计正确的测量步骤来消除方法误差和理论误差；提高测量人员的测量素质，改善测量条件（如选择智能化、数字化的仪器仪表）来消除人为误差等。

② 引入修正值法。由于系统误差服从于某一确定的规律，可引入修正值来减小系统误差，尤其采用智能仪表或智能测试系统时，引入修正值法是很容易实施的。引入修正值法是在测量前或测量过程中，求取某类系统误差的修正值，在测量数据处理时手动或自动地将测量值和修正值相加，这样就可以从测量数据或结果中消除或减弱该类系统误差。

设某类系统误差为 C，x 为测量值，则不含该类系统误差的测量值 A_1，为：

$$A_1 = x + C \tag{4-9}$$

修正值可以通过如下 3 种途径求取：
- 从有关资料中查取，如从仪器仪表的检定证书中获取；
- 通过理论推导求取；
- 通过实验的方法求取，对影响测量结果的各种因素（如温度、湿度、电源电压变化等）引起的系统误差，可通过实验作出相应的修正曲线或表格供测量时使用。对不断变化的系统误差（如仪表的零点误差、增益误差等）可采用现测现修正的方法。智能仪表中采用的三步测量、实时校准就是采用这种方法。

③ 替代法。替代法是比较测量法的一种，是在相同的测量条件下，先将被测量接入测量装置中，调节测量装置使之处于某一状态，然后用与被测量相同的同类标准量代替被测量介入测量装置中，调节标准量，使测量装置的指示值与被测量接入时相同，此时标准器具的读数等于被测量。

由替代法引起的测量误差与检测系统电路无关，仅与标准器具的准确度有关。显然，标准器具准确度越高，被测量误差就越小，从而减小检测系统引起的系统误差。

④ 半周期法。半周期法主要是用来消除周期性系统误差的。在测量中，每隔半个周期进行一次测量，如果误差是周期性变化的，经过半个周期后，误差符号会改变，取两次测量值求平均便可消除周期性误差。

2. 随机误差的处理

随机误差是指在相同条件下多次重复测量同一物理量时，测量结果的误差大小、符号均发生变化，其值时大时小，其符号时正时负，无法控制。

随机误差的特征是随机性，即误差的大小和正负无法预计，但却服从一定的统计规律。在对某一物理量进行大量次数的重复测量时，发现它服从正态分布（高斯分布），如图4-5 纵坐标表示概率，横坐标表示误差。

服从正态分布的随机误差具有以下一些特性。

① 单峰性：绝对值小的误差比，绝对值大的误差出现的几率大。

② 对称性：绝对值相等的正负误差出现的几率

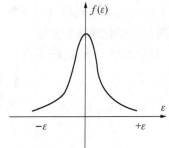

图4-5　随机误差正态分布曲线

相等。

③ 有界性：在一定测量条件下，误差的绝对值不超过一定的范围。

④ 抵偿性：随机误差的算术平均值随着测量次数的增加而越近于零。即

$$\lim_{n \to \infty} \frac{1}{n} \sum_{i=0}^{n} \varepsilon_i = 0 \qquad (4\text{-}10)$$

可见，可用多次测量的算术平均值作为直接测量的近真值。

随机误差的来源主要是：由于人们的感官灵敏程度和仪器精密程度有限，各人的估读能力不一致，外界环境的干扰等，这些因素不尽全知，无法估计。由于随机误差的出现服从正态分布规律，因此我们可以通过用多次测量求平均值的办法来减小随机误差。

3. 粗大误差的处理

含有粗大误差的测量数据属于可疑值或异常值，不能参加测量值的数据处理，应该予以剔除。但如何剔除呢？首先是尽可能地提高测量人员的工作责任心和严格的科学态度，以减少和避免粗大误差的出现。其次是正确判断粗大误差，若发现粗大误差，则将相应的测量数据划掉，且必须注明其原因。判断粗大误差可以从定性和定量两方面来考虑。

定性判断就是对测量条件、测量设备、测量步骤进行分析，看是否有差错或有引起粗大误差的因素，也可将测量数据同其他人员用别的方法或由不同仪器所测量得到的结果进行核对，以发现粗大误差。这种判断属于定性判断，无严格的原则，应慎重从事。

定量判断就是以统计学原理和有关专业知识建立起来的粗差准则为依据，对异常值或坏值进行剔除。这里所谓的定量是相对前面的定性而言的，它是建立在一定的分布规律和置信概率基础上的，并不是绝对的。

常用判断粗大误差的准则有：拉依达准则、肖维奈准则和格拉布斯准则等。

第 5 章 常用传感器的工作原理及应用

5.1 电阻式传感器

电阻式传感器是将被测量转变为传感元件电阻值变化的一种传感器。它的类型很多，在几何量和机械量测量领域中应用广泛。一般，电阻式传感器的结构简单、性能稳定、灵敏度较高，有的还适合于动态测量。

电阻式传感器中的传感元件有应变片、半导体膜片、电位器等。由它们分别制成了应变式传感器、压阻式传感器、电位器式传感器等。本章重点讲述汽车中常用的电位器式和应变片式传感器。

5.1.1 电阻式传感器的工作原理

设有一段长为 l，截面积为 A，电阻率为 ρ 的导体（如金属丝），未受力时，它具有的电阻为：

$$R = \rho \frac{l}{A} \tag{5-1}$$

由上式可知，如果导体的 3 个参数（长度、电阻率和截面积）中的一个或数个发生变化，则电阻值随着变化，因此可以利用该原理来制作传感器。例如，若改变长度，可形成电位器式传感器；改变长度、电阻率和截面积则可以做成电阻应变片式传感器等。

5.1.2 电位器式传感器

电位器式传感器通过滑动触点把位移转换为电阻丝的长度变化，从而改变电阻值大小，进而再将这种变化值转换为电压或电流的变化值。

电位器式传感器分为直线位移式、角位移式和非线性式等，如图 5-1 所示。

1. 电阻丝

在这种电位器中，对电阻丝的主要要求是：电阻率高、电阻温度系数小、耐磨损、耐腐蚀、延展性好、便于焊接等。

在电位器式传感器中，既有贵金属，也有普通金属，关键看使用的场合和目的。在非贵金属中，最常见的电阻丝材料为康铜、镍铬和卡玛。而重要的精密电位器大量使用贵金属基电阻丝。其优点是化学稳定性好、耐磨损、耐腐蚀、不易氧化，能在高温、高湿等恶劣环境下正常工作。这样就有效地保证了其在较小的接触压力下实现电刷与电阻体的良好接触，从而也大大降低了电位器的噪声，提高了可靠性与寿命。

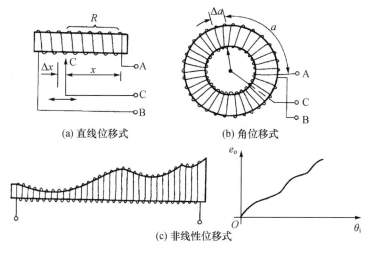

图 5-1 电位器式传感器

2. 电刷

电刷是电位器式传感器中非常重要的零件之一。对其材料的要求基本上与对电阻丝的要求一致。由于电刷材料用量很少，所以一般采用贵金属材料。传感器中的电刷结构简单，通常用一根金属丝弯成适当的形状即可。普通电位器的电刷和电刷臂一体，用磷青铜等材料制成。常见的电刷结构如图 5-2 所示。

图 5-2 常见的电刷结构

为了保证电刷与电阻体之间的可靠接触，电刷必须要有一定的接触压力，通常可由电刷本身的弹性变形来产生。接触压力值的大小对于电位器的工作可靠性和寿命都有很大影响。接触压力大，接触可靠稳定，遇到振动过载时不易跳开。但同时也使摩擦力增大，磨损程度增加，寿命降低。因此，必须根据具体情况正确选择接触压力。

3. 骨架

在线绕式电位器中，对骨架的要求是：绝缘性能好，具有足够的强度和刚度，抗湿，耐热，加工性能好，以便制成所需形状及结构参数的骨架，并使之在空气温度和湿度变化时不致变形。

对于一般精度的电位器，骨架材料多采用塑料、夹布胶木等。这些材料易于加工，但抗湿性、耐热性不够好，易于变形。塑料骨架还会分解出有机气体，污染电刷与绕组，故一般不用来制造高精度电位器。

高精度电位器广泛采用金属骨架。为使金属骨架表面有良好的绝缘性能，通常在铝合金或铝镁合金外表通过阳极化处理生成一层绝缘薄膜。金属骨架强度大、尺寸制造精度高、遇潮不易变形、导热性好，易于使电位器绕组中的热量散发，从而可以提高绕组导线的电流密度。有些小型电位器骨架可用高强度漆包圆铜线或玻璃棒制成。骨架的结构形式多样，主要有：环形或弧形骨架、条形骨架、柱形和棒形骨架、特型骨架等。

4. 电位器式传感器的典型应用

图 5-3 是一种电位器式压力传感器的原理结构图。被测压力作用在膜盒上，使得膜盒产生位移，经放大传动机构带动电刷在电位器上滑动。当电位器两端加有直流工作电压时，则可从电位器电刷与电源端之间得到相应的输出电压，该电压的大小就反映出被测压力的大小。

传统的博世 L 型汽油喷射系统及一些中档车型采用如图 5-4 所示的这种叶片式空气流量传感器，如丰田 CAMRY（凯美瑞）小轿车、马自达 MPV 多用途汽车等。如图中所示，由空气流量计和电位计两部分组成。空气流量计在进气通道内有一个可绕轴摆动的旋转翼片（测量片），作用在轴上的卷簧可使测量片关闭进气通路。发动机工作时，进气气流经过空气流量计推动测量片偏转，使其开启。测量片开启角度的大小取决于进气气流对测量片的推力与测量片轴上卷簧弹力的平衡状况。进气量的大小由驾驶员操纵节气门来改变。进气量愈大，气流对测量片的推力愈大，测量片的开启角度也就愈大。在测量片轴上连着一个电位计，如图 5-4 上部所示。电位计的滑动臂与测量片同轴同步转动，把测量片开启角度的变化（即进气量的变化）转换为电阻值的变化。电位计通过导线、连接器与 ECU 连接。ECU 根据电位计电阻的变化量或作用在其上的电压的变化量，测得发动机的进气量。

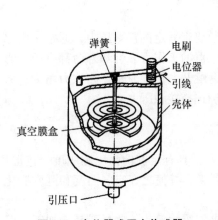

图 5-3 电位器式压力传感器

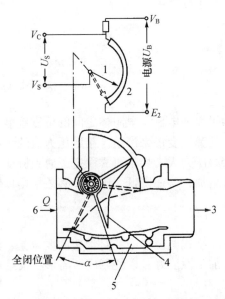

图 5-4 叶片式空气流量传感器
1—滑动臂；2—镀膜电阻；3—进气歧管侧；4—测量片
5—通进气道；6—空气滤清器侧

电位器式传感器的优点：电位器式传感器结构简单，价格低廉，性能稳定，对环境条件要求不高，输出信号大，并易实现函数关系的转换。但由于摩擦和分辨率有限，一般精度不够高，动态响应较差，一般只适合于测量变化较缓慢的量。

5.1.3 电阻应变片式传感器

电阻应变片式传感器基本上是利用电阻应变效应将被测量转换为电量输出的一种传感器。这类传感器结构简单，尺寸小，重量轻，使用方便，性能稳定可靠，分辨率高，灵敏度高，价格便宜，工艺成熟。因此在航空航天、机械、化工、建筑、医学、汽车工业等领域有广泛的应用，可以用来测量应变、力、扭矩、位移和加速度。

1. 电阻应变效应

当导体或半导体材料在外力作用下发生机械变形时，其电阻值将发生变化，这种效应称为电阻应变效应。

当金属丝受到轴向力 F 而被拉伸（或压缩）时，其 l、A 和 ρ 均发生变化，如图 5-5 所示，因而导体的电阻随之发生变化。通过对式（5-1）两边取对数后再作微分，即可求得其电阻相对变化：

$$\frac{\Delta R}{R} = \frac{\Delta \rho}{\rho} + \frac{\Delta l}{l} - \frac{\Delta A}{A} \tag{5-2}$$

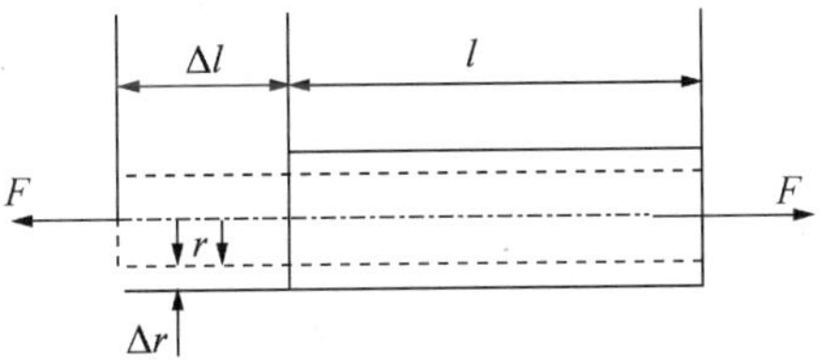

图 5-5 金属电阻丝应变效应

对于半径为 r 的圆形截面的电阻丝，因为 $A = \pi r^2$，故有：

$$\frac{\Delta A}{A} = 2\frac{\Delta r}{r} \tag{5-3}$$

由力学知识可知

$$\frac{\Delta l}{l} = \varepsilon, \tag{5-4}$$

$$\mu = -\frac{\frac{\Delta r}{r}}{\frac{\Delta l}{l}} \tag{5-5}$$

则有

$$\frac{\Delta A}{A} = \frac{2\Delta r}{r} = -2\mu \frac{\Delta L}{L} = -2\mu\varepsilon \tag{5-6}$$

把式（5-5）和式（5-6）代入式（5-2），可得

$$\frac{\Delta R}{R} = (1+2\mu)\varepsilon + \frac{\Delta \rho}{\rho} = \left(1 + 2\mu + \frac{\frac{\Delta \rho}{\rho}}{\frac{\Delta l}{l}}\right)\frac{\Delta l}{l} = K\varepsilon \tag{5-7}$$

式中

K——金属电阻丝的应变灵敏度系数,它表示单位应变所引起的电阻植的相对变化。

2. 电阻应变片的结构

电阻丝应变片是用直径为 0.025 mm 具有高电阻率的电阻丝制成的,如图 5-6 所示。为了获得高的阻值,将电阻丝排列成栅网状,称为敏感栅,并粘贴在绝缘的基片上。

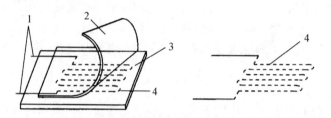

图 5-6 电阻应变片的结构

1—引线;2—覆盖层;3—基片;4—敏感栅

敏感栅——应变计中实现应变 - 电阻转换的敏感元件。它通常由直径为 0.015～0.05 mm 的金属丝绕成栅状,或用金属箔腐蚀成栅状。

基片——为保持敏感栅固定的形状、尺寸和位置,通常用黏结剂将其固结在纸质或胶质的基底上。应变计工作时,基底起着把试件应变准确地传递给敏感栅的作用。为此,基底必须很薄,一般为 0.02～0.04 mm。有用专门的薄纸制成的基片称为纸基。有用黏结剂和有机树脂薄膜制成的胶基。

引线——它起着敏感栅与测量电路之间的过渡连接和引导作用。通常取直径约 0.1～0.15 mm 的低阻镀锡铜线,并用钎焊与敏感栅端连接。

覆盖层——用纸、胶做成覆盖在敏感栅上的保护层;起着防潮、防蚀、防损等作用。

常用的电阻应变片有两大类:金属电阻应变片和半导体应变片。

(1) 金属电阻应变片

金属丝式应变片的敏感元件是丝栅状金属丝,可以制成 U 型、V 型和 H 型等多种形状,如图 5-7 所示。

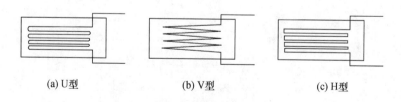

(a) U型　　(b) V型　　(c) H型

图 5-7 金属丝式应变片

金属箔式应变片是利用照相制版或光刻技术将厚约 0.003～0.01 mm 的金属箔片制成所需图形的敏感栅,也称为应变花。如图 5-8 所示。

金属薄膜应变片是薄膜技术发展的产物。采用真空蒸发或真空沉积等方法在薄的绝缘基片上形成厚度在 0.1 μm 以下的金属电阻材料薄膜的敏感栅,最后再加上保护层。

(2) 半导体电阻应变片

半导体应变片是利用半导体材料的压阻效应制成的一种纯阻性器件。半导体材料受到外力或应力作用时，其电阻率发生变化的现象称为压阻效应。其基本结构如图 5-9 所示。20 世纪 80 年代后，压阻式压力传感器已取代了金属应变计式传感器在压力传感器市场的领先地位，尤其在汽车电子化和医学保健仪器等应用新市场的开发上。同时，压阻式加速度传感器已与压电式加速度传感器在冲击振动测量领域平分秋色。半导体应变片主要有体型、薄膜型和扩散型等 3 种。

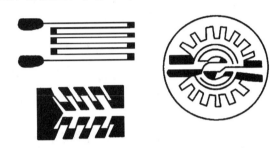

图 5-8　金属箔式应变片

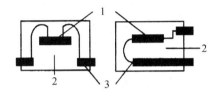

图 5-9　半导体应变片结构
1—半导体片；2—基片；3—引线

3. 电阻应变片的粘贴技术

电阻应变片在使用时一般要粘贴在弹性体上，应变计的粘贴工艺对于传感器的精度起着关键作用。

应变计通常是用黏结剂贴到试件上的，在做应变测量时，是通过黏合剂所形成的胶层将试件上的应变准确无误地传递到应变计的敏感栅上去的。因此，黏合剂的选择和粘贴质量的好坏直接关系到应变计的工作情况，影响测量结果的正确性。对黏合剂有如下要求：

① 有一定的黏结强度；
② 能准确传递应变；
③ 蠕变小；
④ 机械滞后小；
⑤ 耐疲劳性能好；
⑥ 具有足够的稳定性能；
⑦ 对弹性元件和应变计不产生化学腐蚀作用；
⑧ 有适当的储存期；
⑨ 应有较大的温度使用范围。

因此，常用的黏结剂类型有硝化纤维素型、氰基丙烯酸型、聚酯树脂型、环氧树脂类和酚醛树脂类等。

粘贴工艺：处理被测件粘贴表面→确定的贴片位置→贴片→干燥固化→贴片质量检查→引线的焊接与固定→防护与屏蔽。

4. 电阻应变式传感器的测量电路

电阻应变式传感器在工作时，将应变片用黏合剂贴在弹性体或试件上，弹性体受外力作用时产生的应变就会传递到应变片上,从而使得应变片电阻值发生变化,通过测量电阻值的变化,就可得知被测量的大小。但由于金属电阻应变片灵敏度系数 K 较小,所以一般应变片都采用电桥电路实现微小电阻值的转换。

电阻应变式传感器通常把应变计安装在自由膨胀的试件上,即使试件不受任何外力作用,如果环境温度发生变化,应变计的电阻也将发生变化。这种变化叠加在测量结果中将产生很大误差。这种由于环境温度改变而带来的误差,称为应变计的温度误差,又称热输出。为了保证测量的准确度,一般都要采取温度补偿措施,常用的方法有电桥补偿法等。

5. 电阻应变式传感器的应用

(1) 应变式测力与称重传感器

应变式测力传感器由弹性体、应变计和外壳组成。弹性体是测力传感器的基础,应变计是传感器的核心。根据弹性体的结构形式的不同可分为:柱式、轮辐式、梁式、环式等。

悬臂梁式传感器(如图 5-10 所示)是一种低外形、高精度、抗偏性能优越的称重测力传感器。采用弹性梁及电阻应变计作敏感转换元件,组成全桥电路。当垂直正压力或拉力作用在弹性梁上时,电阻应变计随金属弹性梁一起变形,其应变使电阻应变计的阻值变化,因而应变电桥输出与拉力(或压力)成正比的电压信号。配以相应的应变仪,数字电压表或其他二次仪表,即可显示或记录重量(或力)。

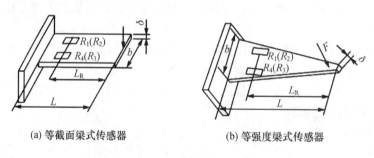

(a) 等截面梁式传感器　　(b) 等强度梁式传感器

图 5-10　悬臂梁式传感器

(2) 应变式压力传感器

应变式压力传感器由电阻应变计、弹性元件、外壳及补偿电阻组成。一般用于测量较大的压力。它广泛用于测量管道内部压力,内燃机燃气的压力,压差和喷射压力,发动机和导弹试验中的脉动压力,以及各种领域中的流体压力等。

(3) 应变式加速度传感器

应变式加速度传感器如图 5-11 所示。在一悬臂梁的自由端固定一质量块 m。当外壳与待测物一起作加速运动时,梁在质量块惯性力的作用下发生形变,使粘贴于其上的应变片阻值变化。检测阻值的变化可求得待测物的加速度。图中 a 为运动加速度方向。

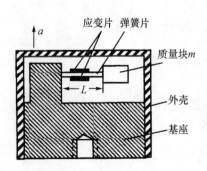

图 5-11　应变式加速度传感器

5.2 电容式传感器

电容式传感器是以各种类型的电容器作为传感元件,通过电容传感元件将被测量转变成电容量的变化。实际上,它本身就是一个可变电容器。电容式传感器具有零漂小、结构简单、动态响应快、易实现非接触测量等一些突出的优点。虽然它易受干扰和寄生电容的影响,但随着电子技术的发展,这些缺点正在逐步被克服。

5.2.1 电容式传感器的工作原理

电容式传感器的工作原理一般可用如图 5-12 所示的平行板电容器来说明,如果不考虑边缘效应,其电容量为

$$C = \frac{\varepsilon A}{\delta} \tag{5-8}$$

式中 ε ——电容极板间介质的介电常数,$\varepsilon = \varepsilon_0 \varepsilon_r$,其中 ε_0 为真空介电常数,ε_r 为极板间介质的相对介电常数;
　　A ——两平行板所覆盖的面积;
　　δ ——两平行板之间的距离。

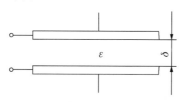

图 5-12 平行板电容器

当被测参数变化使得式(5-8)中的 A、δ 或 ε 发生变化时,电容量 C 也随之变化。如果保持其中两个参数不变,而仅改变其中一个参数,就可把该参数的变化转换为电容量的变化,通过测量电路就可转换为电量输出。因此,电容式传感器可分为三种:变极距型电容传感器(δ 变化)、变面积型电容传感器(A 变化)和变介质型电容传感器(ε 变化)。

1. 变极距型电容式传感器

图 5-13 为变极距型电容式传感器的原理图。当传感器的 ε 和 A 为常数,初始极距为 d_0 时,当被测参数的改变导致活动极板移动时,极板间的距离发生变化,则电容量 C 也会发生变化。此时,初始电容量 C_0 为

$$C_0 = \frac{\varepsilon_0 \varepsilon_r A}{d_0} \tag{5-9}$$

假设由初始值 d_0 缩小了 Δd,电容量增大了 ΔC,则有

$$C = C_0 + \Delta C = \frac{\varepsilon_0 \varepsilon_r S}{d_0 - \Delta d} = \frac{C_0}{1 - \frac{\Delta d}{d_0}} = \frac{C_0 \left(1 + \frac{\Delta d}{d_0}\right)}{1 - \left(\frac{\Delta d}{d_0}\right)^2} \tag{5-10}$$

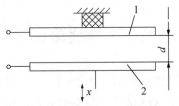

图 5-13 变极距型电容式传感器原理图

1—固定极板；2—移动极板

在式（5-10）中，若 $\Delta d/d_0 \ll 1$ 时，$1-(\Delta d/d_0)2 \approx 1$，则有式

$$C = C_0 + C_0 \frac{\Delta d}{d_0} \tag{5-11}$$

从（5-11）可以看出当 $\Delta d/d_0 \ll 1$ 时，变极距型电容式传感器有近似线性关系，此时灵敏度为：

$$K = \frac{\frac{\Delta C}{C}}{\Delta d} = \frac{1}{d_0} \tag{5-12}$$

为了获得高灵敏度，一般 d_0 较小，但 d_0 过小容易引起电容器击穿或短路，可放置高介电常数材料如云母片等。

在实际应用中，电容传感器常常做成差动形式，该形式具有线性度好，灵敏度高，温漂小，抗电气干扰能力强等特点。

2. 变面积型电容式传感器

图 5-14 是变面积型电容式传感器原理结构示意图。被测量通过动极板移动引起两极板有效覆盖面积 S 改变，从而得到电容量的变化。当动极板相对于定极板沿长度方向平移 Δx 时，则电容变化量为

$$\Delta C = C - C_0 = \frac{\varepsilon_0 \varepsilon_r (a - \Delta x) b}{d} \tag{5-13}$$

式中 $C_0 = \varepsilon_0 \varepsilon_r ba/d$ 为初始电容。电容相对变化量为

$$K = \frac{\Delta C}{\Delta x} = -\frac{\varepsilon_0 \varepsilon_r b}{d} = -\frac{C_0}{a} \tag{5-14}$$

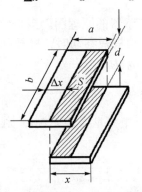

图 5-14 变面积型电容式传感器原理图

很明显，这种形式的传感器的灵敏度为常数，即输出与输入呈线性关系。而要提高该传感器的灵敏度，则可以增加 b 或减小 d。

电容式角位移传感器就属上述变面积型电容式传感器。如图 5-15 所示，当动极板有一个角位移 θ 时，与定极板间的有效覆盖面积就发生改变，从而改变了两极板间的电容量。当 $\theta = 0$ 时，则

$$C_0 = \frac{\varepsilon_0 \varepsilon_r A_0}{d_0} \tag{5-15}$$

式中　ε_r——介质相对介电常数；
　　　d_0——两极板间距离；
　　　A_0——两极板间初始覆盖面积。

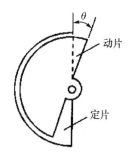

图 5-15　电容式角位移传感器原理图

当 $\theta \neq 0$ 时，则

$$C = \frac{\varepsilon_0 \varepsilon_r A_0 \left(1 - \dfrac{\theta}{\pi}\right)}{d_0} = C_0 - C_0 \frac{\theta}{\pi} \tag{5-16}$$

从式（5-16）可以看出，传感器的电容量 C 与角位移 θ 呈线性关系。

变面积型电容式传感器与变极距型电容式传感器相比，其灵敏度较低。因此，在实际应用中，也采用差动式结构，以提高灵敏度。

变极距型电容式传感器和变面积型电容式传感器一般采用空气作电介质。空气的介电常数 ε_0 在极宽的频率范围内几乎不变，温度稳定性好，介质的电导率极小，损耗极低。但 ε_0 小，使电容量常为皮法数量级，寄生电容影响就大，并要求传感器的绝缘材料有较高的绝缘性能。

3. 变介质型电容式传感器

变介质型电容式传感器有较多的结构形式，图 5-16 是两种常用的结构形式。图 5-16（a）中，该电容器具有两种不同的介质，其相对介电常数为 ε_{r1} 和 ε_{r2}，介质厚度分别为 a_1 和 a_2，且 $a_1 + a_2 = a_0$（即两者之和等于两极板极距 a_0），极板面积 A。整个装置可视为两个电容器串联而成，其总电容量为 C。即：

$$\frac{1}{C} = \frac{1}{C_1} + \frac{1}{C_2} \tag{5-17}$$

经计算，最后可得：

$$C = \frac{\varepsilon_0 A}{\dfrac{a_1}{\varepsilon_{r1}} + \dfrac{a_2}{\varepsilon_{r2}}} \tag{5-18}$$

我们知道，空气相对介电常数为1，由式（5-18）可知，总电容量 C 取决于介电常数 ε_{r2} 及介质厚度 a_2。因此只要这两个参数中的一个为已知时，即可通过上述公式求出另一个参数值。这种方法可用来对不同材料进行厚度测定。测量时让材料通过电容器两极板之间（常常是已知材料的电常数），从而可从被测的电容值来确定材料的厚度。

图5-16（b）中两平行电极固定不动，极距为 a_0，相对介电常数为 ε_{r2} 的电介质以不同深度插入电容器中，从而改变两种介质的极板覆盖面积。传感器总电容量 C 为

$$C = C_1 + C_2 = \frac{\varepsilon_0 \varepsilon_{r1} b_0 (l_0 - l)}{a_0} + \frac{\varepsilon_0 \varepsilon_{r2} b_0 l}{a_0} \tag{5-19}$$

式中 l_0——极板的长度；

b_0——极板的宽度；

l——第二种介质进入极板间的长度。

若电介质 $\varepsilon_{r1} = 1$，当 $l = 0$ 时，传感器初始电容 $C_0 = \varepsilon_0 \varepsilon_r l_0 b_0 / d_0$。当被测介质 ε_{r2} 进入极板间 l 深度后，引起电容相对变化量为

$$\frac{\Delta C}{C_0} = \frac{C - C_0}{C_0} = \frac{(\varepsilon_{r2} - 1) l}{l_0} \tag{5-20}$$

可见，电容量的变化与电介质 ε_{r2} 的移动量 l 呈线性关系。我们常利用这一原理对非导电液体和松散物料的液位或填充高度进行测量。

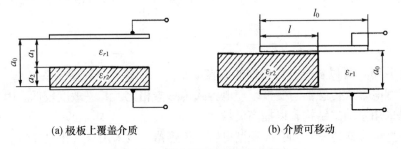

(a) 极板上覆盖介质　　　　　　　(b) 介质可移动

图5-16　变介质型电容式传感器

总之，变极距型电容式传感器的灵敏度为变量，只有当被测量远小于极板间距时才可以近似为常数、一般用来测量微小的线位移；也可用于由力、位移、震动等引起的极板间距的变化。变面积型电容式传感器的灵敏度为常量，因此，一般用来测量角位移或较大的位移。变介质型电容传感器则常用于固体或液体的物位测量。

5.2.2　电容式传感器的测量电路

电容式传感器是以各种类型的电容器作为传感元件，通过电容传感元件将被测量转变成电容量的变化。由于电容及其变化量均很小（pF级），因此必须借助测量电路检测出这一微小电容及增量，并将其转换成电压、电流或频率，以便于显示、记录或传输。电容式传感器的测量电路种类很多，除电桥电路、谐振电路外，还可采用运算放大器电路、调频

电路和差动脉冲宽度调制电路等。下面选择其中 3 种测量电路加以介绍。

1. 运算放大器式电路

由于运算放大器的放大倍数非常大，而且输入阻抗 Z_i 很高（$Z_i \rightarrow \infty$），运算放大器的这一特点可以作为电容式传感器的比较理想的测量电路。图 5-17 是运算放大器式电路原理图，图中 C_x 为电容式传感器电容；U_i 是交流电源电压，U_o 是输出信号电压；$\sum$ 是虚地点。由运算放大器工作原理可得

$$\dot{U}_o = -\frac{C}{C_x}\dot{U}_i \tag{5-21}$$

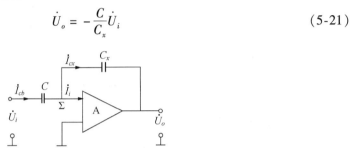

图 5-17 运算放大器式测量电路原理图

如果传感器是一只平板电容，则 $C_x = \varepsilon A/d$，代入式 (5-21)，可得

$$\dot{U}_o = -\dot{U}_i \frac{C}{\varepsilon A}d \tag{5-22}$$

式中"$-$"号表示输出电压 U_o 的相位与电源电压反相。式 (5-22) 说明运算放大器的输出电压与极板间距离 d 呈线性关系。运算放大器式电路解决了单个变极板间距式电容传感器的非线性问题。

2. 二极管双 T 形交流电路

图 5-18 是二极管双 T 形交流电桥电路原理图。e 是高频电源，它提供了幅值为 U 的对称方波，V_{D1}、V_{D2} 为特性完全相同的两只二极管，固定电阻 $R_1 = R_2 = R$，C_1、C_2 为传感器的两个差动电容。

当传感器没有输入时，$C_1 = C_2$。其电路工作原理如下：当 e 为正半周时，二极管 V_{D1} 导通、V_{D2} 截止，于是电容 C_1 充电，其等效电路如图 5-18 (b) 所示；在随后负半周出现时，电容 C_1 上的电荷通过电阻 R_1，负载电阻 R_L 放电，流过 R_L 的电流为 I_1。当 e 为负半周时，V_{D2} 导通、V_{D1} 截止，则电容 C_2 充电，其等效电路如图 5-18 (c) 所示；在随后出现正半周时，C_2 通过电阻 R_2，负载电阻 R_L 放电，流过 R_L 的电流为 I_2。根据上面所给的条件，则电流 $I_1 = I_2$，且方向相反，在一个周期内流过 R_L 的平均电流为零。

若传感器输入不为 0，则 $C_1 \neq C_2$，$I_1 \neq I_2$，此时在一个周期内通过 R_L 上的平均电流不为零，因此产生输出电压，输出电压在一个周期内平均值为

$$U_o = I_L R_L = \frac{1}{T}\int_0^T [I_1(t) - I_2(t)]dt R_L \approx \frac{R(R + 2R_L)}{(R + R_L)} \cdot R_L U f(C_1 - C_2) \tag{5-23}$$

式中 f——电源频率。

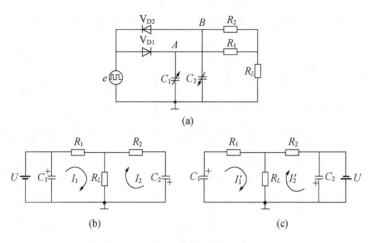

图5-18 二极管双T形交流电桥

当已知 R_L，式（5-23）中

$$\left[\frac{R(R+2R_L)}{(R+R_L)^2}\right] \cdot R_L = M \text{（常数）} \tag{5-24}$$

则式（5-24）可改写为

$$U_o = UfM(C_1 - C_2) \tag{5-25}$$

从式（5-25）可知，输出电压 U_o 不仅与电源电压幅值和频率有关，而且与T形网络中的电容 C_1 和 C_2 的差值有关。当电源电压确定后，输出电压 U_o 是电容 C_1 和 C_2 的函数。该电路输出电压较高，当电源频率为 1.3 MHz，电源电压 $U=46$ V 时，电容在 $-7\sim7$ pF 变化，可以在 1 MΩ 负载上得到 $-5\sim5$ V 的直流输出电压。电路的灵敏度与电源电压幅值和频率有关，故输入电源要求稳定。当电压幅值较高，使二极管 V_{D1}、V_{D2} 工作在线性区域时，测量的非线性误差很小。电路的输出阻抗与电容 C_1、C_2 无关，而仅与 R_1、R_2 及 R_L 有关，约为 $1\sim100$ kΩ。输出信号的上升沿时间取决于负载电阻。对于 1 kΩ 的负载电阻上升时间为 20 μs 左右，故可用来测量高速的机械运动。

3. 调频测量电路

调频测量电路把电容式传感器作为振荡器谐振回路的一部分，当输入量导致电容量发生变化时，振荡器的振荡频率就发生变化。虽然可将频率作为测量系统的输出量，用以判断被测非电量的大小，但此时系统是非线性的，不易校正，因此必须加入鉴频器，将频率的变化转换为电压振幅的变化，经过放大就可以用仪器指示或记录仪记录下来。调频式测量电路原理框图如图5-19所示。图中调频振荡器的振荡频率为

$$f = \frac{1}{2\pi\sqrt{LC}} \tag{5-26}$$

式中 L——振荡回路的电感；

C——振荡回路的总电容，$C = C_1 + C_2 + C_x$，其中 C_1 为振荡回路固有电容，C_2 为传感器引线分布电容，$C_x = C_0 \pm \Delta C$ 为传感器的电容。

图 5-19　调频式测量电路原理框图

调频电容传感器测量电路具有较高的灵敏度，可以测量高至 0.01 μm 级位移变化量。信号的输出频率易于用数字仪器测量，并与计算机通讯，抗干扰能力强，可以发送、接收，以达到遥测、遥控的目的。

5.2.3　电容式传感器的应用

随着电容式传感器应用问题的完善解决，它的应用优点显得十分明显：

① 分辨力极高，能测量低达 10^{-7} 的电容值或 0.01 μm 的绝对变化量和高达（$\Delta C/C$）= 100%～200% 的相对变化量，因此尤其适合微信息检测。

② 动质量小，可无接触测量。电容式传感器自身的功耗、发热和迟滞极小，可获得高的静态精度和好的动态特性。

③ 结构简单，不含有机材料或磁性材料，对环境（除高湿外）的适应性较强。

④ 过载能力强。

1. 电容式压力传感器

图 5-20 为差动电容式压力传感器的结构图。图中所示膜片为动电极，两个在凹形玻璃上的金属镀层为固定电极，构成差动电容器。当被测压力或压力差作用于膜片并产生位移时，所形成的两个电容器的电容量，一个增大，一个减小。该电容值的变化经测量电路转换成与压力或压力差相对应的电流或电压的变化。

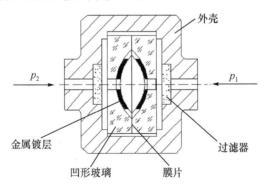

图 5-20　差动式电容压力传感器结构图

电容式进气压力传感器的结构如图 5-21 所示，它是将氧化铝膜片和底板彼此靠近排列，形成电容，利用电容随膜片上下压力差的变化而改变的性能，获取与压力成正比的电容值信号。将电容（压力转换元件）连接到传感器混合集成电路的振荡电路中，传感器能够产生可变频率的信号，且该信号的输出频率（约为 80～120 Hz）与进气歧管的绝对压力成正比。电控装置 ECU 可以根据传感器输入信号的频率来感知进气歧管的绝对压力的大小，进而对发动机的喷油量进行控制。

在汽车工业中，电容式进气压力传感器目前还没有得到很普遍的应用，仅在福特等少数轿车的 D 型喷射发动机上使用。

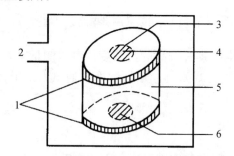

图 5-21 电容式进气压力传感器的结构
1—氧化铝膜片；2—接进气歧管；3、6—电极引线；4—厚膜电极；5—绝缘介质

2. 电容式加速度传感器

图 5-22 为电容式加速度传感器的结构图。当传感器壳体随被测对象沿垂直方向作直线加速运动时，质量块在惯性空间中相对静止，两个固定电极将相对于质量块在垂直方向产生大小正比于被测加速度的位移。此位移使两电容的间隙发生变化，一个增加，一个减小，从而使 C_1、C_2 产生大小相等、符号相反的增量，此增量正比于被测加速度。电容式加速度传感器的主要特点是频率响应快和量程范围大，大多采用空气或其他气体作阻尼物质。

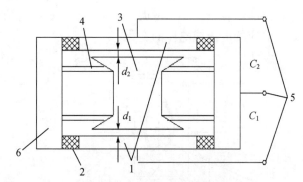

图 5-22 差动式电容加速度传感器结构图
1—固定电极；2—绝缘垫；3—质量块；4—弹簧；5—输出端；6—壳体

3. 电容式油量表

电容式油量表可用来测量油箱液位，其结构如图 5-23 所示。置于油箱中的传感器电容 C_x 为电桥转换电路的一桥臂电容，当油箱中无油时，传感器电容值为 C_{x0}，调节匹配电容 C，使其与 C_{x0} 相等，并调节可变电阻 RP 的滑动臂位于零点，使电桥处于平衡状态，此时

电桥输出为零,伺服电动机由于无励磁电压而不会转动,故油量表指针不会偏转,$\Delta\theta = 0$。当油箱中有油时,假设液位高度为 h,油箱中的传感器电容由于其极板间部分区域介质的变化,使其电容值增大 ΔC_x,$C_x = C_{x0} + \Delta C_x$,$\Delta C_x$ 与 h 成正比,此时电桥失去平衡后的输出电压,经放大后驱动伺服电动机转动,从而带动油量表指针偏转,同时带动 RP 的滑动臂,使其阻值增大。当 RP 阻值达到一定值时,电桥又达到新的平衡状态,于是伺服电动机停转,油量表指针则停留在转角 $\Delta\theta$ 处,从而可以从刻度盘上读出油箱液面高度 h 值。

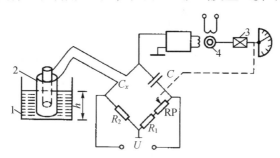

图 5-23 电容式油量表结构图
1—油箱;2—传感器电容;3—同轴连接器;4—伺服电动机

5.3 电感式传感器

电感式传感器是将被测量转变为电感变化的一种传感器,或者说电感式传感器是利用线圈自感或互感的变化实现测量的一种装置。

5.3.1 电感式传感器的工作原理

电感式传感器的核心部分是可变自感或可变互感,在被测量转换成线圈自感或互感的变化时,一般要利用磁场作为媒介或利用铁磁体的某些现象。这类传感器的主要特征是具有线圈绕组。所以,电感式传感器可以分为自感式和互感式传感器两大类。

5.3.2 自感式传感器

自感式传感器又称为变磁阻式传感器。它的结构如图 5-24 所示,由线圈、铁芯和衔铁 3 部分组成。铁芯和衔铁由导磁材料如硅钢片或坡莫合金制成,在铁芯和衔铁之间有气隙,气隙厚度为 δ,传感器的运动部分与衔铁相连。自感式传感器实质上是一个带气隙的铁芯线圈。按磁路几何参数变化形式的不同,目前常用的自感式传感器有变气隙式、变面积式与螺管式 3 种;按磁路的结构形式又有 Π 型、E 型或罐型等;按组成方式分,有单一式与差动式两种。

1. 变气隙式自感传感器

尽管在铁芯与衔铁之间有一个空气隙,但由于其值不大,所以磁路(图 5-24(a)中点画线表示磁路)是封闭的。根据磁路的基本知识,线圈自感可按下式计算:

$$L = n^2/R_m \tag{5-27}$$

式中　n——线圈匝数；
　　　R_m——磁路总磁阻。

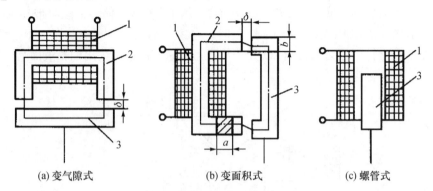

(a) 变气隙式　　(b) 变面积式　　(c) 螺管式

图 5-24　自感式传感器结构图
1—线圈；2—铁芯；3—活动衔铁

对图 5-24 所示情况，因为气隙厚度较小，可以认为气隙磁场是均匀的，若忽略磁路铁损，则总磁阻为

$$R_m = \sum \left(\frac{l_i}{\mu_i A_i}\right) + \frac{2\delta}{\mu A} \tag{5-28}$$

式中　l_i——各段导磁体的长度；
　　　μ_i——各段导磁体的磁导率；
　　　A_i——各段导磁体的截面积；
　　　δ——空气隙的厚度；
　　　μ——空气磁导率，$\mu = 4\pi \times 10^{-7}$ H/m。

考虑到一般导磁体的导磁率远大于空气的导磁率（大数千倍乃至数万倍），即有

$$L = \frac{n^2}{R_m} = \frac{n^2 \mu A}{2\delta} \tag{5-29}$$

式中 n 为线圈匝数。

其灵敏度为：

$$K = \frac{dl}{d\delta} = \frac{n^2 \mu}{2\delta} \tag{5-30}$$

当衔铁移动时，气隙厚度 δ 发生改变，引起磁路中磁阻变化，从而导致电感线圈的电感值变化，因此只要能测出这种电感量的变化，就能确定衔铁位移量的大小和方向。

这种单线圈传感器的线性不好，所以在实际中大都采用差动式。

设有两个电感线圈，当衔铁由原始平衡位置变动时，一个线圈电感量增加，一个线圈电感量减小，电感总变化量为

$$L = L_1 - L_2 \tag{5-31}$$

差动式变气隙传感器的与单线圈变气隙传感器相比，有下列优点：线性好；灵敏度提高一倍，即衔铁位移相同时，输出信号大一倍；温度变化、电源波动、外界干扰等对传感器精

度的影响，由于能相互抵消而减小，电磁吸力对测力变化的影响也由于能相互抵消而减小。

因此，在实际中大都采用差动式。单线圈式的结构简单，有时也应用于要求不高的场合。这些结论对下面讨论的差动式截面型及差动式螺管型传感器同样适合，具体结构如图 5-25 所示。

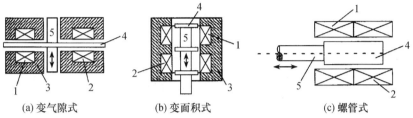

图 5-25　差动式自感传感器
1—线圈 I；2—线圈 II；3—铁芯；4—活动衔铁；5—导杆

2．变面积式自感传感器

变面积式自感传感器结构如图 5-24（b）所示，工作时气隙长度不变，铁芯与衔铁之间相对覆盖面积随被测位移量的变化而改变，从而导致线圈电感发生变化。该类传感器的灵敏度为：

$$K = \frac{\mathrm{d}l}{\mathrm{d}\delta} = \frac{n^2 \mu}{2\delta} \tag{5-32}$$

可见，变面积式传感器在忽略气隙磁通边缘效应的条件下，输出特性呈线性，因此可望得到较大的线性范围。与变气隙式相比较，其灵敏度较低。欲提高灵敏度，需减小 δ，但同样受到工艺和结构的限制。δ 值的选取与变气隙式相同。

3．螺管式自感式传感器

螺管式自感传感器结构如图 5-24（c）所示。它由平均半径为 r 的螺管线圈、衔铁和磁性套筒等组成。螺管式自感传感器工作原理是基于线圈磁力线泄漏路径上磁阻的变化。随着衔铁插入深度的不同将引起线圈泄漏路径中磁阻变化，从而使线圈的电感发生变化。

下面对以上 3 种自感式传感器进行一下比较：

变间隙式灵敏度最高，且灵敏度随气隙的增大而减小；非线性误差大，为了减小非线性，量程必须限制而且较小。一般为间隙的 1/5 以下。这种传感器制作装配比较困难。

变面积式灵敏度比变间隙型的小，但理论灵敏度为一常数。因而线性度好，量程较大，使用比较广泛。

螺管式量程大，灵敏度低，结构简单，便于制作，因而应用广泛。

4．自感式传感器的测量电路

变间隙式、变面积式、螺管式这 3 种类型的电感传感器均可差动使用，从而构成变间隙型差动传感器，变面积型差动传感器和螺管型差动电感传感器，图 5-26 为交流电桥测量电路，把传感器的两个线圈作为电桥的两个桥臂 Z_1 和 Z_2，另外两个相邻的桥臂用纯电阻 R 代替。

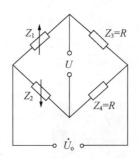

图 5-26　交流电桥测量电路

5.3.3　互感式传感器

互感式传感器也叫差动变压器式传感器，简称差动变压器（Liner Variable Differential Transformer，LVDT），如图 5-27 所示。它是一个有可动铁芯和两个次级线圈的变压器。传感器的可动铁芯和待测物相连，两个次级线圈接成差动形式，可动铁芯的位移利用线圈的互感作用转换成感应电动势的变化，从而得到待测位移。

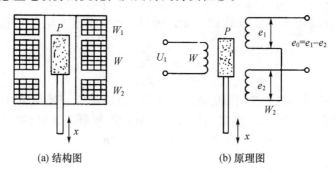

(a) 结构图　　　　　　　　　　(b) 原理图

图 5-27　差动变压器的结构原理图

1. 互感式传感器（差动变压器）的工作原理

差动变压器结构如图 5-27（a）所示，由初级线圈 W 与两个相同的次级线圈 W_1，W_2 和插入的可移动的铁芯 P 组成。其线圈连接方式如图 5-27（b）所示，两个次级线圈反相串接。当初级线圈 W 加上一定的交流电压 u_1 后，在次级线圈中产生感应电势 e_1、e_2。当衔铁在中间位置时，两次级线圈互感相同，感应电势 $e_1 = e_2$，输出电压为零。当衔铁向上移动时，W_1 互感大，W_2 互感小，感应电势 $e_1 > e_2$，输出电压 $e_0 = e_1 - e_2$，不为零，且在传感器的量程内，移动得越大，输出电压越大。当衔铁向下移动时，W_2 互感大，W_1 互感小，感应电势 $e_2 > e_1$，输出电压仍不为零，与向上移动比较，相位相差 180°。因此，根据输出电压的大小和相位就可判断衔铁位移量的大小和方向。

图 5-28 所示是差动变压器的典型特性曲线。曲线 1 为理想输出特性曲线，曲线 2 为实际输出特性曲线。为了区分零点两边铁芯不同位移所产生的输出相位，可通过相位测定或采用相敏电路来测定。U_{01} 为零点残余电动势（从零点几毫伏到数十毫伏）。零点残余电动势的存在，使传感器的输出特性在零点附近不灵敏，给测量带来误差，U_{01} 值的大小是衡

量差动变压器性能好坏的重要指标。

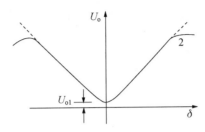

图 5-28　差动变压器输出特性曲线

（1）零点残存电压产生的原因
① 差动的两个线圈的电气参数及导磁体的几何尺寸不可能完全对称；
② 线圈的分布电容不对称；
③ 电源电压中含有高次谐波；
④ 传感器工作在磁化曲线的非线性段。
（2）为了减小零点残存电压，可采取以下方法：
① 尽可能保证传感器几何尺寸、线圈电气参数和磁路的对称。为保证线圈和磁路的对称性；首先要求提高加工精度，线圈选配成对，采用磁路可调节结构。其次，应选高磁导率、低矫顽力、低剩磁感应的导磁材料，并应经过热处理，消除残余应力，以提高磁性均匀性和稳定性。磁路工作点应选在磁化曲线的线性段。
② 选用合适的测量电路。例如采用相敏整流电路，既可判别衔铁移动方向又可改善输出特性，减小零点残存电压。
③ 采用补偿线路减小零点残存电压。

2. 互感式传感器的结构类型

互感式传感器结构形式较多，主要有如图 5-29 所示的几种典型类型。图 5-29（a），（b）两种结构的互感式传感器，衔铁均为平板型，灵敏度较高，测量范围较小，一般用于几微米至几百微米的位移测量。在非电量测量中，应用最多的是螺线管式互感式传感器，如图 5-29（c），（d）所示，它可以测量（1～100）mm 机械位移，并具有测量精度高、灵敏度高、结构简单、性能可靠等优点。图 5-29 中（e），（f）两种结构是测量转角的互感式传感器，通常可测到几分、几秒的微小角位移，输出的线性范围一般在 ±10° 左右。

3. 互感式传感器的测量电路

互感式传感器的输出为交流电压，其值与衔铁位移成正比。用交流电压表测量其输出值只反映衔铁位移的大小，不能反映移动的方向，因此，互感式传感器的测量电路常采用差动整流电路和差动相敏检波电路。

（1）差动整流电路

差动整流电路是根据半导体二极管的单向导通原理进行解调的。它把两个次级电压分别整流，然后将整流后的电压或电流的差值作为输出。

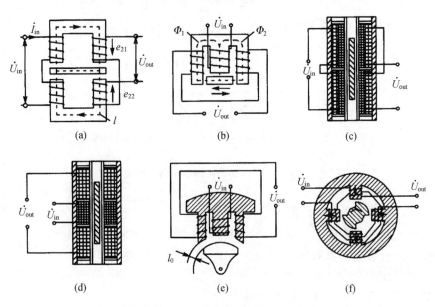

图 5-29 互感式传感器的结构形式

图 5-30 所示为电压输出型全波差动整流电路。若传感器的一个次级线圈的输出瞬时电压极性在 e 点为 "+"，f 点为 "-"，则电流路径是 e→a→c→d→b→f。反之，如 e 点为 "-"，f 点为 "+"，则电流路径是 f→b→c→d→a→e。可见，无论次级线圈的输出瞬时电压极性如何，通过电阻 R_1 上的电流总是从 c 到 d。同理，分析另一个次级线圈的输出情况可知，通过电阻 R_2 上的电流总是从 g 到 h。以上分析得出的综合结论是，无论次级线圈的输出瞬时电压极性如何，整流电路的输出电压 U_0 始终等于 R_1、R_2 两个电阻上的电压差。即

$$U_0 = U_{dc} + U_{gh} = U_{dc} - U_{hg} \tag{5-33}$$

因此，当铁芯在零位时，输出电压 $U_0 = 0$；当铁芯在零位以上或零位以下时，输出电压的极性相反，零点残存电压自动抵消。

（2）差动相敏检波电路

图 5-31 所示是一种用于测量小位移的差动变压器相敏检波电路。在无输入信号时，铁芯处于中间位置，调节电阻 R 使零点残存电压趋近于零；当铁芯上、下移动时，传感器有信号输出，其输出的电压信号经交流放大、相敏检波和滤波后得到直流输出，由指示仪表指示出位移的大小和方向。

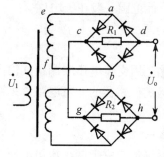

图 5-30 全波差动整流电路

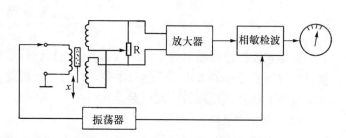

图 5-31 差动相敏检波电路的工作原理

5.3.4 电感式传感器的应用

电感式传感器与其他传感器相比具有以下优点:
① 结构简单,工作中没有活动电触点,因此比电位器工作可靠,寿命长;
② 灵敏度和分辨率高,特别是互感式传感器,能测出 0.01 μm 的机械位移的变化;
③ 传感器的输出信号强,电压灵敏度一般每 1 mm 可达数百毫伏,因而有利于信号传输;
④ 在一定位移范围内(最小几十微米,最大达数十甚至数百毫米)重复性和线性度好。

同时,电感式传感器也有一些自身的缺点:
① 频率响应较低,不宜快速动态测量;
② 分辨率与测量范围有关,测量范围小,分辨率高,反之则低;
③ 互感式传感器存在零点残余电压,在零点附近有一个不灵敏区。

由于以上种种特点,电感式传感器可以用来测量位移、加速度、压力、压差、液位、应变、流量等参数。其具体应用如下。

1. 液位计

图 5-32 是采用了电感式传感器的液位计。由于液位的变化,浮子所受浮力也将产生变化,这一变化转变成浮子的位移,从而改变了差动变压器的输出电压,进而反映了液位的变化值。

2. 真空膜盒可变电感式进气压力传感器

真空膜盒可变电感式进气压力传感器的结构如图 5-33 所示。它利用操纵杆的外伸或回缩移动,带动与其相连的铁芯移动,从而使两互感线圈 W_1 和 W_2 之间的互感系数发生变化,进而改变输出电压的大小。

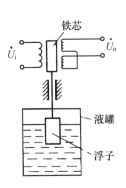

图 5-32 液位计

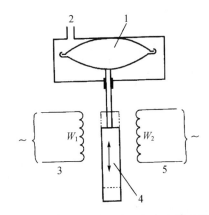

图 5-33 真空膜盒可变电感式进气压力传感器的结构
1—膜盒;2—接进气管;3—线圈 W_1;4—铁芯;5—线圈 W_2

其中互感线圈的互感系数与两线圈的耦合情况相关，耦合越紧，输出电压越大。因此，进气压力增大时，膜片回缩，铁芯向两线圈中间运动，耦合变紧，输出电压增大；反之，则膜片膨胀，输出电压减小。

3. 真空膜盒差动变压器式进气压力传感器

真空膜盒差动变压器式进气压力传感器与可变电感式进气压力传感器的结构相似，它主要由膜盒、铁芯、传感线圈、弹片以及电路组成，如图 5-34 所示。

传感线圈由一次绕组和二次绕组两个绕组构成，如图 3-35 所示。一次绕组与振荡电路连接，产生交变电压，并在线圈周围产生磁场；二次绕组为两个感应线圈，产生感应信号电压。当交流电通过一次绕组线圈时，两个二次绕组线圈都产生感应电压。当铁芯在中心位置时，两个二次绕组的感应电压大小相等，方向相反，传感器的输出电压为零。当铁芯从中间向一端移动时，一个二次绕组输出的电压将大于另一个二次绕组，这两个二次绕组的电压差 e_s 即为输出信号电压，其大小由铁芯移动距离决定。

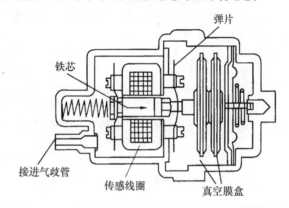

图 5-34 真空膜盒差动变压器式进气压力传感器

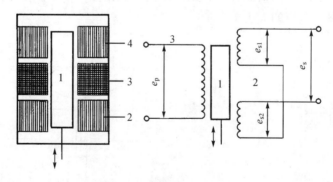

图 5-35 传感线圈的结构
1—铁芯；2—一次绕组；3—二次绕组

当进气歧管压力发生变化时，膜盒的外伸与回缩带动铁芯在磁场中移动，使感应线圈产生的信号电压发生变化，这个变化的信号电压经过检波、整形和放大电路后，输入 ECU。

5.4 压电式传感器

压电式传感器是一种有源的双向机电传感器，是以某些材料受力后在其表面产生电荷的压电效应为转换原理的传感器。压电元件是机电转换元件，它可以测量最终能变换为力的那些非电物理量，例如力、压力、加速度等。

压电式传感器具有使用频带宽，灵敏度高，结构简单，工作可靠，重量轻等优点。近年来由于电子技术的飞跃发展，随着与之配套的二次仪表以及低噪声、小电容、高绝缘电阻电缆的出现，使压电传感器使用更为方便，并且使得压电式传感器获得了广泛的应用。

5.4.1 压电效应

某些电介质，当沿着一定方向对其施力而使它变形时，内部就产生极化现象，同时在它的两个表面上便产生符号相反的电荷，当外力去掉后，又重新恢复到不带电状态。这种现象称压电效应。当作用力方向改变时，电荷的极性也随之改变。有时人们把这种机械能转换为电能的现象，称为"正压电效应"。相反，当在电介质极化方向施加电场，这些电介质也会产生几何变形，这种现象称为"逆压电效应"（电致伸缩效应）。

具有压电效应的电介质（称压电材料），能实现机-电能量的相互转换。在自然界中大多数晶体都具有压电效应，但压电效应十分微弱。随着对材料的深入研究，发现石英晶体、钛酸钡、锆钛酸铅等材料是性能优良的压电材料。

压电材料的主要特性参数有：

① 压电常数：压电常数是衡量材料压电效应强弱的参数，它直接关系到压电输出灵敏度。

② 弹性常数：压电材料的弹性常数、刚度决定着压电器件的固有频率和动态特性。

③ 介电常数：对于一定形状、尺寸的压电元件，其固有电容与介电常数有关；而固有电容又影响着压电传感器的频率下限。

④ 机械耦合系数：它的意义是，在压电效应中，转换输出能量（如电能）与输入的能量（如机械能）之比的平方根，这是衡量压电材料机—电能量转换效率的一个重要参数。

⑤ 电阻：压电材料的绝缘电阻将减少电荷泄漏，从而改善压电传感器的低频特性。

⑥ 居里点温度：它是指压电材料开始丧失压电特性的温度。

目前压电材料可分为3大类：一是压电晶体（单晶），它包括压电石英晶体和其他压电单晶；二是压电陶瓷（多晶半导瓷）；三是新型压电材料，又可分为压电半导体和有机高分子压电材料两种。

在传感器技术中，目前国内外普遍应用的是压电单晶中的石英晶体和压电多晶中的钛酸钡与锆钛酸铅系列压电陶瓷。

1. 石英晶体

石英晶体化学式为SiO_2，是单晶体结构。图5-36（a）表示了天然结构的石英晶体外形,它是一个正六面体。石英晶体各个方向的特性是不同的。其中纵向轴 z 称为光轴,经过六面体棱线并垂直于光轴的 x 轴称为电轴,与 x 轴和 z 轴同时垂直的轴 y 称为机械轴。通常把沿电轴 x 方向的力作用下产生电荷的压电效应称为"纵向压电效应",而把沿机械轴 y 方向的力作用下产生电荷的压电效应称为"横向压电效应"。而沿光轴 z 方向的力作用时不产生压电效应。

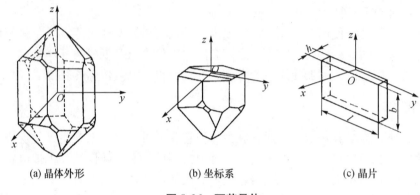

(a) 晶体外形　　　　(b) 坐标系　　　　(c) 晶片

图 5-36　石英晶体

若从晶体上沿 y 方向切下一块如图 5-36（c）所示的晶片,当沿电轴方向施加作用力 F_x 时,在与电轴 x 垂直的平面上将产生电荷,其大小为

$$q_x = d_{11} F_x \tag{5-34}$$

式中　d_{11}——x 方向受力的压电系数。

石英晶体的主要性能特点是：
① 压电常数小,时间和温度稳定性极好；
② 机械强度和品质因素高,且刚度大,固有频率高,动态特性好；
③ 居里点 573℃,无热释电性,且绝缘性、重复性均好。

2. 压电陶瓷

压电陶瓷是一种经极化处理后的人工多晶铁电体。所谓"多晶",它是由无数细微的单晶组成；所谓"铁电体",它具有类似铁磁材料磁畴的"电畴"结构。每个单晶形成一单个电畴,无数单晶电畴的无规则排列,致使原始的压电陶瓷呈现各向同性而不具有压电性（如图 5-37 所示）。要使之具有压电性,必须作极化处理,即在一定温度下对其施加强直流电场,迫使"电畴"趋向外电场方向作规则排列（如图 5-37（b）所示）；极化电场去除后,趋向电畴基本保持不变,形成很强的剩余极化,从而呈现出压电性。

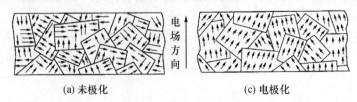

(a) 未极化　　　　(c) 电极化

图 5-37　压电陶瓷的极化

在陶瓷上施加外电场时，电畴的极化方向发生转动，趋向于按外电场方向的排列，从而使材料得到极化。外电场愈强，就有更多的电畴更完全地转向外电场方向。让外电场强度大到使材料的极化达到饱和的程度，即所有电畴极化方向都整齐地与外电场方向一致时，当外电场去掉后，电畴的极化方向基本不变化，即剩余极化强度很大，这时的材料才具有压电特性，如图5-37（b）所示。

最早使用的压电陶瓷材料是钛酸钡（$BaTiO_3$）。它的压电系数约为石英的50倍，但居里点温度只有115℃，使用温度不超过70℃，温度稳定性和机械强度都不如石英。目前使用较多的压电陶瓷材料是锆钛酸铅（PZT）系列，它是钛酸铅（$PbTiO_2$）和锆酸铅（$PbZrO_3$）组成的（$Pb(ZrTi)O_3$）。居里点在300℃以上，性能稳定，有较高的介电常数和压电系数。压电陶瓷的特点是：压电常数大，灵敏度高；制造工艺成熟，可通过合理配方和掺杂等人工控制来达到所要求的性能；成形工艺性也好，成本低廉，利于广泛应用。

3. 新型压电材料

（1）压电半导体

硫化锌（ZnS）、碲化镉（CdTe）、氧化锌（ZnO）、硫化镉（CdS）等，这些材料显著的特点是：既具有压电特性又具有半导体特性。因此既可用其压电性研制传感器，又可用其半导体特性制作电子器件；也可以两者合一，集元件与线路于一体，研制成新型集成压电传感器测试系统。

（2）有机高分子压电材料

其一，是某些合成高分子聚合物，经延展拉伸和电极化后具有压电性的高分子压电薄膜，如聚氟乙烯（PVF）等。

其二，是高分子化合物中掺杂压电陶瓷PZT或$BaTiO_3$粉末制成的高分子压电薄膜。

4. 等效电路

由压电元件的工作原理可知，压电式传感器可以看作一个电荷发生器。同时，它也是一个电容器，晶体上聚集正负电荷的两表面相当于电容的两个极板，极板间物质等效于一种介质，则其电容量为

$$C_a = \frac{\varepsilon_r \varepsilon_0 A}{\delta} \tag{5-35}$$

式中 A——压电片的面积；

δ——压电片的厚度；

ε_r——压电材料的相对介电常数。

因此，压电传感器可以等效为一个电荷源。如图5-38（a）所示。

压电传感器也可以等效为一个与电容相串联的电压源。如图5-38（b）所示，电容器上的电压U_a、电荷量q和电容量C_a三者关系为

$$U_a = \frac{q}{C_a} \tag{5-36}$$

如果负载不是无穷大，电路将会按指数规律放电，极板上的电荷无法保持不变，从而造成测量误差。因此，压电式传感器不适宜测量静态信号。而测量动态信号时，由于交变

电荷变化快,漏电量相对比较小,故压电式传感器适宜做动态测量。

实际压电式传感器中,往往用两个或两个以上的晶片进行串联或并联。并联时(见图 5-39(b))两晶片负极集中在中间极板上,正电极在两侧的电极上。并联时电容量大,输出电荷量大,时间常数大,宜于测量缓变信号,适宜于以电荷量输出的场合。串接时(见图 5-39(c)),正电荷集中在上极板,负电荷集中在下极板。串联法传感器本身电容小,输出电压大,适用于以电压作为输出信号。

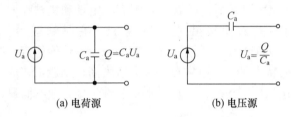

(a) 电荷源　　　　　　　　　(b) 电压源

图 5-38　压电元件的等效电路

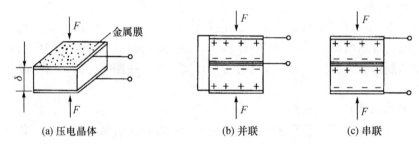

(a) 压电晶体　　　　(b) 并联　　　　(c) 串联

图 5-39　压电式传感器晶片串、并联

5.4.2　压电式传感器的测量电路

压电式传感器的本身内阻很大,而输出的信号很微弱,因此一般不能直接显示和记录,须将电信号经高输入阻抗的前置放大器放大后再进行传输、处理和测量。这样才能防止电荷迅速泄漏而使测量误差变大。压电式传感器的前置放大器有两个作用:一是把传感器的高阻抗输出变换为低阻抗输出,二是把传感器的微弱信号进行放大。

按照压电式传感器的工作原理及其等效电路,传感器可看成电压发生器,也可看成电荷发生器,因此前置放大器也有两种形式:一种是电压放大器,一般称作阻抗变换器;另一种是电荷放大器。这两种放大器的主要区别是:使用电压放大器时,测量系统对电缆电容的变化很敏感,连接电缆长度的变化明显影响测量系统的输出;而使用电荷放大器时,电缆长度变化的影响几乎可忽略不计。但与电压放大器相比,电荷放大器价格要高得多,调整起来也较困难。

1. 电压放大器

压电式传感器接电压放大器的等效电路如图 5-40(a)所示。图 5-40(b)是简化后的等效电路,其中,U_i 为放大器输入电压。

在设计或应用压电传感器时,可根据给定的精度 δ,合理地选择电压放大器 R_i 或被测量频率 f。

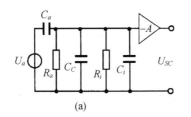 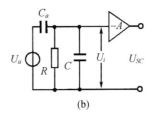

图 5-40 压电式传感器接电压放大器的等效电路

由于采用电压放大器的压电传感器,其输出电压灵敏度受电缆分布电容 C_c 的影响,因此电缆的变动,将使已标定的灵敏度改变。

电压放大器(阻抗变换器)因其线路简单、成本低、工作稳定可靠而被采用。

2. 电荷放大器

电荷放大器实质上是一个带电容负反馈的高输入阻抗、高增益的放大器,被广泛应用于电荷型传感器的输入接口。它的基本电路如图 5-41 所示。它能将高内阻的电荷源转换为低内阻的电压源,而且输出电压正比于输入电荷。当放大器开环增益和输入电阻、反馈电阻相当大时,由虚地原理可知,反馈电容 C_F 折合到输入端的有效电容为:

$$C_F' = (1+A)C_F \tag{5-37}$$

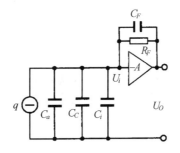

图 5-41 电荷放大器的等效电路

则输出电压为:

$$U_O = \frac{-Aq}{C_a + C_c + C_i + (1+A)C_F} \tag{5-38}$$

式中 C_a——传感器压电元件的电容;
  C_c——电缆电容;
  C_i——放大器输入电容;
  C_F——放大器反馈电容。

当 A 足够大时,$(1+A)C_F \gg C_a + C_c + C_i$,则(5-38)式可近似为:

$$U_O \approx \frac{q}{C_F} \tag{5-39}$$

由此可知:

① 电荷放大器的输出电压仅与输入电容量和反馈电容有关,若保持 C_F 数值不变,输

出电压正比于输入电荷量。

② 当 $(1+A)C_F \gg 10(C_a+C_c+C_i)$ 时,认为传感器的灵敏度与电缆电容无关,更换电缆或使用较长的电缆时,不用重新校正传感器的灵敏度。

③ 考虑到电容负反馈线路在直流工作时,相当于开路状态,因此对电缆噪声比较敏感,放大器的零漂也比较大,为了减小零漂,提高放大器工作稳定性,一般在反馈电容的两端并联一个电阻 R_F ($10^{10} \sim 10^{14}$ Ω) 提高直流反馈。

电荷放大器的优点突出,缺点是线路较复杂,调整困难,成本较高。

5.4.3 压电式传感器的应用

压电式传感器具有以下特点:

① 灵敏度和分辨率高,线性范围大,结构简单、牢固,可靠性好,寿命长;

② 体积小,重量轻,刚度、强度、承载能力和测量范围大,动态响应频带宽,动态误差小;

③ 易于大量生产,便于选用,使用和校准方便。

所以,压电式传感器可用来测量动态力、压力、加速度等物理量。

目前压电式传感器应用最多的仍是测力,尤其是对冲击、振动加速度的测量。迄今在众多型式的测振传感器中,压电加速度传感器仍约占 80% 以上。

1. 压电式加速度传感器

压电式加速度传感器与其他加速度传感器相比具有体积小、重量轻等优点。

图 5-42 为一种加速度传感器结构原理图。其中惯性质量块 1 以一定的预紧力安装在双压电晶片 2 上,后者与引线 3 都用导电胶粘接在底座 4 上。测量时,底部螺钉与被测件刚性固定连接,传感器感受与试件相同频率的振动,质量块便有正比于加速度的交变力作用在晶片上,由于压电效应,压电晶片产生正比于加速度的表面电荷。通过测量此电荷即可计算出被测加速度。

2. 压电式流量计

压电式流量计是利用超声波在顺流方向和逆流方向的传播速度不同来进行测量的。其测量装置是在管外设置两个相隔一定距离的收、发两用的压电超声换能器,如图 5-43 所示。

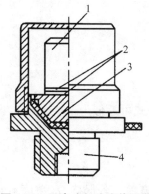

图 5-42 压电式加速度传感器

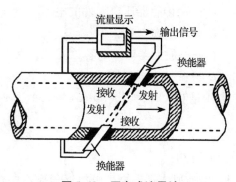

图 5-43 压电式流量计

其中，压电超声换能器（压电式声传感器）是该流量计的核心单元，因为它在工作时是将电场能转换为机械能或将机械能转换为电场能。多数换能器是可逆的，既可用作发射声信号，也可用作接收声信号。在空气中，常将发射换能器称为扬声器，俗称喇叭，将接收换能器称为麦克风，俗称话筒。在水声中，常将接收换能器称为水听器。在超声中，常将换能器称为探头。

压电超声换能器的种类很多，图 5-44 为一种压电式声传感器的原理简图，其核心部分是压电陶瓷片。当交变信号加在压电陶瓷片两端面时，由于压电陶瓷的逆压电效应，陶瓷片会在电极方向产生周期性的伸长和缩短，即压电陶瓷片将产生机械振动，成为声波的波源而发射一定频率的声信号。这时的声传感器就是声频信号发射器。当一定频率的声频信号加在换能器上时，换能器上的压电陶瓷片受到外力作用而产生压缩变形，由于压电陶瓷的正压电效应，压电陶瓷上将出现充、放电现象，即将声频信号转换成了交变电信号。这时的声传感器就是声频信号接收器。

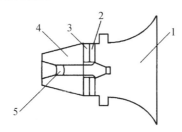

图 5-44 压电超声换能器
1—铝头；2，3—压电陶瓷圆环；4—黄铜尾部；5—螺钉

如果换能器中压电陶瓷的振荡频率在超声波范围，则其发射或接收的声频信号即为超声波，这样的换能器称为压电超声换能器。

流量计工作时，压电超声换能器每隔一段时间（如 0.01 s）发射和接收互换一次。在顺流和逆流的情况下，发射和接收的相位差与流速成正比。根据这个关系，可精确测定流速。流速与管道横截面积的乘积就是流体流量。

这种流量计可以测量各种液体、各种中压和低压气体的流速，并且不受该流体的密度、电导率、腐蚀性以及成分的影响，准确度高。

3. 压电式爆震传感器

采用发动机机体震动检测法的爆震传感器有磁致伸缩式和压电式两种类型，压电式又分共振型和非共振型。

压电式爆震传感器是利用结晶或陶瓷多晶体的压电效应而工作，也有利用掺杂硅的压电电阻效应的。该传感器的外壳内装有压电元件、配重块及导线等。其工作原理是：当发动机的汽缸体出现振动且振动传递到传感器外壳上时，外壳与配重块之间产生相对运动，夹在这两者之间的压电元件所受的压力发生变化，从而产生电压。ECU 检测出该电压，并根据其值的大小判断爆震强度。

其中共振型压电式爆震传感器是利用产生爆震时的发动机震动频率，与爆震传感器的固有频率是否符合，而产生共振现象，用以检测爆震是否发生；该压电式爆震传感器的结构如图 5-45 所示。这种爆震传感器在爆震时的输出电压比非共振（无爆震）时的输出电压高得多，因此无需使用滤波器，即可判别有无爆震现象产生，如图 5-46 所示。

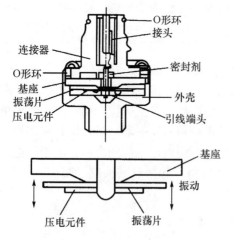

图 5-45　共振型压电式爆震传感器的结构

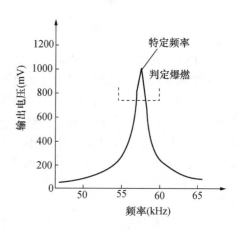

图 5-46　共振型压电式爆震传感器的输出特性

5.5　固态传感器

随着电子技术的飞速发展，以半导体传感器为代表的各种固态传感器相继问世。这类传感器主要以半导体、电介质、铁电体等为敏感材料。在力、磁、热、光、气体、湿度、离子等因素作用下，敏感材料的物理特性（比如敏感材料内的载流子浓度或分布）会发生变化。通过检测其物理特性变化即可反映被测参数值。固态传感器与前述各种传感器相比，具有如下特点：

① 由于传感器原理是基于物理变化，因而没有相对运动部件，可以做到结构简单、小型化；

② 动态响应好，并且输出为电量；

③ 采用半导体为敏感材料，容易实现传感器集成化、一体化、多功能化、和智能化等；

④ 功耗低，安全可靠。

但是，固态传感器也存在如下问题：

① 由于固态传感器输出特性一般为非线性，所以线性范围较窄，在线性度要求较高的场合应采用线性化补偿电路；

② 由于采用半导体材料，故输出特性易受温度影响而产生漂移，所以一般要采取温度补偿措施；

③ 过载能力差，性能参数离散性大。

虽然固态传感器存在上述问题，但是它仍代表着目前传感器发展的方向。尤其是随着大规模、超大规模集成电路技术不断发展，固态传感器技术也日臻发展和完善。可以断定，固态传感器的出现和发展将使相关领域的检测技术进入一个崭新阶段。

尽管从所使用的材料来看，凡是使用半导体为材料的传感器才属于固态（半导体式）传感器，但是有些内容不可避免要与其他传感器互相交叉，所以在本节中也会涉及少量的其他相关传感器的介绍。

5.5.1 磁敏传感器

磁敏传感器是基于磁电转换原理的传感器。虽然早在1856年和1879年就发现了霍尔效应和磁阻效应，但是作为实用的磁敏传感器则产生于半导体材料发现之后。在20世纪60年代初，联邦德国西门子公司研制成第一个实用的磁敏元件；1966年又出现了铁磁性薄膜磁阻元件；1968年和1971年日本索尼公司相继研制成性能优良、灵敏度高的锗、硅磁敏二极管。目前上述磁敏元件均已商品化。本节主要讲述霍尔式传感器的原理与应用。

霍尔式传感器是利用霍尔元件基于霍尔效应原理而将被测量，如电流、磁场、位移、压力等转换成电动势输出的一种传感器。霍尔传感器的分类有分立元件型和集成电路型。

1. 霍尔效应

置于磁场中的静止载流导体或半导体，当它的电流方向与磁场方向不一致时，载流导体上平行于电流和磁场方向上的两个面之间产生电动势，这种现象称霍尔效应。该电势称霍尔电势。如图5-47所示，在垂直于外磁场B的方向上放置一导电板，导电板通以电流I，方向如图5-47所示。导电板中的电流使金属中自由电子在电场作用下做定向运动。此时，每个电子受洛伦兹力f_L的作用，f_L的大小为

$$f_L = eBv \tag{5-40}$$

式中　e——电子电荷；
　　　B——磁场的磁感应强度；
　　　v——电子运动平均速度。

根据左手定则，f_L的方向在图中是向内的，此时电子除了沿电流反方向做定向运动外，还在f_L的作用下漂移，结果使金属导电板内侧面积累电子，而外侧面积累正电荷，从而形成了附加内电场E_H，称霍尔电场，该电场强度为：

$$E_H = \frac{U_H}{b} \tag{5-41}$$

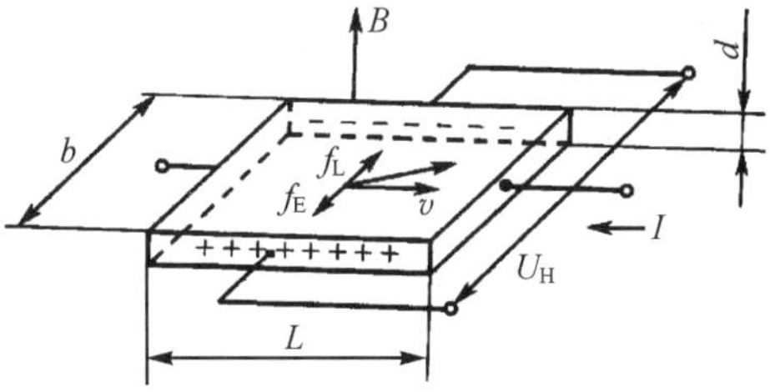

图 5-47　霍尔效应原理图

式中　U_H——电位差。

霍尔电场的出现，使定向运动的电子除了受洛伦兹力作用外，还受到霍尔电场力的作用，其力的大小为eE_H，此力阻止电荷继续积累。随着内、外侧面积累电荷的增加，霍尔

电场增大,电子受到的霍尔电场力也增大,当电子所受洛伦磁力与霍尔电场作用力大小相等方向相反,即

$$e_{EH} = eBv \tag{5-42}$$

两边约分,得:

$$E_H = Bv \tag{5-43}$$

此时电荷不再向两侧面积累,达到平衡状态。

假如金属导电板单位体积内电子数为 n,令 $R_H = 1/n_e$,称之为霍尔系数,其大小反映出霍尔效应的强弱,它取决于导体载流子密度 n,则

$$U_H = \frac{R_H IB}{d} = K_H IB \tag{5-44}$$

式中 K_H——霍尔片的灵敏度。

由上式可见,霍尔电势正比于激励电流及磁感应强度,其灵敏度与霍尔系数 R_H 成正比而与霍尔片厚度 d 成反比。为了提高灵敏度,霍尔元件常制成薄片形状。

若要霍尔效应强,则希望有较大的霍尔系数 R_H,因此要求霍尔片材料有较大的导体载流子密度。一般金属材料载流子密度很高;而绝缘材料载流子密度极低,故只有半导体材料才适于制造霍尔片。目前常用的霍尔元件材料有:硅、锗、砷化铟、锑化铟等半导体材料。

2. 霍尔元件基本结构及性能

霍尔元件是一种结构很简单的四端型器件,它是由霍尔片、4 根引线和壳体组成的,如图 5-48(a)所示。霍尔片是一块矩形半导体单晶薄片,引出 4 根引线:1、1′两根引线加激励电压或电流,称激励电极(控制电极);2、2′引线为霍尔输出引线,称霍尔电极。霍尔元件的壳体是用非导磁的金属、陶瓷或环氧树脂封装的。在电路中,霍尔元件一般可用两种符号表示,如图 5-48(b)所示。

3. 霍尔元件的测量电路

霍尔元件的基本测量电路如图 5-49 所示。控制电流由电源 E 供给,R 为调整电阻,用来控制电流的大小。霍尔输出端接负载 R_L,R_L 可以是一般电阻,通常则是放大器的输入电阻或显示仪表表头内阻等。

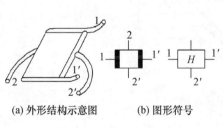

图 5-48 霍尔元件
(a) 外形结构示意图 (b) 图形符号

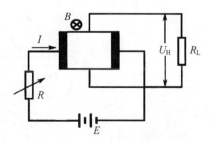

图 5-49 霍尔元件的测量电路

4. 霍尔式传感器的应用

虽然霍尔式传感器的转换效率较低，温度影响大，要求转换精度较高时必须进行温度补偿等，但另一方面，霍尔式传感器结构简单，体积小，坚固，频率响应宽（从直流到微波），动态范围（输出电势的变化）大，无触点，使用寿命长，可靠性高，易微型化和集成电路化，因此在测量技术、自动化技术和信息处理等方面得到广泛的应用，而在汽车技术中的使用也越来越广泛。

汽车发动机曲轴位置传感器是发动机电子控制系统中最主要的传感器之一，它提供点火时刻（点火提前角）、确认曲轴位置的信号，用于检测活塞上止点、曲轴转角及发动机转速。曲轴位置传感器所采用的结构随车型不同而不同，可分为磁脉冲式、光电式和霍尔式3大类。它通常安装在曲轴前端、凸轮轴前端、飞轮上或分电器内。

美国 GM 公司的霍尔式曲轴位置传感器安装在曲轴前端，采用触发叶片的结构形式，其结构如图 5-50 所示。信号轮转动时，每当叶片进入永久磁铁与霍尔元件之间的空气隙时，霍尔集成电路中的磁场即被触发叶片所旁路（或称隔磁）。这时不产生霍尔电压；当触发叶片离开空气隙时，永久磁铁的磁通便通过导磁钢片穿过霍尔元件，这时产生霍尔电压。将霍尔元件间歇产生的霍尔电压信号经霍尔集成电路放大整形后，即向 ECU 输送电压脉冲信号。其工作原理如图 5-51 所示。

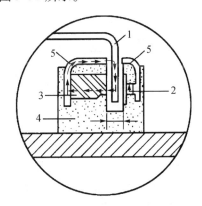

图 5-50 霍尔式曲轴位置传感器结构
1—铝头触发叶轮；2—霍尔集成电路；3—永久磁铁；4—底板；5—导磁钢片

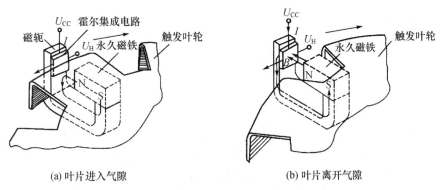

图 5-51 霍尔曲轴位置传感器的工作原理

5.5.2 热敏传感器

热敏传感器主要有热电式和热电阻式。热电式传感器是利用热电效应,将温度变化直接转换为电量的装置,典型的器件有热电偶。热电阻式传感器是基于热-电阻效应,将热量的变化转换为材料的电阻变化,按材料的不同,可分为金属热电阻式传感器(简称热电阻)和半导体热敏电阻式传感器(简称热敏电阻)两种。

1. 热电偶

热电偶是工业中使用最为普遍的接触式测温装置。它具有测温范围大,性能稳定,信号可远距离传输等优点,而且结构简单,使用方便。热电偶将热能直接转化为电能,并输出直流电压信号,记录、显示和传输都很容易。

(1) 热电偶工作原理

两种不同的导体或半导体 A 和 B 组成一个闭合回路时(如图 5-52 所示),若两个结合点的温度不同,则在回路中就有电流产生,这种现象称热电效应,相应的电势称热电势。两种不同导体或半导体 A、B 组成的闭合回路称为热电偶,A、B 称为热电极,两电极的连接点称为接点。测温时置于被测温度场 T 的接点称为工作端或热端,另一端称为参比端或冷端。

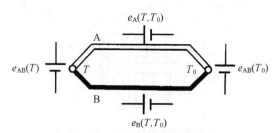

图 5-52 热电偶回路

由理论分析可知,热电势是由两个导体接点的接触电势和同一导体的温差电势组成的。由导体 A、B 组成的闭合回路,当两个接点温度不同时(如图 5-52 所示),回路的热电势为两个接点的接触电势和两个导体的温差电势的代数和,即

$$E_{AB}(T, T_0) = e_{AB}(T) - e_{AB}(T_0) - E_A(T, T_0) + E_B(T, T_0) \quad (5\text{-}45)$$

接触电势是指当两种金属接触在一起时,由于不同导体的自由电子密度不同,在结点处就会发生电子迁移扩散。失去自由电子的金属呈正电位,得到自由电子的金属呈负电位。当扩散达到平衡时,在两种金属的接触处形成电势,称为接触电势。温差电势则是对于单一金属来说,如果两端的温度不同,则温度高端的自由电子向低端迁移,使单一金属两端产生不同的电位,形成电势。

在热电偶回路中起主要作用的是接触电势,而同种导体的温差电势仅占极小部分,可以忽略不计,所以热电偶的热电势可以表示为

$$E_{AB}(T, T_0) = e_{AB}(T) - e_{AB}(T_0) \quad (5\text{-}46)$$

由此可知:

① 如果热电偶的两个热电极材料相同，两结点的温度虽然不同，但总的热电势仍为零。因此，热电偶必须由两种不同的材料构成。

② 如果热电偶两个接点的温度相同，即使两个热电极 A、B 的材料不同，回路中热电势仍然为零。因此要产生热电势不但要求两个电极材料不同，而且两个接点必须有温度差。

③ 热电势的大小仅与热电极材料的性质、两个接点的温度有关，与热电偶的尺寸及形状无关。同样材料的热电极其温度与电势的关系是一样的，因此热电极材料相同的热电偶可以互换。

（2）热电偶的基本定律

① 中间导体定律。在热电偶回路中接入第三种材料的导线只要其两端的温度相等，第三导线的引入不会影响热电偶的热电势。这个规律称为中间导体定律。

根据这个定律，可以将第三导线换成测试仪表或连接导线，只要保持两结点温度相同，就可以对热电势进行测量而不影响原热电势的数值。

② 中间温度定律。回路的总热电势等于 $E_{AB}(T, T_N)$ 与 $E_{AB}(T_N, T_0)$ 的代数和。T_N 称为中间温度。中间温度定律为制订分度表奠定了理论基础。

$$E_{AB}(T, T_0) = E_{AB}(T, T_N) + E_{AB}(T_N, T_0) \tag{5-47}$$

③ 标准电极定律。当结点温度为 T、T_0 时，用导体 A、B 组成的热电偶的热电势等于 AC 热电偶和 CB 热电偶的热电势的代数和，如图 5-53 所示，即

$$E_{AB}(T, T_0) = E_{AC}(T, T_0) + E_{CB}(T, T_0) \tag{5-48}$$

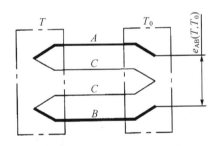

图 5-53 标准电极定律示意图

导体 C 称为标准电极（一般由铂制成）。利用该定律可大大简化热电偶选配工作，只要已知有关电极与标准电极配对的热电势，即可求出任何两种热电极配对的热电势而不需要测定。

④ 匀质导体定律。如果构成热电偶的两个热电极为材料相同的均质导体，则无论两结点温度如何，热电偶回路内的总热电势为零。因此，热电偶必须采用两种不同的材料作为热电极。

（3）热电偶的冷端温度补偿

利用热电偶测温时，热电势不仅与热端温度有关，而且也与冷端温度有关。为了使热电势仅是热端温度的单值函数，必须使冷端温度保持不变。但实际应用中有时冷端离热源很近，易受测量对象和环境温度波动的影响，使冷端温度难以保持恒定。为此可采用下述

措施消除冷端温度波动的影响。

① 冷端恒温法。在标准大气压下，将清洁的水和冰屑混合后放在保温容器内，可使 T_0 保持 0℃。近年来已研制出一种能使温度恒定在 0℃ 的半导体制冷器件。

② 补偿导线法。热电偶长度一般只有一米左右，在实际测量时，需要将热电偶输出的电势传输到数十米外的显示仪表或控制仪表，根据连接导体定律即可实现上述要求。一般选用直径粗、导电系数大的材料制作延伸导线，以减小热电偶回路的电阻，节省电极材料。

③ 补偿电桥法。该法利用不平衡电桥产生的电压来补偿热电偶参考端温度变引起的电势变化。图 5-54 为补偿电桥法示意图。

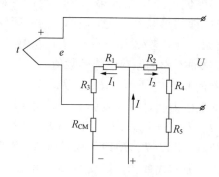

图 5-54 补偿电桥

2. 热电阻式传感器

此处只对热敏电阻进行简单介绍。

(1) 热敏电阻的工作原理

半导体热敏电阻（简称热敏电阻）的工作原理同热电阻一样，也是将热量的变化转换成为材料的电阻变化。所不同的是热敏电阻用半导体材料作为敏感元件。与热电阻相比，热敏电阻的优点是：电阻温度系数大，灵敏度高，约为热电阻的 10 倍；结构简单，体积小，可以测量点温度；电阻率高，热惯性小，适宜动态测量；制造简单，使用寿命长等。缺点是：互换性差，非线性严重以及元件稳定性差。

热敏电阻是用半导体材料制成的热敏器件。按温度系数特性，可分为 3 类，即负温度系数热敏电阻（NTC）；正温度系数热敏电阻（PTC）；临界温度系数热敏电阻（CTR）。各热敏电阻温度特性曲线图如图 5-55 所示。

(2) 热敏电阻的结构

热敏电阻主要由热敏探头、引线、壳体构成，如图 5-56 所示。热敏电阻一般做成二端器件，但也有构成三端或四端的。二端和三端器件为直热式，即直接由电路中获得功率。四端器件则是旁热式的。根据不同的要求，可以把热敏电阻做成不同的形状结构，如图 5-57 所示。

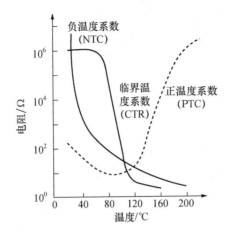

图 5-55　各种热敏电阻温度特性曲线

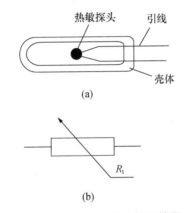

图 5-56　热敏电阻的结构及符号

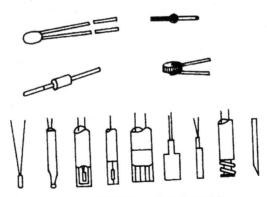

图 5-57　各种热敏电阻的结构形式

（3）热敏电阻的应用

热敏电阻的应用很广泛。在家用电器、汽车、测量仪器、农业等方面都有广泛的应用。在汽车上主要用于电子喷油嘴、发动机防热装置、汽车空调器、液位计等。

冷却水温度传感器安装在发动机缸体或缸盖的水套上，与冷却水接触，用来检测发动机的冷却水温度。冷却水温度传感器的内部是一个半导体热敏电阻，它具有负的温度电阻系数，其结构如图 5-58 所示。水温越低，电阻越大；反之，水温越高，电阻越小，如图 5-59 所示。

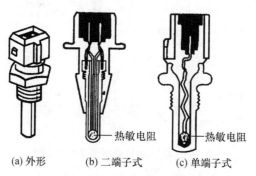

图 5-58 冷却水温度传感器的结构

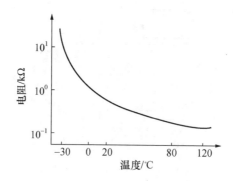

图 5-59 冷却水温度传感器的特性

5.5.3 光电传感器

光电式传感器是采用光电元件作为检测元件的传感器。它首先把被测量的变化转换成光信号的变化，然后借助光电元件进一步将光信号转换成电信号。光电传感器一般由光源、光学通路和光电元件三部分组成。它可用于检测直接引起光量变化的非电量，如光强、光照度等；也可用来检测能转换成光量变化的其他非电量，如零件直径、表面粗糙度、应变、位移、振动、速度、加速度以及物体的形状、工作状态的识别等。光电式传感器具有非接触、响应快、性能可靠等特点，因此在工业自动化装置和机器人中获得了广泛应用。

光是电磁波谱中的一员，光的频率（波长）各不相同，但都具有反射、折射、散射、衍射、干涉和吸收等性质。由光的粒子说可知，光是以光速运动着的粒子（光子）流，一种频率 ν 的光由能量相同的光子所组成，每个光子的能量为

$$E = H\nu \tag{5-49}$$

式中 H——普朗克常数，$h = 6.626 \times 10^{-34}$ J·s；

ν——光的频率,单位:Hz。

可见,光的频率愈高(即波长愈短),光子的能量愈大。

常用光源主要有白炽光源、气体放电光源、发光二极管(LBD)、激光(Laser)器等。

1. 光电效应

光电器件的物理基础是光电效应。所谓光电效应是指物体吸收了光能后转换为该物体中某些电子的能量而产生的电效应。光电效应可分成外光电效应和内光电效应两类。

(1) 外光电效应

在光线的照射下,使物体内的电子逸出物体表面而产生光电子发射的现象称为外光电效应。基于外光电效应原理工作的光电器件有光电管和光电倍增管。

光照射物体,可以看成一连串具有一定能量的光子轰击物体,物体中电子吸收的入射光子能量超过逸出功 A_0 时,电子就会逸出物体表面,产生光电子发射,超过部分的能量表现为逸出电子的动能。根据能量守恒定理以及式(5-49)可知:

$$h\nu = \frac{1}{2}mv_0^2 + A_0 \qquad (5\text{-}50)$$

式中 m——电子质量;

v_0——电子逸出速度;

A_0——物体表面电子逸出功。

式(5-50)即为爱因斯坦光电效应方程式,由该方程式可知:

光子能量必须超过逸出功 A_0,才能产生光电子;入射光的频谱成分不变,产生的光电子与光强成正比;光电子逸出物体表面时具有初始动能,因此对于外光电效应器件,即使不加初始阳极电压,也会有光电子产生,为使光电流为零,必须加负的截止电压。

(2) 内光电效应

在光线作用下,物体的导电性能发生变化或产生光生电动势的效应称为内光电效应。内光电效应又可分为以下两类:

① 光电导效应。在光线作用下,对于半导体材料吸收了入射光子能量,若光子能量大于或等于半导体材料的禁带宽度,就激发出电子—空穴对,使载流子浓度增加,半导体的导电性增加,阻值减低,这种现象称为光电导效应。光电阻就是基于这种效应的光电器件。

② 光生伏特效应。在光线的作用下能够使物体产生一定方向的电动势的现象称为光生伏特效应。基于该效应的光电器件有光电池和光电二极管与三极管。

2. 光电电阻

(1) 光电电阻的工作原理与结构

光电电阻又称光导管,它几乎都是用半导体材料制成的光电器件。光电电阻没有极性,纯粹是一个电阻器件,使用时既可加直流电压,也可以加交流电压。无光照时,光电电阻值(暗电阻)很大,电路中电流(暗电流)很小。当光电电阻受到一定波长范围的光照时，它的阻值（亮电阻）急剧减小，电路中电流迅速增大。一般希望暗电阻越大越好，亮电阻越小越好，此时光电电阻的灵敏度高。实际光电电阻的暗电阻值一般在兆欧量级，亮电阻值在几千欧以下。

光电电阻的结构很简单，图5-60（a）为金属封装的硫化镉光电电阻的结构图。在玻璃底板上均匀地涂上一层薄薄的半导体物质，称为光导层。半导体的两端装有金属电极，金属电极与引出线端相连接，光电电阻就通过引出线端接入电路。为了提高灵敏度，光电电阻的电极一般采用梳状图案，如图5-60（b）所示。

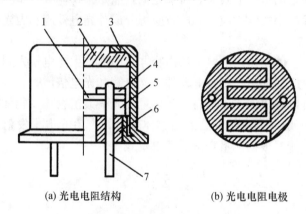

(a) 光电电阻结构　　　　(b) 光电电阻电极

图5-60　硫化镉光电电阻结构

1—光导层；2—玻璃窗口；3—金属外壳；4—电极；5—陶瓷基座；6—黑色绝缘玻璃；7—电极引线

（2）光电电阻的主要参数

光电电阻在不受光照射时的阻值称为暗电阻，此时流过的电流称为暗电流。反之，光电电阻在受光照射时的电阻称为亮电阻，此时流过的电流称为亮电流。而亮电流与暗电流之差称为光电流。

光电电阻具有光谱特性好、允许的光电流大、灵敏度高、使用寿命长、体积小等优点，所以应用广泛。此外许多光电电阻对红外线敏感，适宜于红外线光谱区工作。光电电阻的缺点是型号相同的光电电阻参数参差不齐，并且由于光照特性的非线性，不适宜于测量要求线性的场合，常用作开关式光电信号的传感元件。

3. 光电池

光电池是一种基于"光生伏特效应"直接将光能转换为电能的光电器件。光电池在有光线作用时实质就是电源，电路中有了这种器件就不需要外加电源。由于它广泛用于把太阳能直接变成电能，因此又称为太阳电池。

目前，应用最广、最有发展前途的是硅光电池。硅光电池是用单晶硅制成的。在一块N型硅片上用扩散方法渗入一些P型杂质，从而形成一个大面积PN结，P层极薄能使光线穿透PN结上，硅光电池也称硅太阳能电池。硅光电池的价格便宜，光电转换效率高、寿命长，比较适于接受红外光。如图5-61为硅光电池构造图。

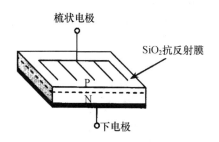

图 5-61　硅光电池构造图

4. 光电二极管和光电三极管

光电二极管的结构与一般二极管相似。光的照度越大，光电流越大。因此光电二极管在不受光照射时处于截止状态，受光照射时处于导通状态。

光电三极管与一般晶体管很相似，具有两个 PN 结，大多数光电晶体管的基极无引出线，当集电极加上相对于发射极为正的电压而不接基极时，集电结就是反向偏压，当光照射在集电结时，就会在结附近产生电子—空穴对，光生电子被拉到集电极，基区留下空穴，使基极与发射极间的电压升高，这样便会有大量的电子流向集电极，形成输出电流，且集电极电流为光电流的 β 倍，所以光电晶体管有放大作用。

光电三极管的光电灵敏度虽然比光电二极管高得多，但在需要高增益或大电流输出的场合，需采用达林顿光电管。如图 5-62 所示就是达林顿光电管的等效电路，它是一个光电三极管和一个晶体管以共集电极连接方式构成的集成器件。

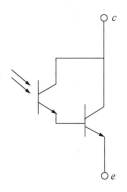

图 5-62　达林顿光电管的等效电路

5.5.4　气体传感器

随着近代工业的进步，特别是石化、煤炭、汽车等工业部门的迅速发展，人类的生活以及社会活动都发生了相应的变化。被人们所利用的和在生活、工业上排放出的气体种类、数量都日益增多。这些气体中，许多都是易燃、易爆（例如氢气、煤矿瓦斯、天然气、液化石油气等）或者对于人体有毒害的（例如一氧化碳、氟利昂、氨气等）。它们如果泄漏到空气中，就会污染环境、影响生态平衡，甚至导致爆炸、火灾、中毒等灾害性事故。为了保护自然环境，防止不幸事故的发生，需要对各种有害、可燃性气体在环境中存在的情况进行有效的监控。

早在 20 世纪 30 年代人类就已经发现氧化亚铜的电导率随水蒸气的吸附而发生改变。后又发现许多其他金属氧化物也具有气敏效应。这些金属氧化物都是利用陶瓷工艺制成的有半导体特性的材料，因此称之为半导体陶瓷，简称半导瓷。

气体传感器（又称气敏传感器）是用来检测气体类别、浓度和成分的传感器。由于气体种类繁多，性质各不相同，不可能用一种传感器检测所有类别的气体。因此，能实现气—电转换的传感器种类很多，按构成气体传感器材料的不同可分为半导体和非半导体两大类。目前实际使用最多的是半导体气体传感器。

1. 半导体气体传感器的工作原理

半导体气体传感器，是利用半导体气敏元件同气体接触，造成半导体性质变化，借此来检测特定气体的成分或者测量其浓度的传感器的总称。

半导体气体传感器是利用待测气体与半导体表面接触时，产生的电导率等物理性质变化来检测气体的。按照半导体与气体相互作用时产生的变化只限于半导体表面或深入到半导体内部，可分为表面控制型和体控制型，前者半导体表面吸附的气体与半导体间发生电子接受，结果使半导体的电导率等物理性质发生变化，但内部化学组成不变；后者半导体与气体的反应，使半导体内部组成发生变化，而使电导率变化。按照半导体变化的物理特性，又可分为电阻型和非电阻型，电阻型半导体气敏元件是利用敏感材料接触气体时，其阻值变化来检测气体的成分或浓度；非电阻型半导体气敏元件是利用其他参数，如二极管伏安特性和场效应晶体管的阈值电压变化来检测被测气体的。

半导体气体传感器是利用气体在半导体表面的氧化和还原反应导致敏感元件阻值变化而制成的。当半导体器件被加热到稳定状态，在气体接触半导体表面而被吸附时，被吸附的分子首先在表面物性自由扩散，失去运动能量，一部分分子被蒸发掉，另一部分残留分子产生热分解而固定在吸附处（化学吸附）。当半导体的功函数小于吸附分子的亲和力（气体的吸附和渗透特性）时，吸附分子将从器件夺得电子而变成负离子吸附，半导体表面呈现电荷层。例如氧气等具有负离子吸附倾向的气体被称为氧化型气体或电子接收型气体。如果半导体的功函数大于吸附分子的离解能，吸附分子将向器件释放出电子，而形成正离子吸附。具有正离子吸附倾向的气体有 H_2、CO、碳氢化合物和醇类，它们被称为还原型气体或电子供给型气体。

当氧化型气体吸附到 N 型半导体上，还原型气体吸附到 P 型半导体上时，将使半导体载流子减少，而使电阻值增大。当还原型气体吸附到 N 型半导体上，氧化型气体吸附到 P 型半导体上时，则载流子增多，使半导体电阻值下降。图 5-63 表示了气体接触 N 型半导体时所产生的器件阻值变化情况。由于空气中的含氧量大体上是恒定的，因此氧的吸附量也是恒定的，器件阻值也相对固定。若气体浓度发生变化，其阻值也将变化。根据这一特性，可以从阻值的变化得知吸附气体的种类和浓度。半导体气敏时间（响应时间）一般不超过 1 min。N 型材料有 SnO_2、ZnO、TiO 等，P 型材料有 MoO_2、CrO_3 等。

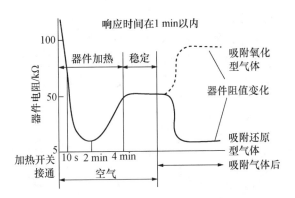

图 5-63 N 型半导体吸附气体时器件阻值变化图

2. 半导体气体传感器类型及结构

目前常见的 SnO_2 系列气敏元件有烧结型、薄膜型和厚膜型 3 种。

烧结型气敏器件。这类器件以 SnO_2 半导体材料为基体，将铂电极和加热丝埋入 SnO_2 材料中，用加热、加压、温度为 700～900℃ 的制陶工艺烧结成型。因此，被称为半导体陶瓷，简称半导瓷。半导瓷内的晶粒直径为 1 μm 左右，晶粒的大小对电阻有一定影响，但对气体检测灵敏度则无很大的影响。烧结型器件制作方法简单，器件寿命长；但由于烧结不充分，器件机械强度不高，电极材料较昂贵，电性能一致性较差，因此应用受到一定限制。

烧结型气敏元件，是目前工艺最成熟、应用最广泛的气敏元件。这种气敏元件的敏感体用粒径最小的 SnO_2 粉体为基本材料，根据需要添加不同的添加剂，混合均匀作为原料。采用典型的陶瓷工艺制备，工艺简单、成本低廉。SnO_2 气敏元件主要用于检测可燃的还原性气体。敏感元件的工作温度约 300℃。

薄膜型器件采用蒸发或溅射工艺，在石英基片上形成氧化物半导体薄膜（其厚度约在 100 nm 以下）。实验证明，SnO_2 半导体薄膜的气敏特性最好，但这种半导体薄膜为物理性附着，因此器件间性能差异较大。

厚膜型器件是将氧化物半导体材料与硅凝胶混合制成能印刷的厚膜胶，再把厚膜胶印刷到装有电极的绝缘基片上，经烧结制成的。这种工艺制成的元件机械强度高，离散度小，适合大批量生产。

同时，这些器件全部附有加热器，它的作用是将附着在敏感元件表面上的尘埃、油雾等烧掉，加速气体的吸附，从而提高器件的灵敏度和响应速度。加热器的温度一般控制在 200～400℃ 左右。按照加热方式，气敏元件可以分为直接加热式（直热式）和旁热式两种类型。

直热式气敏器件的结构及符号如图 5-64 所示。直热式器件是将加热丝、测量丝直接埋入 SnO_2 或 ZnO 等粉末中烧结而成的，工作时加热丝通电，测量丝用于测量器件阻值。这类器件制造工艺简单、成本低、功耗小，可以在高电压回路下使用，但热容量小，易受环境气流的影响，测量回路和加热回路间没有隔离而相互影响。

旁热式气敏器件的结构及符号如图 5-65 所示，它的特点是将加热丝放置在一个陶瓷管内，管外涂梳状金电极作测量极，在金电极外涂上 SnO_2 等材料。旁热式结构的气体传感器克服了直热式结构的缺点，使测量极和加热极分离，而且加热丝不与气敏材料接触，避免了测量回路和加热回路的相互影响，器件热容量大，降低了环境温度对器件加热温度的影响，所以这类结构器件的稳定性、可靠性都较直热式器件好。

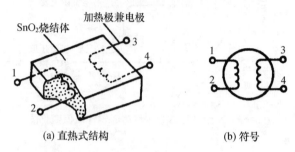

图 5-64 直热式气敏器件的结构及符号

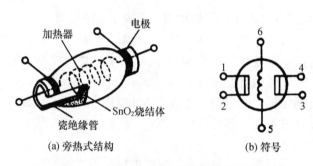

图 5-65 旁热式气敏器件的结构及符号

3. 半导体气体传感器的应用

汽车是气体传感器应用的一个重要领域，为了节约能源，防止污染和有一个良好的运输环境，需要各种气体传感器。控制空燃比，需用氧传感器检测尾气中的氧含量；控制污染，则需要检测排放气体中的有害气体的含量等等。

目前在汽车上使用的气体浓度传感器主要有氧传感器、稀薄混合气传感器、宽域空燃比传感器、烟尘浓度传感器等。

氧传感器安装在发动机的排气管上，其功能是检测排放气体中氧气的含量、空燃比的浓稀，并将检测结果转变为电压或电阻信号，反馈给计算机，计算机根据氧传感器输入的信号，不断对喷油时间和喷油量进行修正，使混合气浓度保持在理想范围内，实现空燃比反馈控制。使用氧传感器对混合气的空燃比进行控制后，能够使发动机得到最佳浓度的混合气，从而降低有害气体的排放量，减少汽车排气污染。同时能使排气管中的三元催化转化器起到更有效的净化作用（三元催化转化器只在空燃比接近理论值时才起到净化作用）。

汽车发动机燃油喷射系统目前已实际采用的氧传感器主要有二氧化锆式和二氧化钛式两种类型。其中应用最多的是二氧化锆式氧传感器。二氧化锆式传感器有加热式和非加热式两种，汽车上大部分使用的是加热式；二氧化钛式也有加热式和非加热式两种，一般也使用加热式。

(1) 二氧化锆式氧传感器

二氧化锆式氧传感器的基本元件是二氧化锆陶瓷管（固体电解质），亦称锆管。锆管固定在带有安装螺纹的固定套中，内外表面均覆盖着一层多孔性的铂膜，其内表面与大气接触，外表面与废气接触。氧传感器的接线端有一个金属护套，其上开有一个用于锆管内腔与大气相通的孔；电线将锆管内表面铂极经绝缘套从此接线端引出，如图5-66所示。

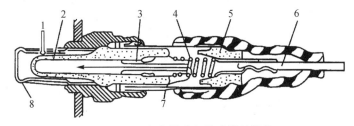

图 5-66　二氧化锆式氧传感器的结构
1—排气；2—锆管；3—电极；4—弹簧；5—绝缘；6—引出电极；7—大气；8—钢质护管

二氧化锆式氧传感器的工作原理如图5-67所示。

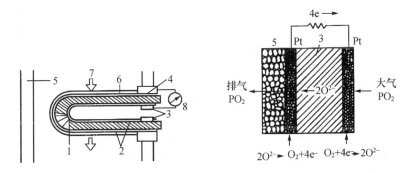

图 5-67　二氧化锆式氧传感器的工作原理图
1—陶瓷体锆管；2—铂膜电极；3、4—电极引线点；5—排气管；6—陶瓷防护膜；7—排气；8—大气

锆管的陶瓷体是多孔的，渗入其中的氧气，在温度较高时发生电离。由于锆管内、外侧氧含量不一致，存在浓差，因而氧离子从大气侧向排气一侧扩散，从而使锆管成为一个微电池，在两铂极间产生电压。当混合气的实际空燃比小于理论空燃比，即发动机以较浓的混合气运转时，排气中氧含量少，但 CO、碳氧化合物、H_2 等较多。这些气体在锆管外表面的铅催化作用下与氧发生反应，将耗尽排气中残余的氧，使锆管外表面氧气浓度变为零，这就使得锆管内、外侧氧浓差加大，两铅极间电压陡增。因此，锆管氧传感器产生的电压将在理论空燃比时发生突变：稀混合气时，输出电压几乎为零；浓混合气时，输出电压接近1V。如图5-68所示。

二氧化锆在温度超过300℃后，才能进行正常工作。早期使用的氧传感器靠排气加热，这种传感器必须在发动机启动运转数分钟后才能开始工作，它只有一根接线与ECU相连。现在，大部分汽车使用带加热器的氧传感器，这种传感器内有一个电加热元件，可在发动机启动后的20～30s内迅速将氧传感器加热至工作温度。它有4根接线，一根接ECU，两根分别接地和电源，另外一根加热元件受ECU控制。二氧化锆非加热式及加热式氧传感器与ECU的连接电路如图5-69所示。

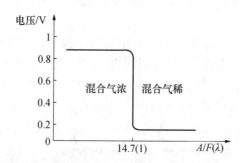

图 5-68 二氧化锆式氧传感器的输出特性

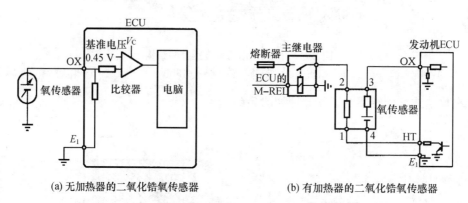

(a) 无加热器的二氧化锆氧传感器　　(b) 有加热器的二氧化锆氧传感器

图 5-69 二氧化锆氧传感器与 ECU 的连接电路

(2) 二氧化钛式氧传感器

二氧化钛式氧传感器的结构与二氧化锆式氧传感器的结构相似，主要由二氧化钛传感元件（钛管）、钢质壳体、加热元件和接线端子、护套、护管等组成，如图 5-70 所示。

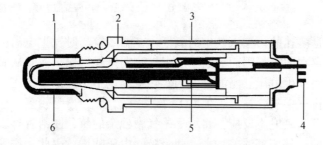

图 5-70 二氧化钛式氧传感器的结构

1—钛管；2—壳体；3—护套；4—接线端子；5—加热元件；6—传感器护管

二氧化钛式氧传感器是利用二氧化钛材料的电阻值随排气中氧含量的变化而变化的特性制成的，故又称电阻型氧传感器。二氧化钛式氧传感器的外形和二氧化锆式氧传感器相似，在传感器前端的护罩内是一个二氧化钛厚膜元件。纯二氧化钛在常温下是一种高电阻的半导体，但表面一旦缺氧，其品格便出现缺陷，电阻随之减小。由于二氧化钛的电阻也随温度不同而变化，因此，在二氧化钛式氧传感器内部也有一个电加热器，以保持二氧化钛式氧传感器在发动机工作过程中的温度恒定不变。

5.5.5 湿度传感器

1. 概述

湿度传感器（又称湿敏传感器）是指能够感受外界湿度变化，并通过器件材料的物理或化学性质变化，将湿度转化成有用信号（如电阻、电容或频率）的传感器。湿度传感器是由湿敏元件及转换电路组成的。它是把环境湿度转变为电信号的装置。

湿度传感器在工业、农业、气象、医疗以及日常生活等方面，都得到了广泛的应用，特别是随着科学技术的发展，对于湿度的检测和控制越来越受到人们的重视并进行了大量的研制工作。

湿度检测较之其他物理量的检测显得困难，这首先是因为空气中水蒸气含量要比空气少得多；另外，液态水会使一些高分子材料和电解质材料溶解，一部分水分子电离后与溶入水中的空气中的杂质结合成酸或碱，使湿敏材料不同程度地受到腐蚀和老化，从而丧失其原有的性质；再者，湿度信息的传递必须靠水对湿敏器件直接接触来完成，因此湿敏器件只能直接暴露于待测环境中，不能密封。通常，理想的湿敏元件及传感器的特性要求是：适合在宽温、宽湿范围里使用，测量精度要高；使用寿命长、稳定性好；响应速度快、湿滞回差小、重复性好；灵敏度高、线性好、温度系数小；制造工艺简单、易于批量生产、转换电路简单、成本低；抗腐蚀等。

2. 湿度传感器分类

湿度传感器种类繁多。按元件输出的电学量分类可分为：电阻式、电容式、频率式等；按其探测功能可分为：相对湿度、绝对湿度、结露和多功能式四种；按材料则可分为：陶瓷式、有机高分子式、半导体式、电解质式等，下面主要按材料分别描述。

电解质式：此处以氯化锂为例说明其工作原理。这种湿度传感器是在绝缘基板上制作一对电极，涂上氯化锂盐胶膜。氯化锂极易潮解，并产生离子电导，随湿度升高而电阻减小。氯化锂电阻的变化反映出湿度的变化。

陶瓷式：一般以金属氧化物为原料，通过陶瓷工艺，制成一种多孔陶瓷。多孔陶瓷的阻值对空气中的水蒸气十分敏感。陶瓷型湿度传感器就是根据多孔陶瓷的这一特性制成。

有机高分子式：先在玻璃等绝缘基板上蒸发梳状电极，通过浸渍或涂覆，使其在基板上附着一层有机高分子感湿膜。有机高分子的材料种类也很多，工作原理也各不相同。

半导体式：所用材料主要是硅单晶，利用半导体制作工艺，制成二极管湿敏器件和MOSFET湿度敏感器件等。其特点是易于和半导体电路集成在一起。

3. 湿度及其表示法

空气中含有水蒸气的量称为湿度，含有水蒸气的空气是一种混合气体。湿度表示的方法很多，主要有质量百分比和体积百分比、绝对湿度和相对湿度、露点（霜点）等表示法。

（1）质量百分比和体积百分比

质量为 M 的混合气体中，若含水蒸气的质量为 m，则质量百分比为

$$m/M \times 100\% \tag{5-51}$$

在体积为 V 的混合气体中，若含水蒸气的体积为 v，则体积百分比为

$$v/V \times 100\% \tag{5-52}$$

这两种方法统称为水蒸气百分含量法。

(2) 绝对湿度和相对湿度

湿度通常还采用绝对湿度和相对湿度两种表示方法。绝对湿度是指在一定温度和压力条件下，每单位体积的混合气体中所含水蒸气的质量，单位为 g/m^3，一般用符号 AH 表示。对湿度是指气体的绝对湿度与同一温度下达到饱和状态的绝对湿度之比，一般用符号%RH 表示。相对湿度给出大气的潮湿程度，它是一个无量纲的量，在实际使用中多使用相对湿度这一概念。

(3) 露点

温度高的气体，可多含水蒸气，如果将其冷凝，即使其中所含水蒸气量不变，相对湿度将逐渐增加，降到某一个温度时，相对湿度达 100%，呈饱和状态，再冷却时，蒸汽的一部分凝聚，生成露，把这个温度叫做露点温度。即空气在气压不变下为了使其所含水蒸气达饱和状态时所必须冷却到的温度称为露点温度。气温和露点的差越小，表示空气越接近饱和。

4. 氯化锂湿敏电阻

氯化锂湿敏电阻是利用吸湿性盐类潮解，离子电导率发生变化而制成的测湿元件。它由引线、基片、感湿层与电极组成。

氯化锂通常与聚乙烯醇组成混合体，在氯化锂（LiCl）溶液中，Li 和 Cl 均以正负离子的形式存在，而 Li^+ 对水分子的吸引力强，离子水合程度高，其溶液中的离子导电能力与浓度成正比。当溶液置于一定温湿场中，若环境相对湿度高，溶液将吸收水分，使浓度降低，因此，其溶液电阻率增高。反之，环境相对湿度变低时，则溶液浓度升高，其电阻率下降，从而实现对湿度的测量。

氯化锂湿敏元件的优点是滞后小，不受测试环境风速影响，检测精度高达 ±5%，但其耐热性差，不能用于露点以下测量，器件性能重复性不理想，使用寿命短。

5. 半导体陶瓷式湿度传感器

一般说来，陶瓷式湿度传感器都是利用其表面多孔性来吸湿而进行导电的。陶瓷湿度传感器主要使用多孔状金属氧化物材料：它具有良好的热稳定性及物理化学稳定性。通过控制合理的组织和结构，则可制得稳定性好、灵敏度高、响应快、湿滞小的高质量湿度传感器。目前，在湿度传感器中，它仍占主导地位，已得到广泛地应用。

通常，用两种以上的金属氧化物半导体材料混合烧结而成为多孔陶瓷。这些材料有 $ZnO\text{-}LiO_2\text{-}V_2O_5$ 系、$Si\text{-}Na_2O\text{-}V_2O_5$ 系、$TiO_2\text{-}MgO\text{-}Cr_2O_3$ 系、Fe_3O_4 等，前三种材料的电阻率随湿度增加而下降，故称为负特性湿敏半导体陶瓷，最后一种的电阻率随湿度增加而增大，故称为正特性湿敏半导体陶瓷（以下简称半导瓷）。

$MgCr_2O_4\text{-}TiO_2$ 氧化镁复合氧化物-二氧化钛湿敏材料通常制成多孔陶瓷型"湿-电"转换器件，它是负特性半导瓷，$MgCr_2O_4$ 为 P 型半导体，它的电阻率低，阻值温度特性好，

结构如图 5-71 所示,在 $MgCr_2O_4$-TiO_2 陶瓷片的两面涂覆有多孔电极。电极与引出线烧结在一起,为了减少测量误差,在陶瓷片外设置由镍铬丝制成的加热线圈,以便对器件加热清洗,排除恶劣气氛对器件的污染。整个器件安装在陶瓷基板上,电极引线一般采用铂-铱合金。

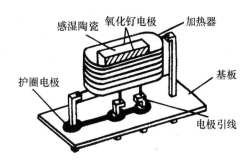

图 5-71　$MgCr_2O_4$-TiO_2 陶瓷结构图

6. 湿度传感器的应用

在汽车中湿度传感器主要应用在汽车空调系统中进行检测室内的湿度,以及汽车车窗的结露传感器等。

在接近结露状态的湿度区域,厚膜状陶瓷半导体的电阻值将急剧地变化,结露传感器就是利用这一原理制成的。

结露传感器的结构及特性如图 5-72 所示,其内部由电极、感湿膜、热敏电阻及铝基板组成。在高湿度情况下,传感器把湿度转换成电阻值的变化并对湿度进行测定,测试精度高,响应特性好。

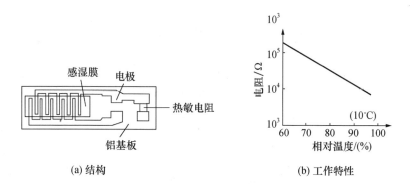

图 5-72　结露传感器的结构及特性

结露传感器可用于检测车窗结露,当处于结露状态时,传感器使汽车空调以除霜方式工作,从而保持车内乘员的良好视野。

5.6 光纤式传感器

光纤有很多优点，因此用它制成的传感器（FOS）与常规传感器相比也有很多特点：抗电磁干扰能力强、高灵敏度、耐腐蚀、可挠曲、体积小、结构简单，与光纤传输线路相容等。光纤传感器可应用于位移、振动、转动、压力、弯曲、应变、速度、加速度、电流、磁场、电压、湿度、温度、声场、流量、浓度、pH 值等 70 多个物理量的测量，且具有十分广泛的应用潜力和发展前景。

5.6.1 光纤的结构、分类与工作原理

1. 光纤的结构

光纤又称光导纤维，是一种传输信息的导光纤维，是用光透射率高的电介质（如石英、玻璃、塑料等）构成的光通路。光纤的结构如图 5-73 所示，中心圆柱体，称为纤芯，由折射率 n_1 较大的某种类型的玻璃或塑料制成。环绕纤芯的是一层圆柱形套层，称为包层，由特性与纤芯略有不同折射率 n_2 较小（光疏介质）的玻璃或塑料制成。纤芯的折射率略大于包层的折射率。最外面通常由一层保护层（护套）包覆（折射率为 n_3）。光纤的导光能力取决于纤芯和包层的光学性能，而纤芯的强度则由保护层（护套）来维持。保护层通常由塑料制成。

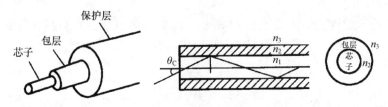

图 5-73 光纤的结构

在图 5-73 中，当光线以各种不同角度入射到芯子并射至芯子与包层的交界面时，光线在该处有一部分透射，一部分反射。但当光线在纤维端面中心的入射角小于临界入射角 θ_c 时，光线就不会透射出界面而全部。

2. 光纤的分类

光纤传输的光波，可以分解为沿纵轴向传播和沿横切向传播的两种平面波成分。后者纤芯和包层的界面上会产生全反射。当它在横切向往返一次的相位变化为 2π 的整数倍时，将形成驻波。形成驻波的光线组称为模；它是离散存在的，亦即某种光纤只能传输特定模数的光。通常纤芯直径较粗时，能传播几百个以上的模，二纤芯很细时，只能传播一个模。前者称为多模光纤，多用于非功能型（NFF）光纤传感器；后者是单模光纤，多用于功能型（FF）光纤传感器。

按纤芯和包层材料的性质，光纤可分为玻璃光纤和塑料光纤两类。按折射率分布不

同，则可将光纤分为阶跃型和梯度型两种，如图 5-74 所示。阶跃型光纤纤芯的折射率不随半径而变，但在纤芯与包层界面处折射率有突变，如图 5-74（a）所示。梯度型光纤纤芯的折射率沿径向由中心向外由大渐小呈抛物线分布，至界面处与包层折射率一致，因此，这类光纤有聚焦作用，光线传播的轨迹近似于正弦波，如图 5-74（b）所示。

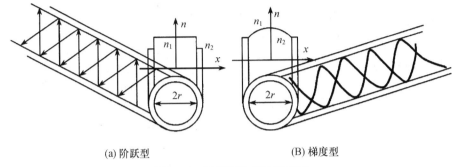

(a) 阶跃型　　　　　　　　(B) 梯度型

图 5-74　阶跃型和梯度型光纤

3. 光纤传感器的工作原理

光纤传感器的基本原理是将光源入射的光束经由光纤送入调制区，在调制区内，外界被测参数与进入调制区的光相互作用，使光的光学性质如光的强度、波长、频率、相位、偏振态等发生变化成为被调制的信号光，再经光纤送入光电期间、解调器而获得被测参数。整个过程中，光束经由光纤导入，通过调制器后再出射，其中光纤的作用首先是传输光束，其次是可能起到光调制器的作用。之所以说"可能"，是因为要视光纤传感器的类型而定。

5.6.2　光纤传感器的种类

按照光纤在传感器中所起的作用，光纤传感器一般可分为功能型和非功能型两大类。

（1）功能型

利用光纤本身的特征把光纤直接作为敏感元件。既感知信息，又传输信息。有时又称为传感型光纤传感器，或叫做全光纤传感器。

（2）非功能型

利用其他敏感元件感知待测量的变化，光纤仅作为光的传输介质，传输来自远处或难以接近场所的光信号。有时也称为传光型传感器，或叫做混合型传感器。

对功能型光纤传感器来说，核心问题是光纤本身起敏感元件的作用。光纤与被测对象相互作用时，光纤自身的结构参量（尺寸和形状）发生变化，光纤的传光特性发生相关变化，光纤中的光波参量受到相应控制，即在光纤中传输的光波受到了被测对象的调制，空载波变为调制波，携带了被测对象的信息，这是一层意思；再一层意思是，光纤与被测对象作用时，光纤自身的结构并不发生变化。而光纤中传输的光波自身发生了某种变化，携带了待测信息。

对传光型光纤传感器来说，关键部件是光转换敏感元件。这里也有两层意思，其一是，光转换元件与待测对象相互作用时，光转换元件自身的性能发生了变化，由光纤送来的光波通过它时,光波参量发生了相关变化,空载波变成了调制波,携带了待测量信息;其二是,不采用任何光转换元件,仅由光纤的几何位置排布实现光转换功能,结构十分简单。表5-1 中描述了常用的光纤传感器的分类及简要的工作原理。

表5-1 光纤传感器分类

被测物理量	测量方式	光的调制	光学现象	材料	性能特性
电流磁场	FF	偏振	法拉第效应	石英系玻璃 铅系玻璃	电流 50～1 200 A（精度 0.24%） 磁场强度 0.8～4 800 A/m（精度 2%）
		相位	磁致伸缩效应	镍 68 碳莫合金	最小检测磁场强度 8×10^{-5} A/m^{-2}（(1～10) kHz）
	NFF	偏振	法拉第效应	YIG 系强磁体,FR-5 铅玻璃	磁场强度 0.08～160 A/m（精度 0.5%）
电压电场	FF	偏振	Pockels 效应	亚硝基苯胺	—
		相位	电致伸缩效应	陶瓷振子 压电元件	—
	NFF	偏振	Pockels 效应	LiNbO$_3$,LiTaO$_3$ Bi$_{12}$SiO$_{20}$	电压 1～1 000 V 电场强度 (0.1～1) kV/cm（精度 1%）
温度	FF	相位	干涉现象	石英系玻璃	温度变化量 17 条/（℃·m）
		光强	红外线透过	SiO$_2$,CaF$_2$,ZrF$_2$	温度 250～12℃（精度 1%）
	FF	偏振	双折射变化	石英系玻璃	温度 30～1200℃
		开口数	折射率变化	石英系玻璃	—
	NFF	断路	双金属片弯曲	双金属片	温度 10～50℃（精度 0.5℃）
		断路	磁性变化	铁氧体	开 (57℃)～关 (53℃)
		断路	水银的上升	水银	40℃时精度 0.5℃
		透射率	禁带宽度变化	GaAs、CdTe 半导体	温度 0～80℃
			透射率变化	石蜡	开 (63℃)～关 (52℃)
		光强	荧光辐射	(Gd$_{0.99}$Eu$_{0.01}$)$_2$O$_2$S	(50～300℃)（精度 0.1%）
速度	FF	相位	Sagnac 效应	石英系玻璃	角速度 3×10^{-3} rad/s 以上
		频率	多普勒效应	石英系玻璃	流速 10^{-4}～10^3 m/s
	NFF	断路	风标的旋转	旋转圆盘	风速 60 m/s
振动压力		频率	多普勒效应	石英系玻璃	最小振幅 0.4 μm/（120 Hz）
		相位	干涉现象	石英系玻璃	压力 154 kPa·m/条

(续表)

被测物理量	测量方式	光的调制	光学现象	材 料	性能特性
音响	FF	光强	微小弯曲损失	薄膜+膜条	压力 0.9×10^{-2} Pa 以上
	NFF	光强	散射损失	$C_{45}H_{78}O_2$ + VL2255N	压力 $(0 \sim 40)$ kPa
		断路	双波长透射率变化	振子	振幅 $(0.05 \sim 500)$ μm(精度1%)
		光强	反射角变化	薄膜	血压测量误差 2.6×10^3 Pa
射线	FF	光强	生成着色中心	石英系玻璃,铅系玻璃	辐照量 $(0.01 \sim 1)$ Mrad
图像	FF	光强	光纤束成像	石英系玻璃	长数米
			多波长传输	石英系玻璃	长数米
			非线性光学	非线性光学元件	长数米
			光的聚焦	多成分玻璃	长数米

5.6.3 光纤传感器的特点

与传统传感器相比,光纤传感器具有如下特点:
① 灵敏度很高。
② 频带宽动态范围大。
③ 可根据实际需要做成各种形状。
④ 可以用很相近的技术基础构成传感不同物理量的传感器,这些物理量包括声场、磁场、压力、温度、加速度、转动(陀螺)、位移、液位、流量、电流、辐射等。
⑤ 便于与计算机和光纤传输系统相连,易于实现系统的遥测和控制。
⑥ 可用于高温、高压、强电磁干扰、腐蚀等各种恶劣环境。
⑦ 结构简单、体积小、重量轻、耗能少。

5.6.4 光纤传感器的发展趋势

光纤传感器具有很多的优点,是对以电为基础的传统传感器的革命性变革,发展前景是极其光明的。但是,目前光纤传感器的成本较高,在这方面仍面临着传统传感器的挑战,存在着与传统传感器和其他新型传感器的竞争问题。为此,有必要说明光纤传感器的可能发展趋势:
① 当前应以传统传感器无法解决的问题作为光纤传感器的主要研究对象。
② 集成化光纤传感器。
③ 多功能全光纤控制系统。
④ 充分发挥光纤的低传输损耗特性,发展远距离监测系统。
⑤ 开辟新领域。

5.6.5 光纤传感器的应用

光纤传感器是最近几年出现的新技术,可以用来测量多种物理量,比如声场、电场、压力、温度、角速度、加速度、流量等,还可以完成现有测量技术难以完成的测量任务。在狭小的空间里,在强电磁干扰和高电压的环境里,光纤传感器都显示出了独特的能力。光纤传感器涡能流量计即是光纤传感器的典型应用。

涡轮流量计在工业上已有五十多年的历史,它是通过内磁式传感器检测涡轮的转速而实现流量测量,是一种用途广泛的流量测量仪表。随着光纤传感器技术的发展,可将反射型光纤传感器与传统的涡轮流量测量原理相结合,制造出具有双光纤传感器的涡轮流量计。与传统的内磁式涡轮流量计相比,光纤传感器涡轮流量计具备了正反流量测量的性能。在检测原理上,光纤传感器克服了内磁式传感器磁性引力带来的影响,有效地扩大了涡轮流量计的量程比。其原理如图 5-75 所示。

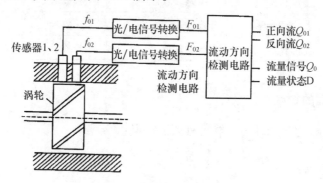

图 5-75 光纤传感器涡轮流量计原理

第6章 汽车用传感器

电子技术的发展和进步促进了汽车工业的发展。随着汽车电子设备不断更新,各种用途的传感器越来越多地出现在汽车上,特别是计算机在汽车上的应用,更加确定了传感器在汽车电子设备中的重要地位。

6.1 汽车用传感器的特点

汽车是用不着接受专门训练的人就可以乘坐的交通工具。由于这一特点,用于汽车的传感器受到了以下种种限制。

(1) 精度要求高

对于汽车用传感器的精度要求位于家电和计测之间,要求-1%或+1%以下的精度,见表6-1。从表中可以看出,汽车用传感器要求能在-40~+120℃的范围内长期工作,耐振动为2~2.5g,耐冲击能达到从1m高处落在混凝土上而不引起精度的下降,并能抗电磁干扰、耐腐蚀。

表6-1 汽车用传感器与家电、检测、航空用传感器的性能比较

项目	汽车用	家用电器用	检测用	航空用
工作温度/℃	-40~+120	-10~+50	0~+40	-55~+70
电压波动/%	±50	±10	±10	±10
耐振动/g	2~2.5	<5	<1	0.5~10
精度/%	≤1	1以下	0.1~1	0.1~1
使用者	一般大众	一般大众	一般技术人员	机械师

(2) 环境适应性强

汽车的使用环境非常恶劣,有来自发动机产生的热、振动、汽油和油的蒸气,以及轮胎的污泥、飞溅的水花,可概括为温度、湿度等气候条件,振动冲击等机械条件,电源、电磁干扰等电气条件,或简单地归纳为温度、湿度、振动等物理环境,过电压电磁波等电气环境。

另外,为了使汽车能在像北极、南极那样极其寒冷地带以及像赤道附近、沙漠那样酷热地带都能行驶,则要求传感器具有非常强的环境适应性。例如,在-40~+80℃的温度范围内,要求传感器不必进行调整而能保持一定的精度。此外,根据情况的不同,对传感器还要提出不同的要求。例如,对雨水或河水的耐水性能,为了能在恶劣路面上行驶的耐

振性能、耐灰尘性能，对被污染的空气的耐腐蚀性能，对药品的耐药品腐蚀性能，对用于冲洗车辆用的高温水蒸气的耐蒸汽性能等。另外由于汽车发电机、蓄电池的电压不稳，对传感器还要提出耐电压波动的性能要求。

(3) 能批量生产

为了使传感器能用在大部分汽车上，必须要求传感器具有批量生产的可能性，换句话说，汽车传感器在保障其性能的基础上，成本应尽可能低，而且通过简单的调整就能更换。

(4) 稳定性好

汽车的交通事故和人命息息相关，因此汽车用传感器与飞机用传感器一样，有高可靠性要求。另外，因汽车又同家用电器一样，本身价格便宜，使用者是一般大众，因此要求汽车传感器价格低，性价比高。汽车用传感器主要是弥补原来机械控制精度的不稳定，而且对汽车上的所有零件要求在行驶10万千米以上的距离内，不需要更换、不用调整就能满足规定的性能，当然传感器也不例外。

(5) 能满足法规制度要求

国家对汽车排气成分，例如在CO、NO_x等成分的含量方面有严格的规定，在正常情况下要符合标准，而且还要求完成了规定行驶距离以后，仍然能达到排气标准。

汽车用传感器是促进汽车高档化、电子化、自动化发展的关键技术之一。一般传感器变成的电信息都比较弱，即信噪比较小，容易受到外界噪声的干扰；汽车传感器是把各种动态、静态的物理量，在复杂的工作条件下变成电量的，是机电、化学等的结合体。因此，它的精度及可靠性是对汽车非常重要的两个参数，而豪华车的种种先进功能都离不开它，所以有人说，目前汽车的竞争乃是车用传感器的竞争。

6.2 汽车用传感器的分类

汽车用传感器的种类很多，且一种被测参数可用多种不同类型的传感器来测量，而同一种传感器往往也可以测量多种被测参数。传感器的分类有多种方法，常见的分类方法有如下几种。

(1) 按能量关系分类

传感器按能量关系分类可分为主动型和被动型两类。汽车上使用的传感器大多数属被动型传感器，这种被动型传感器需要外加输入电源才能产生电信号，所以这类传感器实际上是一个能量控制器。

(2) 按信号转换关系分类

按信号转换关系分类，可分为由一种非电量转换成另一种非电量的和由一种非电量转化为电量的两种。由一种非电量转换成另一种非电量的传感器，如弹性敏感元件和气动传感器；由非电量转换成电量的传感器，如热电偶温度传感器、压电式加速度传感器等。

(3) 按输入量分类

按输入量分类即按被测量分类，可分为位移、速度、加速度，角位移、角速度、力、力矩、压力、真空度、温度、电流、气体成分、浓度传感器等，如表6-2所示。

表6-2 汽车用传感器的类型

种 类	检测量及检测对象
温度传感器	冷却水，排除气体（催化剂）、吸入空气、发动机机油、自动变速器液压油、车内外空气
压力传感器	进气歧管压力、大气压力、燃烧压力、发动机油压、自动变速器油压、制动压力、泵压、轮胎压力
转速传感器	曲轴转角、曲轴转速、方向盘转角、车轮速度
速度、加速度传感器	车速、加速度
流量传感器	吸入空气量、燃料流量、废气再循环量、二次空气量、冷媒流量
液量传感器	燃油，冷却水，电解液，洗窗液，机油，制动液
位置传感器	节气门开度，废气再循环阀开度、车辆高度（悬架、位移）、行驶距离，行驶方位、GPS全球定位
气体浓度传感器	氧气、二氧化碳、NO_x、HC、柴油烟度
其他传感器	转矩、爆燃、燃料成分、湿度、玻璃结露、鉴别饮酒、睡眠状态、电池电压、蓄电池容量、灯泡断线、荷重、冲击物、轮胎实效、风量、日照、光照、地磁等

（4）按工作原理分类

按传感器的工作原理分类，有电阻式、电容式、应变式，电感式、光电式、光电式、压电式、热电式传感器等。

（5）按输出信号分类

按传感器的输出信号分类，有模拟式和数字式传感器两种。

（6）按使用功能分类

汽车用各种传感器按其使用功能又可分为两类，一类是使驾驶员了解汽车各部分状态的传感器，另一类是用于控制汽车运行状态的传感器。

6.3 空气流量传感器

6.3.1 概述

汽车发动机电控燃油喷射系统是由空气供给系统、燃油供给系统和电子控制系统3部分组成。空气供给系统简称供气系统。燃油在发动机汽缸内燃烧需要一定数量的空气，空气供给系统的任务就是为发动机提供必要的空气，并测量出进入汽缸的空气量。主要由空气滤清器、空气流量传感器、进气软管、进气歧管、动力腔、节气门位置传感器、进气温度传感器等组成，进入发动机汽缸空气量的多少由ECU根据安装在进气道上的空气流量传感器检测的进气量信号求得。

空气流量传感器又称空气流量计，一般安装在进气管上，如图6-1所示。其作用是检测发动机进气量的大小,并将进气量信息通过电路的连接转化为电信号输入给 ECU,以供 ECU 确定喷油量和点火时间。空气流量传感器获得的进气量信号是 ECU 进行喷油控制的主要依据,若其损坏或其电路连接出现故障,则会使发动机的进气量测量不准确,使进入汽缸的混合气过浓或过稀,从而导致 ECU 无法对喷油量进行准确的控制,导致发动机运转不正常,排放超标。

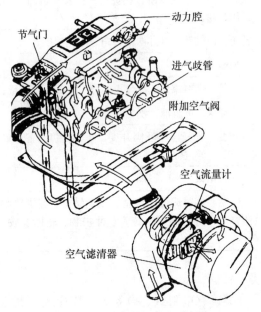

图 6-1 空气流量传感器的安装位置

根据检测进气量的方式不同,空气流量传感器分为"D"型(即压力型)和"L"型(即空气流量型)两种。

"D"型来源于德文"Druck(压力)"的第一个字母,是利用压力传感器检测进气歧管内的绝对压力,测量方法属于间接测量法。装备"D"型传感器的系统称为"D"型燃油喷射系统,控制系统利用该绝对压力和发动机转速来计算吸入汽缸的空气量,故又称为速度-密度型燃油喷射控制系统。由于空气在进气歧管内流动时会产生压力波动,发动机怠速(节气门关闭)时的进气量与汽车加速(节气门全开)时的进气量之差可达 40 倍以上,进气气流的最大流速可达 80 m/s,因此,"D"型燃油喷射系统的测量精度不高,但控制系统的成本较低。

"L"型来源于德文"Luftmengen(空气流量)"的第一个字母,是利用流量传感器直接测量吸入进气管的空气流量。因为采用直接测量方式,所以进气量的测量精度较高,控制效果优于"D"型燃油喷射系统。汽车采用的"L"型传感器分为体积流量型(如叶片式、涡流式)传感器和质量流量型(如热丝式和热膜式)传感器。质量流量型传感器工作性能稳定、测量精度较高,但成本也较高。热膜式流量传感器内没有运动部件,因此没有流动阻力,且使用寿命远远长于热丝式流量传感器。国产捷达 AT、GTX 和桑塔纳 2000 GSi 型轿车采用了热膜式空气流量传感器,安装在空气滤清器与进气软管之间。

6.3.2 叶片式空气流量传感器

1. 叶片式空气流量传感器的结构及原理

传统的博世 L 型汽油喷射系统及一些中档车型采用这种叶片式空气流量传感器,如早期的丰田 CAMRY(凯美瑞)小轿车、丰田 PREVIA(大霸王)小客车、马自达 MPV 多用途汽车等。其结构如图 6-2 所示,由空气流量计和电位计两部分组成。空气流量计在进气通道内有一个可绕轴摆动的旋转翼片(测量片),如图 6-3 所示,作用在轴上的卷簧可使测量片关闭进气通路。发动机工作时,进气气流经过空气流量计推动测量片偏转,使其开启。测量片开启角度的大小取决于进气气流对测量片的推力与测量片轴上卷簧弹力的平衡状况。进气量的大小由驾驶员操纵节气门来改变。进气量愈大,气流对测量片的推力愈大,测量片的开启角度也就愈大。在测量片轴上连着一个电位计,如图 6-4 所示。电位计的滑动臂与测量片同轴同步转动,把测量片开启角度的变化(即进气量的变化)转换为电阻值的变化。电位计通过导线、连接器与 ECU 连接。ECU 根据电位计电阻的变化量或作用在其上的电压的变化量,测得发动机的进气量,如图 6-5 所示。

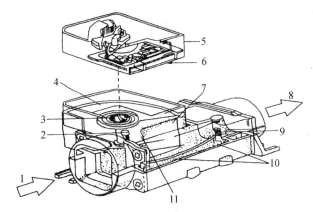

图 6-2 叶片式空气流量传感器结构图
1—空气滤清器侧;2—进气温度传感器;3—复位弹簧;4—缓冲室;5—电位计;6—接线插头;
7—缓冲片;8—进气支管侧;9—CO 调整螺钉;10—旁通道,11—测量叶片

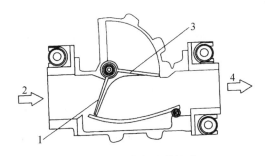

图 6-3 叶片部分的构造
1—测量叶片;2—空气滤清器侧;3—缓冲叶片;4—进气支管侧

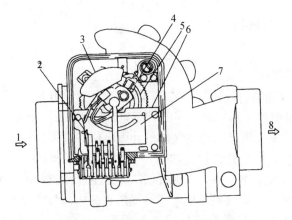

图 6-4 与测量叶片同轴的电位计
1—空气滤清器侧；2—燃油泵接点；3—平衡配重；4—调整齿圈
5—复位弹簧；6—电位计；7—印制电路板；8—进气支管侧

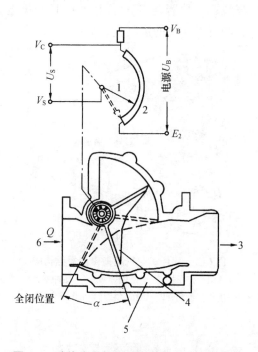

图 6-5 叶片式空气流量传感器的工作原理图
1—滑臂；2—镀膜电阻；3—进气支管侧；4—叶片；5—通进气道；6—空气滤清器侧

在叶片式空气流量传感器内，通常还有一电动汽油泵开关，如图6-6所示。当发动机启动运转时，测量片偏转，该开关触点闭合，电动汽油泵通电运转；发动机熄火后，测量片在回转至关闭位置的同时，使电动汽油泵开关断开。此时，即使点火开关处于开启位置，电动汽油泵也不工作。

叶片式空气流量传感器导线连接器一般有7个端子，如图6-7中的39、36、6、9、8、7、27。但也有将电位计内部的电动汽油泵控制触点开关取消后，变为5个端子的。图6-7

表示出了日产和丰田车用叶片式空气流量传感器导线连接器端子的"标记"。其端子"标记"一般标注在连接器的护套上。

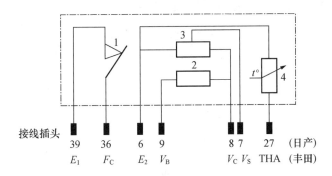

图6-6 叶片式空气流量传感器的电路原理图
1—燃油泵控制触点；2—固定电阻；3—可变电阻；4—热敏电阻

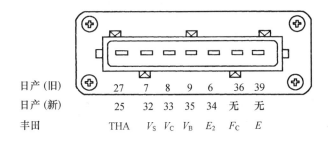

图6-7 叶片式空气流量传感器导线连接器端子

2. 叶片式空气流量传感器的检测

图6-8所示为丰田PREVIA（大霸王）车2TZ-FE发动机用叶片式空气流量传感器电路原理图。其检测方法有就车检测和单件检测两种。

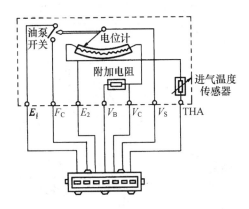

图6-8 丰田PREVIA（大霸王）车2TZ-FE发动机用叶片式空气流量传感器电路原理图

(1) 就车检测

点火开关置"OFF",拔下该流量传感器导线连接器,用万用表 Ω 挡测量连接器内各端子间的电阻。其电阻值应符合表6-3 所示;如不符,则应更换空气流量传感器。

表6-3 叶片式空气流量传感器各端子间的电阻(丰田 PREVIA 车)

端子	标准电阻/kΩ	温度/℃
V_S-E_2	0.2～0.60	—
V_C-E_2	0.20～0.60	
	10.00～20.00	-20
	4.00～7.00	0
THA-E_2	2.00～3.00	20
	0.90～1.30	20
	0.40～0.70	60
F_C-E_1	不定	—

(2) 单件检测

点火开关置"OFF",拔下空气流量传感器的导线连接器,拆下与空气流量传感器进气口连接的空气滤清器,拆开空气流量传感器出口处空气软管卡箍,拆除固定螺栓,取下空气流量传感器。

首先检查电动汽油泵开关,用万用表 Ω 挡测量 F_C-E_1 端子:在测量片全关闭时,F_C-E_1 间不应导通,电阻为∞;在测量片开启后的任一开度上,F_C-E_1 端子间均应导通,电阻为0。

然后用起子推动测量片,同时用万用表 Ω 挡测量电位计滑动触点 V_S 与 E_2 端子间的电阻(如图6-9 所示);在测量片由全闭至全开的过程中,电阻值应逐渐变小,且符合表6-4 所列范围;如不符,则须更换空气流量传感器。丰田 CROWN 2.8 小轿车 5M-E 发动机的叶片式空气流量传感器各端子间电阻标准值如表6-5 所示。

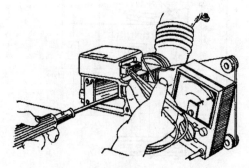

图6-9 叶片式空气流量传感器各端子间的电阻的测量

表 6-4 叶片式空气流量传感器各端子间的电阻（丰田 PREVIA 车）

端子	标准电阻（kΩ）	测量片位置
F_C-E_1	∞	全关闭
	0	开启
V_S-E_2	20～600	全关闭
	20～1200	从全关到全开

表 6-5 叶片式空气流量传感器各端子间的电阻（丰田 CROWN 2.8 小轿车 5M-E 发动机）

端子	温度（℃）	测量片位置	标准电阻（kΩ）
V_S-E_2	—	完全关闭	0.02
	—	从关闭到全开	0.02～1.00
F_C-E_1	—	完全关闭	∞
	—	任何开度	0
THA－E_2	0	—	4.00～7.00
	20	—	2.00～3.00
	40	—	0.90～1.30
	60	—	0.40～0.70
V_C-E_2	—	—	0.10～0.30
V_B-E_2	—	—	0.20～0.40
F_C-E_2	—	—	∞

6.3.3 卡门涡流式空气流量传感器

1. 卡门涡流式空气流量传感器结构及原理

卡门涡流式空气流量传感器是根据卡尔曼涡流理论，利用超声波或光电信号，通过检测旋涡频率来测量空气流量的一种传感器。

众所周知，当野外架空的电线被风吹时，就会发出"嗡、嗡……"的响声，且风速越高声音频率越高，这是气流流过电线后形成旋涡（即涡流）所致。液体、气体等流体均会发生这种现象。如图 6-10 所示，在流体中放置一个柱状物体（即涡流发生器）后，当雷诺数 $Re > 40$ 时，在其下游流体中就会形成 2 列平行状旋涡，并且左右交替出现，因此根据旋涡出现的频率，就可测量出流体的流量。由于旋涡与街道两旁的路灯类似，故称其为"涡街"。因为这种现象首先被卡尔曼发现，所以又称为卡尔曼涡街或卡尔曼涡流。

假设 2 列平行涡流之间的距离为 h，同一列涡流中先后产生的 2 个旋涡之间的距离为 l，当比值 h/l 为 0.281 时，涡流将是稳定的，并且周期性地产生。根据卡尔曼涡流理论，单侧涡流产生的频率 f 与流体的流速 v 之间具有如下关系：

$$f = S_t \frac{v}{d}$$

式中　v——涡流发生器两侧处流体的流速，m/s；

　　　d——涡流发生器迎流面的最大宽度，m；

　　　S_t——斯特罗巴尔系数，圆柱形柱体 $S_t=0.121$，三角形柱体 $S_t=0.116$，长方形柱体 $S_t=0.112$，矩形柱体 $S_t=0.117$。

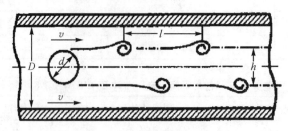

图 6-10　卡尔曼涡流示意图

当流体管道的直径为 D 时，流体的体积流量 Q_A 的计算见下式。

$$Q_A = \frac{\pi}{4}D^4 \cdot v_1 = \frac{\pi}{4}D^2 \cdot \frac{dS_1}{S_t S}f = Kf$$

式中　v_1——管道内流体的平均流速，m/s；

　　　S_1——涡流发生器两侧流通面积，m^2；

　　　S——管道内总流通面积，m^2；

　　　K——系数，$K = \pi d S_1 D^2 / (4 S_t S)$。

当管道与涡流发生器尺寸确定后，K 为常数。由此可见，通过测量涡流的频率 f，即可计算流体的体积流量。

卡尔曼涡流是一种物理现象，涡流的测量精度由空气通道面积与涡流发生器的尺寸决定，与检测方法无关。涡流式空气流量传感器的输出信号是与旋涡频率对应的脉冲数字信号，其响应速度是几种空气流量传感器中最快的一种，几乎能同步反映空气流速的变化，因此特别适用于数字式计算机处理。除此之外，涡流式空气流量传感器还具有测量精度高、进气阻力小、无磨损、长期使用后性能不会发生变化等优点，其缺点是制造成本较高，因此目前只有少数中高档轿车采用。因其检测的是体积流量，所以需要对空气温度和大气压力进行修正。

根据旋涡频率的检测方式不同，汽车用涡流式空气流量传感器分为超声波检测式和光电检测式两种。例如，进口的丰田雷克萨斯 LS400 型轿车和台湾进口的皇冠（CROWN）3.0 型轿车采用了光电检测涡流式空气流量传感器；日本三菱（Mitsubishi）吉普车、中国长风猎豹吉普车和韩国现代（HYUNDAI）轿车采用了超声波检测涡流式空气流量传感器。

2. 超声波检测涡流式空气流量传感器的结构、原理与检测

（1）结构特点

超声波检测涡流式空气流量传感器（简称超声波式流量传感器）的结构如图 6-11 所示，主要由涡流发生器、超声波发生器、超声波接收器、集成控制电路、进气温度传感器和大气压力传感器等组成。

第 6 章 汽车用传感器

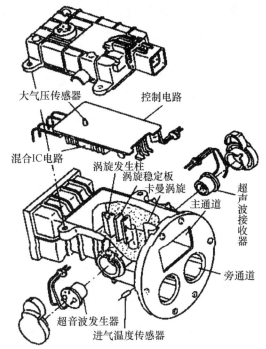

图 6-11 超声波检测涡流式空气流量传感器的结构示意图

超声波式流量传感器设有两个空气通道，涡流发生器设在主空气通道上。设置旁通空气通道的目的是为了调节主空气通道的流量。因此，对于排气量不同的发动机，通过改变旁通空气通道截面积大小，就可使用同一规格的空气流量传感器来满足流量检测的要求。涡流发生器由三角形柱体和若干个涡流稳定板组成，其下游能够产生稳定的涡流。在涡流发生器的两侧设有超声波发生器和超声波接收器，超声波发生器用于产生和发射超声波信号，超声波接收器用于接收超声波信号，即超声波发生器将一定频率的交流电压加在压电元件（如压电陶瓷和压电晶体）上，使之产生机械振动，从而发出超声波；此超声波穿过空气涡流将机械振动加在超声波接收器的压电元件上，从而产生交变电压信号。

在主空气通道的内壁上，粘贴有吸音材料，以防止超声波出现不规则反射现象而影响正常检测。在空气入口设有整流网栅，其作用是使吸入的空气在涡流发生器上游形成稳定的气流，从而保证产生稳定的涡流。集成控制电路对信号进行整形处理后向 ECU 输入方波信号，以便 ECU 运算处理。进气温度传感器和大气压力传感器信号用于修正进气量。

（2）工作原理

所谓超声波，就是频率高于 20 kHz、人耳无法听到的高频机械波。超声波的波长较短，传播方式近似于直线传播，在介质内传播时衰减小，能量集中。超声检测技术的基本原理是利用所探索到的某种待测的非声量与某些描述媒质声学特性的超声量之间存在的直接或间接的关系的规律之后，通过超声量的测定来测出待测的非声量。

超声波式空气流量传感器工作原理电路如图 6-12 所示。当发动机运转时，超声波发生器发出的超声波通过超声波发射器不断向超声波接收器发出一定频率（40 kHz）的超声波。当超声波通过进气气流到达超声波接收器时，由于受到气流移动速度及压力变化的影响，因此接收到的超声波信号的相位（时间间）以及相位差（时间间隔之差）就会发生变化，集成控制电路根据相位或相位差的变化情况计量出涡流的频率。旋涡频率信号输入ECU后，ECU就可计算出进气量。

在日常生活中，常常会遇到这样的现象，即：当顺着风向喊人时，对方很容易听到；而逆着风向喊人时，对方就不容易听到。这是因为前者的空气流动方向与声波前进方向相同，声波被加速的结果，而后者是声波受阻而减速的结果。在超声波式流量传感器中，同样存在这种现象，如图6-13所示。

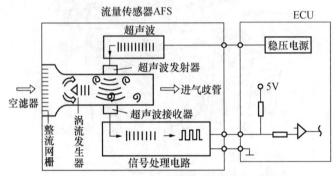

图6-12 超声波检测涡流式传感器工作原理电路图

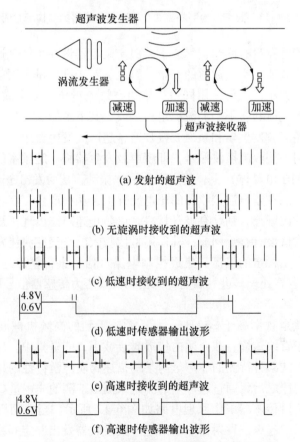

图6-13 超声波检测涡流式传感器输出波形示意图

超声波发生器之所以设定40 kHz的超声波这是因为在没有旋涡的通道上，发送的超声波与接收到的超声波信号相位和相位差完全相同，见图6-13（a）。当进气通道上有旋涡时，在接收到的超声波信号中，有的受减速作用而滞后，有的受加速作用而超前，见图6-13（c）、图6-13（e），因此其相位和相位差就会发生变化。集成控制电路在信号相位超前时输出一个正向脉冲信号，在信号相位滞后时输出一个负向脉冲信号，见图6-13（d）、图6-13（f），从而表明旋涡的产生频率。进气量越多，旋涡频率越高，集成控制电路输出数字信号的频率就越高。数字信号输入ECU后便可计算进气量。

（3）超声波检测涡流式空气流量传感器的检测

超声波检测涡流式空气流量传感器的检测与各型涡流式空气流量传感器的检测方法基本相同，下面以日本三菱（Mitsubishi）吉普车配装的超声波检测涡流式空气流量传感器为例进行说明。该车空气流量传感器电路接线图如图6-14所示。

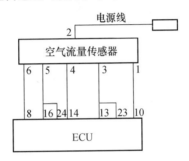

图6-14　超声波检测涡流式空气流量传感器电路接线图

检测传感器输出频率：因为超声波式流量传感器的输出频率与发动机进气量成正比，所以应当使用频率计或示波器检测其输出信号。当接通点火开关但不启动发动机时，传感器输出频率应为0；发动机怠速（700 r/min）运转时，传感器输出频率应在（25～50）Hz范围内；当发动机转速升高时，传感器输出频率应随转速升高而升高；当转速升高到2 000 r/min时，传感器输出频率应在（70～90）Hz范围内，否则说明传感器或其线路有故障。

检测传感器线束：在超声波式流量传感器故障中，线束故障占很大比例。检查线束故障时，先应拔开传感器线束连接器，然后接通点火开关，用万用表测量线束插头电源端子2与搭铁端子4之间的电压，其值应等于系统电压（12 V），否则需要修理线束或检查燃油喷射主继电器；再用万用表检测线束插头输出端子1与搭铁端子4之间的电压，其值应为5 V，否则需要修理线束。检测搭铁端子4搭铁是否可靠时，可用万用表电阻挡检测端子4与发动机缸体之间的阻值，其值应为0，否则说明搭铁不良，需要修理。

3. 反光镜式卡门涡流空气流量计

反光镜式卡门涡流空气流量计的结构：丰田雷克萨斯LS400型和丰田皇冠3.0型轿车则安装了反光镜式卡门涡流空气流量计，反光镜式卡门涡流空气流量计主要由涡流发生器、发光二极管、光电三极管、反光镜、张紧带、厚膜集成控制电路和进气温度传感器组成。其中涡流发生器后面设置有导压孔，用来将变化的涡流压力导入导压腔内，反光镜安装在张紧带上,发光二极管和光电三极管设置在反光镜的上面,发光二极管发出的光经反光镜反射后使光电三极管导通。其结构如图 6-15 所示。

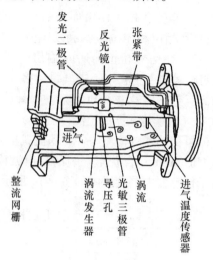

图 6-15　反光镜式卡门涡流空气流量计的结构

从图 6-15 中还可以看出,在传感器的空气入口处设有蜂窝状整流网栅,其作用是使吸入的空气在涡流发生器上游形成比较稳定的气流,从而保证气流经涡流发生器后产生与其流速成正比的涡流。涡流发生器用合成树脂与厚膜集成控制电路封装成一体,空气流量传感器剖视图如图 6-16 所示。

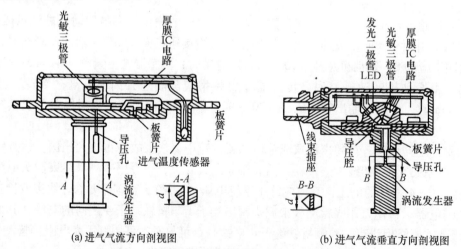

(a) 进气气流方向剖视图　　　　(b) 进气气流垂直方向剖视图

图 6-16　反光镜式卡门涡流空气流量计的剖视图

反光镜式卡门涡流空气流量计的工作原理:当进气气流流过涡流发生器时,发生器两侧就会交替产生涡流,两侧的压力就会交替发生变化。进气量越大,产生的涡流数量越多,压力变化频率就越高。变化的压力被导压孔引导到导压腔中使张紧带产生振动,从而带动张紧带上面的反光镜一起振动,且振动频率与单位时间内产生的涡流数量(即旋涡频率 f)成正比。由于反光镜的振动,被反光镜反射的光束也以同样频率变化,使得光电三极管也随光束的变化以同样的频率导通和截止,所以光电三极管导通与截止的频率与旋涡频率成正比。信号处理电路将涡流频率信号转换成方波电压信号输入 ECU 后,ECU 便可计算出进气量的大小。

以丰田雷克萨斯 LS400 轿车 1UZ-FE 发动机用反光镜检出式空气流量传感器为例。该传感器与 ECU 的连接电路如图 6-17 所示。

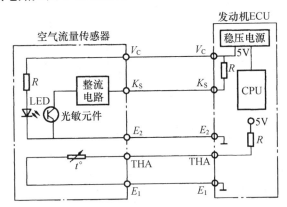

图 6-17　丰田雷克萨斯 LS400 轿车 1UZ-FE 反光镜式卡曼涡流空气流量计与 ECU 的连接电路

(1) 电阻检测

点火开关置"OFF",拔下空气流量传感器的导线连接器,用万用表电阻挡测量传感器上"THA"与"E_1"端子之间的电阻,其标准值如表 6-6 所示。如果电阻值不符合标准值,则更换空气流量传感器。

表 6-6　丰田雷克萨斯 LS400 轿车 1UZ-FE 反光镜式卡门涡流空气流量计 THA-E_1 端子间的电阻

端子	标准电阻/kΩ	温度/℃
THA-E_1	10.0	−20
	4.0～7.0	0
	2.0～3.0	20
	0.9～1.3	40
	0.4～0.7	60

(2) 空气流量传感器的电压检测

将空气流量传感器线束插头与插座插好,用万用表直流电压挡测量传感器连接器端子"THA"与"E_2"、"V_c"与"E_1"和"K_S"与"E_1"之间的电压,电压值应当符合表 6-7 中规定。如检测结果与标准电压值不符,则应检查传感器与 ECU 之间的线束是否断路;如线束良好,则拔下传感器插头并接通点火开关,检查电源端子"V_c"与"E_1"和信号输入端子"K_S"与"E_1"之间的电压,如在 4.5～5.5V 内,说明 ECU 工作正常,应当更换空气流量传感器,如电压不在 4.5～5.5V 内,说明 ECU 发生故障,应检修或更换 ECU。

表 6-7　丰田雷克萨斯 LS400 轿车 1UZ-FE 发动机 ECU THA-E_2、VC-E_1、KS-E_1 端子电压

端子	电压/V	条件
THA-E_2	0.5～3.4	怠速、进气温度 20℃
	4.5～5.5	点火开关 ON
K_S-E_1	2.0～4.0（脉冲发生）	怠速
V_c-E_1	4.5～5.5	点火开关 ON

6.3.4　热线式空气流量传感器

热线式空气流量计属质量型流量传感器，能直接测量进入进气支管内被发动机吸入的空气质量，不需要温度传感器进行修正，因此精度更高。且它能在短时间内反映空气的流量，响应速度快，无运动组件，进气阻力小，不易磨损，测量范围大，因此在汽车上有着很广泛的应用。

1. 热线式空气流量传感器的结构

热线式空气流量传感器，按其铂金热线安装位置的不同可分为主流测量方式（如图 6-18）和旁通测量方式（如图 6-19）两种。

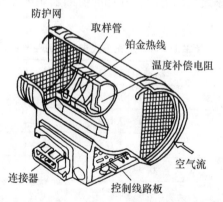

图 6-18　热线式空气流量传感器（主流测量方式）
1—防护网；2—取样管；3—铂金热线；4—温度补偿电阻；5—控制线路板；6—连接器

主流测量方式热线式空气流量计由铂金热线、温度补偿电阻（冷线）、取样管、控制线路板、防护网及连接器组成。热线是一根直径约为 70μm 的铂金丝，它装在取样管内的支承环上，其阻值随温度变化而变化，当传感器工作时，它能被控制电路提供的电流加热到 120℃ 左右，因此称为热线；取样管由一个热线支承环和两个塑料护套组成，它置于空气流量计主空气道的中央，两端有防护网，防护网通过卡箍固定在流量计的壳体上；温度补偿电阻（冷线）安装在热线附近，且靠近进气口一侧，当传感器工作时，控制电路向其提供一个电流使其温度始终低于热线温度 100℃，这样冷线温度可以起到参考标准的作用，

使进气温度的变化不会影响到热线测量进气量的精度，控制线路板上有 6 个端子插座与发动机的 ECU 相连，用于输入信号。

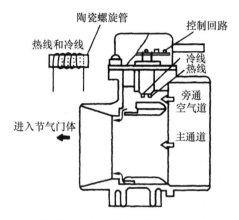

图 6-19　热线式空气流量传感器（旁通测量方式）

1—热线和冷线；2—陶瓷螺旋管；3—控制回路；4—冷线；5—热线
6—旁通空气道；7—主通道；8—进入节气门体

旁通测量方式热线式空气流量计与主流测量方式热线式空气流量计的主要区别在于，它把铂金热线和温度补偿电阻（冷线）安装在旁通气道上，且热线和补偿电阻用铂丝缠绕在陶瓷螺旋管上。

2. 热线式空气流量传感器的工作原理

热线式空气流量传感器的基本原理如图 6-20 所示。安装在控制电路板上的精密电阻 R_A 和电桥电阻 R_B 与热线电阻 R_H 及温度补偿电阻 R_K 组成了惠斯顿电桥。

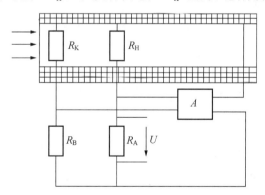

图 6-20　热线式空气流量传感器的原理图

A—混合集成电路；R_H—热线电阻；R_K—温度补偿电阻；R_A—精密电阻；R—电桥电阻

热线电阻 R_H 放在进气道内，当进气气流流过时，其热量被流过的空气吸收，使热线变冷，且空气流量增大时，被带走的热量也增加，热线式空气流量计就是利用热线与空气之间的这种热传递进行空气流量测定的。

混合集成电路 A 控制热线温度，当空气流过该热线时，由于空气带走热量使热线的电阻值发生变化，从而使惠斯顿电桥失去平衡。为了保持该电桥的平衡，必须提高电压，加大通过热线的电流，进而使热线的温度升高，使原来的电阻值恢复。根据这一原理，通过控制电路，改变惠斯顿电桥的电压和电流，使热线损失的热量与电流加热热线产生的热量相等，并使热线的温度和其电阻值保持一致。这样通过热线电阻的电流便是空气流量的单一函数，也就是热线电流随空气流量的增大而增大，随空气流量的减小而减小。加热电流通过精密电阻 R_A 产生的电压降作为电压输出信号输送给 ECU，于是微机便可通过电压降的大小测得空气流量。

精密电阻 R_A 为一个温度系数很低的金属铂电阻；温度补偿电阻 R_K 用来对热线电阻的温度进行参照，使其温度差控制在 100℃ 左右，从而提高测量精度，它与电桥电阻 R_B 的阻值都较高，这样能减少电能的损耗。

热线式空气流量计由于热线表面与空气直接接触，在使用一段时间后，热线表面易受空气尘埃玷污，其热辐射能力降低将会影响传感器的测量精度，因此控制电路设置有"自洁电路"以实现自洁功能。每当发动机熄火后，微机将控制自洁电路接通，将热线加热到 1 000℃ 左右，并持续约 1s 的时间，从而将黏附在热线上的尘埃烧掉。另一种防止热线玷污的方法是将热线的保持温度提高，一般保持温度设在 200℃ 以上，以便烧掉黏附的污物。

3. 上海别克轿车热线式空气流量传感器的检测

如图 6-21 所示，上海别克轿车使用的热线式空气流量传感器安装在进气歧管中，其连接器端子如图 6-22 所示，传感器与 ECU 的连接电路如图 6-23 所示。

对热线式空气流量传感器进行检测时，应主要检测空气流量传感器的输出信号电压。首先关闭点火开关，拔下传感器连接器。然后将点火开关转至 ON，但不启动发动机。用数字万用表电压挡测量空气流量传感器信号端子和搭铁端子间的电压，即 A 端子与 B 端子间的电压，应为 5V。当传感器输出电压正常时，可用吹风机向此传感器进气口吹风，其信号电压应随吹风量大小的变化而变化，且应符合标准规定值，否则，说明空气流量传感器已损坏，应当更换。

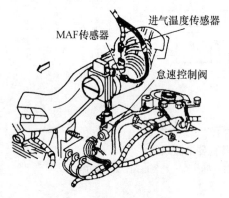

图 6-21 上海别克轿车热线式空气流量传感器的安装

图 6-22 热线式空气流量传感器连接器端子
A—空气流量计信号端子；B—搭铁端子
C—电源电压输入端子

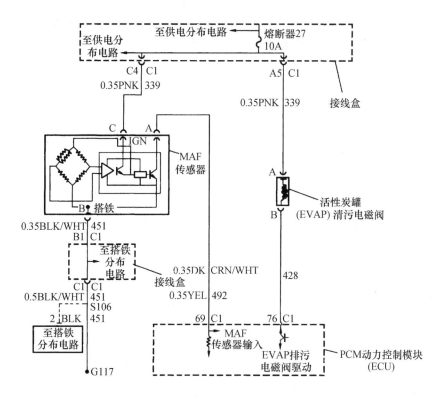

图 6-23 热线式空气流量传感器与 ECU 的连接电路

6.3.5 热膜式空气流量传感器

1. 热膜式空气流量传感器结构原理

热膜式空气流量传感器是热丝式传感器的改进产品,其发热元件采用平面形铂金属膜电阻器,故称为热膜电阻。热膜电阻的制作方法是：首先在氧化铝陶瓷基片上采用蒸发工艺积淀铂金属薄膜,然后通过光刻工艺制作成梳状图形电阻,将电阻值调节到设计要求的阻值后,在其表面覆盖一层绝缘保护膜,再引出电极引线而制成。桑塔纳 2000 GSi 型轿车采用的热膜式空气流量传感器的结构如图 6-24 所示。

在传感器内部的进气通道上设有一个矩形护套（相当于取样管）,热膜电阻设在护套中。为了防止污物沉积到热膜电阻上影响测量精度,在护套的空气入口一律设有空气过滤层,用以过滤空气中的污物。为了防止进气温度变化使测量精度受到影响,在热膜电阻附近的气流上游设有铂金属膜式温度补偿电阻,如图 6-25 所示。温度补偿电阻和热膜电阻与传感器内部控制电路连接,控制电路与线束连接器插座连接,线束插座设在传

图 6-24 桑塔纳 2000 GSi 型轿车采用的
热膜式空气流量传感器的结构

感器壳体中部。与热丝式流量传感器相比，热膜电阻的阻值较大，所以消耗电流较小，使用寿命较长。但是，由于其发热元件表面制作有一层绝缘保护薄膜，存在辐射热传导作用，因此响应性稍差。

利用热丝或热膜作为发热元件的空气流量传感器，其测量原理完全相同，在此不赘述。热膜式传感器铂金属膜的面积比热丝的表面积大得多且覆盖有一层绝缘保护膜，因此不会因沾污污物而影响测量精度．这正是桑塔纳 2000 GSi 型轿车不采用热丝式而采用热膜式流量传感器的根本原因。

2. 热膜式空气流量传感器的检测

特别需要说明的是：检查汽车电子控制系统零部件的功能时，必须使用该型汽车规定型号的专用仪器或检测设备，并在指定的运行状态下通过故障诊断测试进行判断，否则就不能确切判定零部件的技术状况是否良好。下面以桑塔纳 2000 GSi 型轿车为例，介绍热膜式空气流量传感器的检修方法。

（1）检查传感器的电源电压

检测电源电压时，拔下传感器线束插头，接通点火开关，用万用表直流电压检测传感器插头上电源端子与搭铁端子之间的电压。

检测桑塔纳 2000 GSi 型轿车空气流量传感器时，拔下传感器上的线束插头，是一个 5 端子插头，但代号为"1"的端子为备用端子，没有连接导线，如图 6-26 所示。然后接通点火开关，检测线束插头上端子"2"与发动机缸体之间的电压：规定值应不低于 11.5 V。如电压为零，说明燃油泵继电器触点未闭合或电源线路（附加熔断丝，30 A）断路，需要检修燃油泵继电器或电源线路。如电压正常，则检查传感器线束。

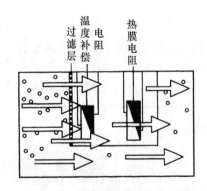

图 6-25 热膜式空气流量传感器的内部元件结构

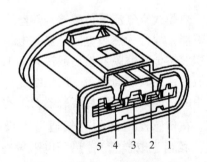

图 6-26 传感器上的线束插头端子含义

（2）检查传感器线束断路故障

检查传感器线束有无断路故障时，断开点火开关，拔下传感器线束插头和 ECU 线束插头，如图 6-27 所示，用万用表电阻挡（OHM）检测传感器插头上"3"、"4"、"5"端子分别与 ECU 插头上"12"、"11"、"13"端子之间导线的电阻值，标准阻值应当小于 0.5 Ω。如阻值为无穷大，说明导线断路，更换该导线即可。

(3) 检查传感器线束短路故障

检查传感器线束有无短路故障时，断开点火开关，拔下传感器线束插头和 ECU 线束插头，如图 6-27 所示，用万用表电阻挡（OHM×10 挡）分别检测传感器插头上"3"端子与插头上"11"、"13"端子之间、"4"端子与"12"、"13"端子之间以及"5"端子与"11"、"12"端子之间导线的电阻值、标准阻值应为无穷大。如阻值不是无穷大，说明线束短路，需要修理或更换线束。

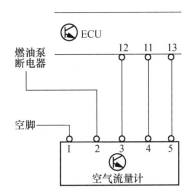

图 6-27 桑塔纳 2000GSi 型轿车空气流量传感器与 ECU 的连接电路

(4) 检查传感器线束搭铁故障

检查传感器线束有无搭铁故障时，断开点火开关，拔下传感器线束插头和 ECU 线束插头，如图 6-27 所示，用万用表电阻挡（OHM×10 挡）分别检测传感器插头上"3"、"4"、"5"端子与发动机缸体之间的电阻值，标准阻值应为无穷大。如阻值不是无穷大，说明线束搭铁，需要修理或更换线束。

如果使用故障测试仪诊断测试结构为传感器功能异常，上述电源电压和线束电阻检测结果也为正常，说明流量传感器内部有故障，需要更换传感器。

6.4 压力传感器的结构、原理与检测

6.4.1 概述

压力传感器也是工业自动化系统中应用较广泛的一种传感器，它常用来检测气体和液体压力，并将压力信号转化为电压信号。常见的压力传感器有半导体式、真空膜盒式、应变片式及膜片弹簧式等几种。

半导体式压力传感器是利用半导体的压阻效应（通过压力的变化转化为电阻的变化）的原理制成的。工作时，半导体硅膜片受压产生应力，随着膜片应力的变化，在其上面以集成加工技术制作的 4 个压敏电阻（以惠斯顿电桥的方式连接）的阻值发生变化，从而将压力信号转变为电信号输出。半导体式压力传感器由于体积小、精度高、成本低，响应性、再用性、稳定性好，在汽车上得到了广泛的使用。如美国的通用公司、日本丰田汽车公司、克莱斯勒汽车公司生产的汽车及国产桑塔纳 2000 GLi 型轿车等都使用半导体式压力

传感器来测量其进气压力。

真空膜盒式压力传感器主要由膜盒、铁芯、感应线圈和电子电路等组成。膜盒是由薄金属片焊接而成，其内部被抽成真空，外部与进气歧管相通。外部压力变化将使膜盒产生膨胀和收缩的变化。置于感应线圈内部的铁芯和膜盒联动。感应线圈由两个绕组构成，其中一个与振荡电路相连，产生交流电压，在线圈周围产生磁场，另一个为感应绕组，产生信号电压。当进气歧管压力变化时，膜盒带动铁芯在磁场中移动，使感应线圈产生的信号电压随之变化。该信号电压由电子电路检波、整形和放大后，作为传感器的输出信号送至 ECU。

应变片式压力传感器是将应变片粘在受压变形的部位，通过应变片的变形使其电阻值发生变化，且阻值的变化与其形变成正比同时若将应变片接入所需检测的电路中，则可测出相应输出电压的变化，根据电压的变化则可算出应变片所受压力的大小。

膜片弹簧式压力传感器则是通过膜片受压后的运动带动与其连在一起的弹簧及磁铁运动，从而使舌簧开关打开与关闭来实现压力差的测量的。

目前，压力传感器在汽车的常见应用有进气歧管压力传感器、油压传感器、机油压力开关、轮胎压力传感器、蓄压器压力传感器、增压传感器等。

6.4.2 半导体压敏电阻式进气歧管压力传感器

1. 半导体压敏电阻式进气歧管压力传感器的结构与原理

（1）半导体压敏电阻式进气压力歧管传感器的结构

半导体压敏电阻式进气压力歧管传感器是利用半导体的压阻效应制成的。主要由硅膜片、真空室、硅杯、底座、真空管接头和引线电极组成，其内部结构如图 6-28 所示。

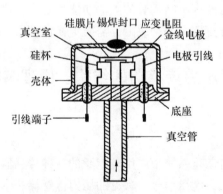

图 6-28　半导体压敏电阻式进气压力歧管传感器的结构

硅膜片是用单晶硅制成的压力转换元件，其长和宽各为 3 mm，厚度为 160 μm，在硅膜片的中心部位用腐蚀方法制作了一个直径为 2mm、厚度为 50 μm 的薄膜片，在薄膜片表面的圆周上，采用集成电路加工和台面扩散技术制作了 4 只阻值相等的应变电阻，如图 6-29 所示，并将 4 只电阻连接成惠斯顿电桥电路，然后再与传感器内部的温度补偿电阻和信号放大电路等混合集成电路连接。

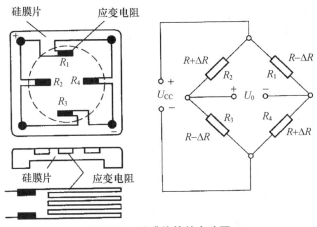

图 6-29 硅膜片等效电路图

(2) 半导体压敏电阻式进气压力歧管传感器的工作原理

半导体压敏电阻的工作原理如图 6-30 所示。硅膜片一面通真空室，一面承受来自进气歧管中气体的压力，在此气体压力的作用下，硅膜片会产生变形，且压力越大形变越大，膜片上应变电阻的阻值在此压力的作用下就会发生变化，使传感器上以惠斯顿电桥方式连接的硅膜片应变电阻的平衡被打破，当电桥的输入端输入一定的电压或电流时，在电桥的输出端便可得到相应变化的信号电压或信号电流，因为此信号比较微弱，故采用了混合集成电路进行放大后输入给 ECU。

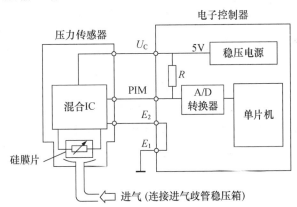

图 6-30 半导体压敏电阻式进气压力歧管传感器的工作原理

2. 半导体压敏电阻式进气压力歧管传感器的检测方法

半导体压敏电阻式进气压力歧管传感器由于其体积小、精度高，响应性、再现性和抗震性较好，一般不易损坏，应用较广泛。但其若损坏或其连接线路不良，则易使发动机出现怠速不良、启动不易和启动后熄火的故障。若在汽车运行中出现上述故障，则应对此传感器及相关电路和元件进行检测，检测方法如下。

① 拔下传感器的连接器插头，接通点火开关（但不启动发动机），用万用表电压挡检测连接器插头电源端和接地之间的电压（如图 6-30 所示电路中的 U_C 端子与 E_2 端子），应

在4～6V之间；若无电压，应检测ECU相应端子间的电压，若正常，则是传感器与ECU间连接线路发生故障，若仍无电压，则是ECU发生故障。

② 检测进气压力歧管传感器的输出电压。拔下进气压力歧管传感器与进气歧管连接的真空软管，打开点火开关（但不启动发动机），用电压表测量进气压力歧管传感器的输出电压（如图6-30所示电路中的PIM端子与E_2端子）。接着向进气压力歧管传感器内施加真空，并测量在不同真空度下的输出电压，该电压值应随真空度的增大而降低，其变化情况应符合规定，否则应更换。

由于压敏电阻式进气歧管压力传感器的功能部件是硅膜片和应变电阻，其工作参数取决于作用于膜片上的压力大小，因此传感器的取样压力应从压力波动较小的部位选取。如桑塔纳2000轿车的进气压力都从稳压箱处选取，可以避免压力波动对检测信号的影响。

6.4.3 真空膜盒式进气压力歧管传感器

1. 真空膜盒式进气压力歧管传感器的结构与原理

真空膜盒式进气压力歧管传感器也叫膜盒测压器，一般安装在D型喷射系统发动机的进气歧管上，用来检测进气压力，并将检测到的压力信号转化为电信号输入给ECU，实现ECU对喷油量的调节。其结构如图6-31所示。真空膜盒测压器的膜盒由薄金属片焊接而成，在其内部抽真空，外部为气压室，与发动机进气歧管相连。当膜盒的外部受到来自进气歧管中变化的气体压力作用时膜盒易收缩或膨胀。当膜盒接受正压力，如大气压力时，膜盒会收缩；反之，受到真空负压时，膜盒会膨胀。膜盒的收缩或膨胀将使与之连在一起的操纵杆外伸或回缩（操纵杆的移动和与所受的压力的变化呈线性关系），并可采用可变电阻器（电位计）或可变电感器或差动变压器将操纵杆的机械运动转化为电信号输送给ECU，实现对喷油量的控制。

(1) 真空膜盒可变电阻器式进气压力歧管传感器

如图6-32所示，当电位计的滑动臂在电阻上移动时，对加在电阻上的电压起分压作用。当空气压力降低时，操纵杆使滑动触点向电阻的搭铁端移动，由于电阻增加，使输出电压减少；反之，空气压力增高时，则输出电压增强。该传感器的灵敏度由滑动触点的行程大小决定。

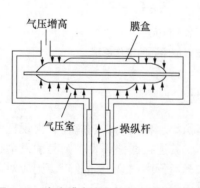

图6-31 真空膜盒式进气压力歧管传感器

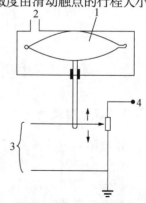

图6-32 真空膜盒可变电阻器式进气压力歧管传感器的结构

1—膜盒；2—接进气管；3—输出电压；4—基准电压

(2) 真空膜盒可变电感式进气压力歧管传感器

如图 6-33 所示，振荡器输出的交变电压通过线圈 W_1、由互感作用而使线圈 W_2 产生电压，电压的大小由两线圈耦合情况而定。耦合越紧，输出电压越大，所以，在铁芯向两线圈中间运动时，输出电压信号会得到增强。

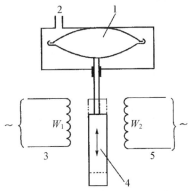

图 6-33　真空膜盒可变电感式进气压力歧管传感器的结构
1—膜盒；2—接进气管；3—线圈 W_1；4—铁芯；5—线圈 W_2

在可变电感式进气压力歧管传感器中，铁芯和线圈之间的位置是由膜盒控制的。进气歧管绝对压力升高时，膜盒收缩，使铁芯向线圈中部运动，这时输出的信号会增强。

(3) 真空膜盒差动变压器式进气压力歧管传感器

真空膜盒差动变压器式进气压力歧管传感器与可变电感式进气压力歧管传感器的结构相似，它主要由膜盒、铁芯、传感线圈、弹片以及电路组成，如图 6-34 所示。传感线圈由一次绕组和二次绕组两个绕组构成，如图 6-35 所示。一次绕组与振荡电路连接，产生交变电压，并在线圈周围产生磁场；二次绕组为两个感应线圈，产生感应信号电压。当交流电通过一次绕组线圈时，两个二次绕组线圈都产生感应电压。当铁芯在中心位置时，两个二次绕组的感应电压大小相等，方向相反，传感器的输出电压为零。当铁芯从中间向一端移动时，一个二次绕组输出的电压将大于另一个二次绕组，这两个二次绕组的电压差 e_s 即为输出信号电压，其大小由铁芯移动距离决定。当进气歧管压力发生变化时，膜盒的外伸与回缩带动铁芯在磁场中移动，使感应线圈产生的信号电压发生变化，这个变化的信号电压经电子电路检波、整形和放大后，输入 ECU。

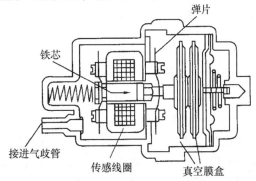

图 6-34　真空膜盒差动变压器式进气压力歧管传感器的结构

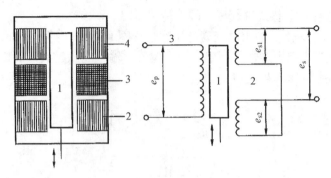

图 6-35 传感线圈及铁芯的结构
1—铁芯；2、4——次绕组；3—二次绕组

2. 真空膜盒式进气压力歧管传感器的检测方法

真空膜盒式进气压力歧管传感器的常见故障是真空软管连接不牢、破裂以及感应线圈断路或短路等。检测时应注意：这种进气压力歧管传感器是用12 V电源工作，所以检测时不要拔下电源线插头。

（1）检查电源电压

关闭点火开关，拔下传感器连接器插头，在电源线插头一侧接万用表，打开点火开关，电压表应显示12 V，否则应检查电源线是否存在断、短路。

（2）检查输出信号电压

连接好传感器插头，打开点火开关，将万用表正表笔与信号端子接触，将负表笔搭铁，在真空软管上加大气压时，信号电压应为1.5 V；对真空软管吸气时，电压应从1.5 V慢慢减小；发动机怠速时，电压应为0.4 V，当发动机转速升高时，输出电压值也升高；否则说明传感器或相关线路出现故障，应进行更换。

6.4.4 发动机机油压力传感器及油压开关

1. 发动机机油压力传感器

（1）发动机机油压力传感器的结构与原理

发动机机油压力传感器用于检测发动机机油压力的大小，它一般通过螺纹拧入在缸体的油道里，其内部有一个可变电阻，一端输出信号，一端与搭铁的滑动臂相连。当油压增大时，油压通过润滑油道接口推动膜片弯曲，膜片推动滑动臂移动到低电阻位置，使电路中的输出电流增大；反之，油压降低时，膜片推动滑动臂移动到高电阻位置，使电路中的输出电流减小，最终在机油压力表上将机油压力的大小以指针指示出来，如图6-36所示。

（2）发动机机油压力传感器的检测方法

拔下发动机机油压力传感器的插头，在发动机熄火时，用万用表欧姆挡检测机油压力传感器接头与搭铁线之间的电阻值；在发动机启动后，油压达到20 kPa以上时，再对其电阻值进行测量，其阻值应变小，否则说明此传感器已损坏，应进行更换。

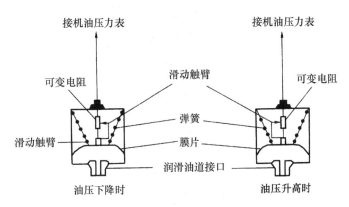

图 6-36 发动机机油压力传感器的工作原理

2．发动机机油压力开关

（1）发动机机油压力开关的结构与原理

发动机机油压力开关用来检测发动机有无机油压力。机油压力开关主要由膜片、弹簧及触点组成。无压力作用时，弹簧推动膜片，接点则处于闭合状态；达到规定压力时，膜片克服弹簧作用力，使接点处打开状态。

油压指示器的工作原理如图 6-37 所示，油压报警灯安装在组合仪表里，压力开关安装在发动机润滑油路上。压力开关内有受油压作用而动作的膜片及受油压作用而动作的触点。当油压低于规定值时，膜片不具有推动弹簧的作用力，触点闭合，报警灯亮；当油压高于规定值时，膜片推起弹簧，触点分开，报警灯熄灭，这时驾驶员应当知道油压已达到规定值。

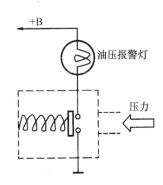

图 6-37 油压指示器的工作原理

（2）发动机机油压力开关的检测方法

发动机机油压力开关的检测方法如下：点火开关接通后，机油压力指示灯不亮，其故障原因是油压指示灯线束脱落，或者是熔断器已熔断，或者灯丝已熔断。

发动机启动后，机油压力已达规定值，指示灯仍点亮，故障原因可能是触点开关动作不良，线束搭铁。

6.4.5 制动主缸油压传感器

制动主缸油压传感器用于检测制动系统中制动主缸输出压力，制动主缸油压传感器安装在制动主缸的下部。检测储器压力，向外输出油泵接通与断开及油压异常时的报警信号。油压传感器由基片、半导体应变片、传感元件及壳体组成，如图 6-38 所示。

制动主缸油压传感器是利用膜片上应力片电阻改变的效应制成的半导体传感器，膜片与应变片制成一个整体，当制动压力加到其上时膜片发生变形，此变形使应变片的阻值发生变化，再通过桥式电路测出与压力成正比的电信号并传输出去。

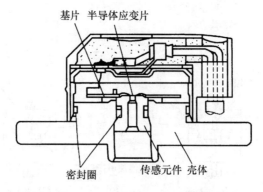

图 6-38　制动主缸油压传感器

6.4.6　蓄压器压力传感器

1. 蓄压器压力传感器的结构与原理

蓄压器压力传感器用于检测牵引力控制系统（TRC）蓄压器油液压力，它一般安装在油压控制组件的上方，如图 6-39 所示。

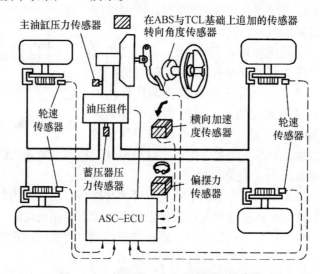

图 6-39　蓄压器压力传感器的安装位置

蓄压器压力传感器由压力检测部分、电路部分等组成，压力检测部分以半导体压敏元件为测量元件。当油液压力低时，它向 ECU 输入低油压信号，以便启动油泵，使之运转；当油液压力过高时，它输入 ECU 一个高油压信号使油泵停止运转。蓄压器压力传感器与 ECU 的电路连接如图 6-40 所示（以 LEXUS400 轿车蓄压器压力传感器为例）。

2. 蓄压器压力传感器的检测方法

（1）检查电源电压
① 拆下 ABS 和 TRC 的 ECU，使连接器仍连着。

第6章 汽车用传感器

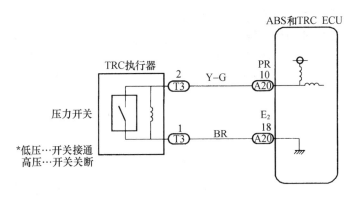

图 6-40 蓄压器压力传感器与 ECU 的连接电路图

② 启动发动机，使怠速运转 30 s，使 TRC 执行器油压升高。

③ 关闭发动机，使点火开关转至 ON 位置，用万用表测量 ECU 连接器 PR 端于与 E_2 间的电压，电压应为 5 V。测量过程如图 6-41 所示。检查后应向储油室内加油。

(2) 检查压力开关

① 拆下压力开关导线连接器，测量压力开关（传感器）连接器 1 与 2 之间的电阻值，应为 0。蓄压器压力传感器电源电压的测量如图 6-41 所示。

② 接好连接器，启动发动机，使之怠速运转 30 s，以使 TRC 执行器压力升高。

③ 关闭发动机，打开点火开关，测量连接器 1 与 2 端子间的电阻，应为 1.5 kΩ，如图 6-42 所示。经检测若不符合上述结果，则应更换 TRC 执行器。

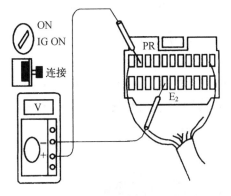

图 6-41 蓄压器压力传感器电源电压的测量

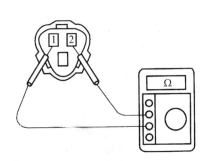

图 6-42 蓄压器压力传感器电阻值的测量

6.4.7 轮胎压力传感器

美国汽车工程师协会的调查统计表明，美国每年有 26 万起交通事故是由于轮胎故障引起的，而 75% 的轮胎故障是由轮胎气压不足或渗漏造成的。有鉴于此，在 2000 年美国国会通过了 TREAD 法案。TREAD 法案的要求之一是到 2007 年，所有在美国销售的汽车都必须安装轮胎压力监视系统（Tire Pressure Monitoring System，TPMS）。

汽车轮胎压力监测系统是利用安装在每一个轮胎里面的压力传感器来直接测量轮胎气压，并对各轮胎气压进行随时显示与监测，驾驶员可以直观地了解各轮胎的气压状况。当轮胎气压太低或渗漏时，系统就会自动报警。

凯迪拉克 CTS 轮胎压力监测系统主要由安装在汽车轮胎内的压力和温度传感器、信号处理单元（MCU）、RF 发射器组成的 TPMS 发射模块、天线以及安装在汽车驾驶台上的包括数字信号处理单元（MCU）、RF 接收器、液晶显示器（LCD）等组成，如图 6-43 所示。

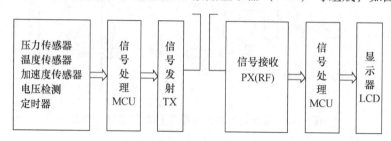

图 6-43 凯迪拉克 CTSTPMS 系统结构图

1. TPMS 传感器

TPMS 传感器是一个集半导体压力传感器、半导体温度传感器、数字信号处理单元和电源管理器于一体的片式系统模块。为了强化胎压检测功能，有不少 TPMS 传感器模块内还增加了加速度传感器、电压检测芯片、内部时钟、看门狗、带 12bit ADC、4k Byte Flash、2k ROM、128 Byte RAM、128 Byte EEPROM 及其他功能的 ASIC 数字信号处理单元。这些功能芯片使得 TPMS 传感器不仅能实时检测汽车开动中的轮胎压力和胎内温度的变化，而且还能实现汽车移动中即时开机、自动唤醒、节省电能等功能。电源管理器确保系统实现低功耗，使一节锂电池可以使用 3~5 年。

（1）TPMS 压力传感器

TPMS 的压力传感器都是用基于 MEMS 的技术来设计、生产的，主要有硅集成电容式压力传感器和硅压阻式压力传感器。2005 款凯迪拉克 CTS 轮胎压力监测系统 TPMS 传感器采用硅压阻式压力传感器。为了便于 TPMS 接收器的识别，压力传感器都具有 6~8 位独特的 ID 码。其结构如图 6-44 所示。

图 6-44 硅压阻式压力传感器

（2）压力/温度信号处理与发射

压力/温度信号经 TPMS 传感器模块内的 ASIC/SOC 电路处理，通过其 SPI 口传输给安装在发射模块内的信号处理单元（MCU），经其综合成数据流再进入同一封装内的 RF 发射 IC，按设定的超高频率（UHF）调制发射给安装在驾驶室内的接收器。

（3）TPMS 接收器和显示器

TPMS 接收器由 UHF ASK/FSK RF 接收 IC 和信号处理 MCU、键盘、LCD 显示器组成。RF 接收 IC 和信号处理 MCU 安装在一个盒子里。LCD 显示器能实时显示每个轮胎的压力、温度和每一个轮胎的 ID 识别码，并能声光报警。

（4）TRMS 发射模块

由于凯迪拉克 CTS 轮胎没有内胎，因此给 TPMS 发射模块安装带来了极大的方便。凯迪拉克 CTS 的发射模块安装在轮胎气门嘴上。

2. 轮胎压力传感器的读入

轮胎压力监测系统（TPMS）通过天线模块、仪表板集成模块（DIM）、遥控门锁发射器、4 个射频发射压力传感器和串行数据电路来实现传感器读入功能。每当更换传感器时或车辆轮胎换位之后都必须执行传感器读入程序。一旦读入模式被启动，每个传感器的唯一识别码可以读入到天线模块存储器中。当一个传感器的识别码已读入时，天线模块会发送一个串行数据信号到仪表板集成模块中，使喇叭发出"嘀啾"声，这表示传感器已经发送了其识别码且天线模块已经收到识别码。只要第一个传感器识别码被读入，所有其他识别码将从天线模块存储器中清除。当最后一个传感器的识别码被读入时，仪表板集成模块使喇叭发出两声"嘀啾"声。

（1）传感器功能

在"静止"模式下，每个传感器每 20 s 进行一次气压测量采样。如果轮胎气压与上次测量值相比增加或减小超过 11 kPa，将立即进行重新测量，以确认气压变化值。如果气压确实发生了变化，传感器会发送一个"重新测量"信号给天线模块。当天线模块在传感器读入模式下收到重新测量信号时，它会将传感器识别码指定给车上的该位置。

（2）读入模式的取消

如果在超过 2 min 的时间内未读入任何传感器信号或如果系统已经处于读入模式达 5 min 以上，轮胎压力监测系统（TPMS）将会取消读入模式。如果在读入任何传感器识别码之前取消读入模式，天线模块将记忆所有以前的传感器识别码和位置。

（3）使用遥控门锁发射器读入

在执行以下步骤之前确认与此同时未进行其他传感器读入程序，且附近无其他配备有轮胎压力监测系统（TPMS）的车辆在进行轮胎气压调整。

① 保持发动机熄火并接通点火开关。

② 使用遥控门锁发射器将车门上锁和开锁 3 次，使发射器和天线模块同步。

③ 同时按下遥控门锁发射器的上锁和开锁按钮，直到听到 2 声喇叭"嘀啾"声，表示读入模式被启动。如果 35 s 后还没有任何传感器引发喇叭"嘀啾"声，关闭点火开关来退出读入模式，并从步骤①重新开始。

④ 从左前轮胎开始持续增加或减少气压 5～8 s 或持续到发出喇叭"嘀啾"声。喇叭"嘀啾"声可能在 5～8 s 加压/减压时间到达之前发出，也可能在 5～8 s 加压/减压时间到达之后的 30 s 内发出。

⑤ 在听到喇叭"嘀啾声"后按照右前、右后、左后的顺序对 3 个传感器执行步骤④。

⑥ 所有传感器被读入之后,关闭点火开关以退出读入模式。
⑦ 退出读入模式之后,将所有轮胎气压调整至标准值。

(4) 使用故障诊断仪读入

在执行以下步骤之前确认与此同时未进行其他传感器读入程序,且附近无其他配备有轮胎压力监测系统(TPMS)的车辆在进行轮胎气压调整。

① 安装故障诊断仪。
② 保持发动机熄火并接通点火开关。
③ 选择故障诊断仪的"special Functions"(特殊功能)。
④ 选择"Sensor Learn Mode Enable"(传感器读入模式启动),并按下"ENTER"键。
⑤ 按"ON"软键,将会听到两声喇叭"嘀啾"声,表示读入模式已经启动。如果35 s后还没有任何传感器引发喇叭"嘀啾"声,关闭点火开关来退出读入模式,并从步骤④重新开始。
⑥ 从左前轮胎开始持续增加或减少气压5~8 s或持续到发出喇叭"嘀啾"声。喇叭"嘀啾"声可能在5~8 s加压/减压时间到达之前发出,也可能在5~8 s加压/减压时间到达之后的30 s内发出。
⑦ 在听到喇叭"嘀啾声"后按照右前、右后、左后的顺序对3个传感器执行步骤⑥。
⑧ 所有传感器被读入之后,关闭点火开关以退出读入模式。
⑨ 退出读入模式之后,将所有轮胎气压调整至标准值。

6.5 位置与角度传感器的结构、原理与检测

在汽车电子控制系统中,为了能满足汽车的性能要求,位置与角度传感器的类型有很多,主要有曲轴与凸轮轴位置传感器、节气门位置传感器、液位传感器、车高传感器、超声波距离传感器、方位传感器、坐椅位置传感器等。

安装曲轴位置传感器是为了检测出曲轴的位置转角及发动机的转速,从而对电控汽车燃油喷射系统的点火时刻和喷油正时进行控制,常用的有磁感应式、光电式和霍尔式曲轴位置传感器。

节气门位置传感器安装在节气门体上,它将节气门的开度信号转化为电信号输入给ECU,作为ECU判定发动机工况的依据,常用的有触点开关式和可变电阻式两种。

液位传感器则用于测定制动液液位、洗涤液液位、水箱冷却液液位、燃油液位等,当液位减小到一定值时,产生类似于开关的接通、断开的转换,主要有浮子式、可变电阻式、热敏电阻式、电容及电热式等。

车高与转角传感器用于电控主动悬架系统中,目前采用的一般为光电式。它是把车身高度的变化转化为传感器轴的旋转,并将旋转角度检测出来,转化为电信号输入给ECU,实现ECU对车身高度进行调节。

超声波距离传感器利用超声波检测出车辆后方障碍物的位置(包括距离),并利用指示灯和蜂鸣器将车辆到障碍物的距离及障碍物的位置通知给驾驶员,从而起到安全倒车作用。

方位传感器是车辆导航系统中非常重要的一种传感器,它是利用地磁产生电信号而进

行检测的传感器,用于指示方向的偏差。

坐椅位置传感器用于微机控制的电动坐椅上,通过霍尔元件将旋转永久磁铁的变化位置引起的磁通量密度检测出来,并转化为电压信号,作为脉冲信号输入控制电脑,实现ECU 对坐椅位置的自动调节。

本小节重点介绍前 5 种位置传感器的结构、原理与检测。

6.5.1 曲轴与凸轮轴位置传感器

曲轴与凸轮轴位置传感器是发动机电子控制系统中最主要的传感器之一,它提供点火时刻(点火提前角)、确认曲轴位置的信号,用于检测活塞上止点、曲轴转角及发动机转速。曲轴位置传感器所采用的结构随车型不同而不同,可分为磁感应式、霍尔式和光电式3 大类。曲轴与凸轮轴位置传感器通常安装在曲轴前端、凸轮轴前端、飞轮上或分电器内。

1. 磁感应式曲轴位置传感器

(1) 磁感应式曲轴位置传感器的结构与原理

磁感应式位置传感器由信号转子、永久磁铁、信号线圈等组成,其结构如图 6-45 所示。

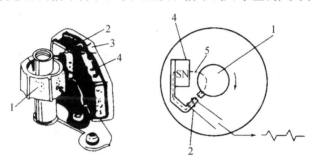

图 6-45　磁感应式曲轴位置传感器的结构
1—信号转子;2—信号线圈;3—导磁板;4—永久磁铁;5—磁力线

磁感应式传感器的工作原理如图 6-46 所示,磁力线穿过的路径为永久磁铁 N 极→定子与转子间的气隙→转子凸齿→转子凸齿与定子磁头间的气隙→磁头→导磁板→永久磁铁 S 极。当信号转子旋转时,磁路中的气隙就会周期性地发生变化,磁路的磁阻和穿过信号线圈磁头的磁通量随之发生周期性变化。根据电磁感应原理,传感线圈中就会感应产生交变电动势。

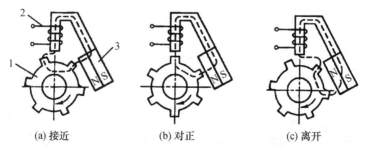

(a) 接近　　　　　(b) 对正　　　　　(c) 离开

图 6-46　磁感应式传感器工作原理
1—信号转子;2—传感线圈;3—永久磁铁

当信号转子按顺时针方向旋转时，转子凸齿与磁头间的气隙减小，磁路磁阻减小，磁通量 ϕ 增多，磁通变化率增大（$\mathrm{d}\phi/\mathrm{d}t > 0$），感应电动势 E 为正（$E > 0$），如图 6-47 中曲线 abc 所示。当转子凸齿接近磁头边缘时，磁通量 ϕ 急剧增多，磁通变化率最大 [$\mathrm{d}\phi/\mathrm{d}t = (\mathrm{d}\phi/\mathrm{d}t)_{\max}$]，感应电动势 E 最高（$E = E_{\max}$），如图 6-47 中曲线 b 点所示。转子转过 b 点位置后，虽然磁通量 ϕ 仍在增多，但磁通变化率减小，因此感应电动势 E 降低。

当转子旋转到凸齿的中心线与磁头的中心线对齐时（见图 6-47），虽然转子凸齿与磁头间的气隙最小，磁路的磁阻最小，磁通量 ϕ 最大，但是由于磁通量不可能继续增加，磁通变化率为零，因此感应电动势 E 为零，如图 6-47 中曲线 c 点所示。

当转子沿顺时针方向继续旋转，凸齿离开磁头时（见图 6-47），凸齿与磁头间的气隙增大，磁路磁阻增大，磁通量 ϕ 减少（$\mathrm{d}\phi/\mathrm{d}t < 0$），所以感应电动势 E 为负值，如图 6-47 中曲线 cda 所示。当凸齿转到将要离开磁头边缘时，磁通量 ϕ 急剧减少，磁通变化率达到负向最大值 [$\mathrm{d}\phi/\mathrm{d}t = -(\mathrm{d}\phi/\mathrm{d}t)_{\max}$]，感应电动势 E 也达到负向最大值（$E = -E_{\max}$），如图 6-47 中曲线上 d 点所示。

由此可见，信号转子每转过一个凸齿，传感线圈中就会产生一个周期性交变电动势，即电动势出现一次最大值和一次最小值，传感线圈也就相应的输出一个交变电压信号。磁感应式传感器的突出优点是不需要外加电源，永久磁铁起着将机械能变换为电能的作用，其磁能不会损失。当发动机转速变化时，转子凸齿转动的速度将发生变化，铁芯中的磁通变化率也将随之发生变化。转速越高，磁通变化率就越大，传感线圈中的感应电动势也就越高。转速不同时，磁通和感应电动势的变化情况如图 6-47 所示。

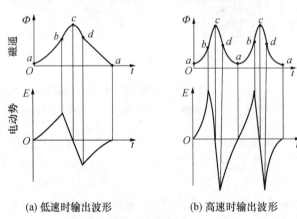

(a) 低速时输出波形　　(b) 高速时输出波形

图 6-47　传感线圈的磁通量 ϕ 和电动势 E 波形

由于转子凸齿与磁头间的气隙直接影响磁路的磁阻和传感线圈输出电压的高低，因此在使用中，转子凸齿与磁头间的气隙不能随意变动。气隙如有变化，必须按规定进行调整，气隙一般设计在 $0.2 \sim 0.4 \mathrm{~mm}$ 范围内。

曲轴角的检测就是根据由信号转子的转动而在信号线圈中产生交流信号的原理而进行的，通过在信号转子上设置的等间隔的凸起个数，从而求得产生一个脉冲信号曲轴转角的大小。如分电器旋转一周，即信号转子转一圈，曲轴转 2 圈（720°），信号转子一个凸起产生的个脉冲信号代表的曲轴转角为（720°/凸起数）。如丰田汽车的信号转子设置了 24

个凸起,则一个凸起产生的一个脉冲信号代表30°曲轴转角,因此1°曲轴转角即为1个脉冲信号的1/30部分。

(2) 磁感应式曲轴位置传感器的检测

以桑塔纳2000GSi型轿车磁感应式曲轴位置传感器为例。该磁感应式曲轴位置传感器安装在曲轴箱内靠近离合器一侧的缸体上,主要由信号发生器和信号转子组成,如图6-48所示。

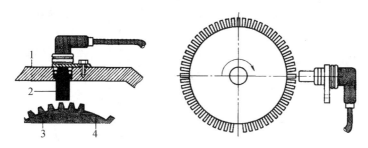

图6-48 桑塔纳2000GSi型轿车磁感应式曲轴位置传感器的结构
1—缸体;2—信号发生器;3—信号转子;4—大齿缺(基准信号标记)

信号发生器用螺钉固定在发动机缸体上,由永久磁铁、感应线圈和线束插头组成。传感线圈又称为信号线圈,永久磁铁上带有一个磁头,磁头正对安装在曲轴上的齿盘式信号转子,磁头与磁轭(导磁板)连接而构成导磁回路。

信号转子为齿盘式,在其圆周上均匀间隔地制作有58个凸齿、57个小齿缺和一个大齿缺。大齿缺输出基准信号,对应发动机汽缸1或汽缸4压缩上止点前一定角度。大齿缺所占的弧度相当于两个凸齿和三个小齿缺所占的弧度。因为信号转子随曲轴一同旋转,曲轴旋转一圈(360°),信号转子也旋转一圈(360°),所以信号转子圆周上的凸齿和齿缺所占的曲轴转角为36°,每个凸齿和小齿缺所占的曲轴转角均为3°($58 \times 3° + 57 \times 3° = 345°$),大齿缺所占的曲轴转角为15°($2 \times 3° + 3 \times 3° = 15°$)。

曲轴位置传感器工作情况:当曲轴位置传感器随曲轴旋转时,由磁感应式传感器工作原理可知,信号转子每转过一个凸齿,感应线圈中就会产生一个周期性交变电动势(即电动势出现一次最大值和一次最小值),线圈相应的输出一个交变电压信号。因为信号转子上设有一个产生基准信号的大齿缺,所以当大齿缺转过磁头时,信号电压所占的时间较长,即输出信号为一宽脉冲信号,该信号对应于汽缸1或汽缸4压缩上止点前一定角度。ECU接收到宽脉冲信号时,便可知道汽缸1或汽缸4上止点位置即将到来,至于即将到来的是汽缸1还是汽缸4,则需根据凸轮轴位置传感器输入的信号来确定。由于信号转子上有58个凸齿,因此信号转子每转一圈(发动机曲轴转一圈),传感线圈就会产生58个交变电压信号输入电子控制单元。

每当信号转子随发动机曲轴转动一圈,传感线圈就会向ECU输入58个脉冲信号。因此,ECU每接收到曲轴位置传感器58个信号,就可知道发动机曲轴旋转了一圈。如果在1 min内ECU接收到曲轴位置传感器116 000个信号,ECU便可计算出曲轴转速n为2 000($n = 116 000/58 = 2 000$)r/min;如果ECU每分钟接收到曲轴位置传感器290 000个信号,ECU便可计算出曲轴转速为5 000($n = 290 000/58 = 5 000$)r/min。依此类推,ECU根据每分钟接收曲轴位置传感器脉冲信号的数量,便能计算出发动机曲轴旋转的转速。发动机转速信号和负荷信号是电子控制系统最重要、最基本的控制信号,ECU 根据这两个信号就能计算出基本喷油提前角(时间)、基本点火提前角(时间)和点火导通角(点火线圈一次电流接通时间)3个基本控制参数。

桑塔纳 2000 GSi 型轿车磁感应式曲轴位置传感器信号转子上大齿缺产生的信号为基准信号,ECU 控制喷油时间和点火时间是以大齿缺产生的信号为基准进行控制的。当 ECU 接收到大齿缺产生的信号后,再根据小齿缺信号来控制点火时间、喷油时间和点火线圈一次电流接通时间(即导通角)。

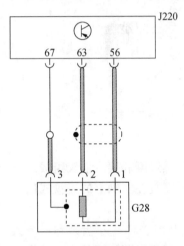

图 6-49 曲轴位置传感器与 ECU 之间的连接

对于此曲轴位置传感器的检测,仍主要测量各端子间的电阻、信号转子凸齿与磁头间的间隙等,检测方法如下。

① 曲轴位置传感器的电阻检查。关闭点火开关,拔下传感器连接器插头,按图 6-49 所示进行,检查传感器上 1 与 2 端子间的电阻,应为 $450 \sim 1000\ \Omega$,若电阻为无穷大,说明信号线圈存在断路,应更换传感器。检查传感器上 1 或 2 端子与屏蔽线端子 3 之间的电阻,阻值应为无穷大,如果电阻不是无穷大,则应更换传感器。

② 检查传感器与 ECU 之间的连接线束。分别检查 1 与 56 端子、2 与 63 端子、3 与 67 端子间的电阻值,应不超过 $1.5\ \Omega$。如果电阻为无穷大,说明存在导线断路或接触不良,需进行更换。

③ 信号转子与磁头间间隙的检查。用厚薄规片检查信号转子与磁头间的间隙,标准值为 $0.2 \sim 0.4\ \mathrm{mm}$。若不在此范围内,则需进行调整。

2. 霍尔式曲轴与凸轮轴位置传感器

(1) 霍尔效应原理

霍尔式曲轴与凸轮轴位置传感器及其他形式的霍尔式传感器都是根据霍尔效应制成的传感器。霍尔效应:霍尔效应(Hall Effect)是美国约翰·霍普金斯大学物理学家霍尔博士(Dr. E. H. Hall)于 1879 年首先发现的。他发现把一个通有电流 I 的长方体形白金导体垂直于磁力线放入磁感应强度为 B 的磁场中时(见图 6-50),在白金导体的两个横向侧面上就会产生一个垂直于电流方向和磁场方向的电压 U_H,当取消磁场时,电压立即消失。该电压后来称为霍尔电压,U_H 与通过白金导体的电流 I 和磁感应强度 B 成正比,即

$$U_H = \frac{K_H}{d} \cdot I \cdot B$$

其中　R_H——霍尔系数;
　　　d——基片厚度;
　　　I——控制电流;
　　　B——磁场强度。

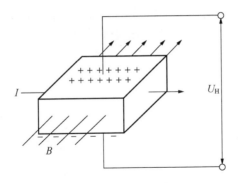

图 6-50　霍尔效应原理图

利用霍尔效应制成的元件称为霍尔元件，利用霍尔元件制成的传感器称为霍尔式传感器。利用霍尔效应不仅可以通过接通和切断磁场来检测电压，而且可以检测导线中流过的电流，因为导线周围的磁场强弱与流过导线的电流成正比关系。20 世纪 80 年代以来，汽车上应用的霍尔式传感器与日俱增，主要原因在于霍尔式传感器有两个突出优点：一是输出电压信号近似于方波信号；二是输出电压高低与被测物体的转速无关。霍尔式传感器与磁感应式传感器不同的是需要外加电源。

（2）霍尔式曲轴与凸轮轴位置传感器的基本结构

霍尔式传感器主要由触发叶轮、霍尔集成电路、导磁钢片（磁轭）与永久磁铁等组成。触发叶轮安装在转子轴上，叶轮上制有叶片（在霍尔式点火系统中，叶片数与发动机汽缸数相等）。其结构如图 6-51 所示，当触发叶轮随转子轴一同转动时，叶片便在霍尔集成电路与永久磁铁之间转动。霍尔集成电路由霍尔元件、放大电路、稳压电路、温度补偿电路、信号变换电路和输出电路等组成。

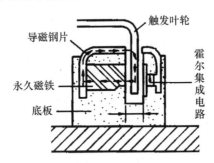

图 6-51　霍尔式曲轴与凸轮轴位置传感器的结构

（3）霍尔式曲轴与凸轮轴位置传感器工作原理

如图 6-52 所示，当传感器轴转动时，触发叶轮的叶片便从霍尔集成电路与永久磁铁之间的气隙中转过：当叶片离开气隙时，永久磁铁的磁通便经霍尔集成电路和导磁钢片构成回路，此时霍尔元件产生电压（$U_H = 1.9 \sim 2.0$ V），霍尔集成电路输出级的晶体管导通，传感器输出的信号电压 U_0 为低电平（实测表明：当电源电压 $U_{CC} = 14.4$ V 或 5 V 时，信号电压 $U_0 = 0.1 \sim 0.3$ V）。

当叶片进入气隙时，霍尔集成电路中的磁场被叶片旁路，霍尔电压 U_H 为零，集成电路输出级的晶体管截止，传感器输出的信号电压 U_0 为高电平（实测表明：当电源电压 $U_{CC}=14.4\,V$ 时，信号电压 $U_0=9.8\,V$；当电源电压 $U_{CC}=5\,V$ 时，信号电压 $U_0=4.8\,V$）。

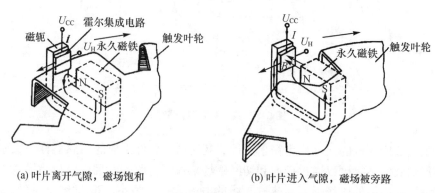

(a) 叶片离开气隙，磁场饱和　　(b) 叶片进入气隙，磁场被旁路

图 6-52　霍尔曲轴位置传感器工作原理

ECU 便根据输入的脉冲信号计算出曲轴的转角及活塞上止点位置，从而对发动机的点火和喷油时刻进行控制。现以上海大众公司桑塔纳 2000 GSi 型轿车的霍尔凸轮轴位置传感器为例对触发叶片式霍尔曲轴位置传感器的结构与原理做一个更加深刻的介绍。

桑塔纳 2000 GSi 型轿车采用的霍尔式凸轮轴位置传感器安装在发动机进气凸轮轴的一端，结构如图 6-53（a）所示。它主要由霍尔信号发生器和信号转子组成。信号转子又称为触发叶轮，安装在进气凸轮轴上，用定位螺栓和座圈定位固定。信号转子的隔板又称为叶片，在隔板上制有一个窗口，窗口对应产生的信号为低电平信号，隔板（叶片）对应产生的信号为高电平信号。霍尔式信号发生器主要由霍尔集成电路、永久磁铁和导磁钢片等组成。霍尔集成电路由霍尔元件、放大电路、稳压电路、温度补偿电路、信号变换电路和输出电路等组成。霍尔元件用硅半导体材料制成，与永久磁铁之间留有 $0.2\sim0.4\,mm$ 的间隙，当信号转子随进气凸轮轴一同转动时，隔板和窗口便从霍尔集成电路与永久磁铁之间的气隙中转过。

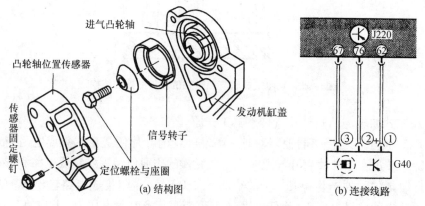

(a) 结构图　　(b) 连接线路

图 6-53　2000GSi 型轿车的霍尔凸轮轴位置传感器的结构示意图

该传感器接线插座上有三个引线端子,端子 1 为传感器电源正极端子,与控制单元端子 62 连接;端子 2 为传感器信号输出端子,与控制单元端子 76 连接;端子 3 为传感器电源负极端子,与控制单元端子 67 连接。

工作情况:由霍尔式传感器工作原理可知,当隔板(叶片)进入气隙(即在气隙内)时,霍尔元件不产生电压,传感器输出高电平(5 V)信号;当隔板(叶片)离开气隙(即窗口进入气隙)时,霍尔元件产生电压。传感器输出低电平信号(0.1 V)。凸轮轴位置传感器输出的信号电压与曲轴位置传感器输出的信号电压之间的关系如图 2-29 所示。发动机曲轴每转两圈(720°),霍尔式传感器信号转子就转过一圈(360°),对应产生一个低电平信号和一个高电平信号,其中低电平信号对应于汽缸 1 压缩上止点前一定角度。

发动机工作时,磁感应式曲轴位置传感器(CPS)和霍尔式凸轮轴位置传感器(CIS)产生的信号电压不断输入 ECU。当 ECU 同时接收到曲轴位置传感器大齿缺对应的低电平(15°)信号和凸轮轴位置传感器窗口对应的低电平信号时,便可识别出此时为汽缸 1 活塞处于压缩行程、汽缸 4 活塞处于排气行程,并根据曲轴位置传感器小齿缺对应输出的信号控制点火提前角。ECU 识别出汽缸 1 压缩上止点位置后,便可进行顺序喷油控制和各缸点火时刻控制。

如果发动机产生了爆燃,电子控制单元还能根据爆燃传感器输入的信号判别出哪一个缸产生了爆燃,从而减小点火提前角,以便消除爆燃。

(4)霍尔式曲轴与凸轮轴位置传感器的检测

可用万用表检测传感器电源电压和导线电阻进行判断与排除。

① 检测传感器电源电压。凸轮轴位置传感器接线插座上有 3 个引线端子,端子排列如图 6-53(b)所示。端子①为传感器电源正极端子,与 ECU 端子 62 连接;端子②为传感器信号输出端子,与 ECU 端子 76 接;端子③为传感器电源负极端子,与 ECU 端子 67 连接。

检测电源电压时,首先断开点火开关,拔下传感器线束插头,将万用表的正、负表笔分别连接插头上端子①与③;然后通点火开关,测得电压标准值应当高于 4.5 V。如电压为零,说明线束断路、短路或 ECU 有故障;再断开点火开关,继续检查导线是否短路或断路。

② 检测线束有无断路故障。在断开点火开关的情况下,拔下 ECU 线束插头,然后用万用表电阻挡分别检测传感器插头与 ECU 线束插头上端子①与 62、端子②与 76、端子③与 67 之间的阻值,标准阻值应不大于 1.5 Ω。如阻值过大或为无穷大,说明线束与端子接触不良或导线断路,应予修理或更换线束。

③ 检测线束有无短路故障。将万用表拨到电阻挡,检测传感器线束插头上端子①与 ECU 线束插头上端子 76 和 67 之间的阻值,标准阻值应为无穷大。如阻值不是无穷大,说明线束导线短路,应予检修或更换线束。

如果线束导线无短路或断路故障,且传感器电源电压正常(高于 4.5 V),说明霍尔式凸轮轴位置传感器故障,应予更换传感器。

如线束导线无短路或断路故障,但传感器电源电压为零,说明 ECU 故障,需要更换 ECU。

3. 光电式曲轴位置传感器

(1) 光电式曲轴位置传感器的结构与原理

光电式曲轴位置传感器一般安装在分电器内（无分电器则一般安装在凸轮轴左前部），如图 6-54 所示，由带缝隙、光孔的信号盘和信号发生器组成。

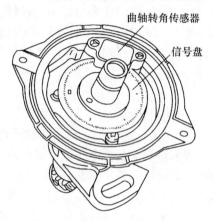

图 6-54 光电式曲轴位置传感器的安装位置

信号盘安装在分电器轴上，和分电器轴随曲轴一起转动，其结构如图 6-55 所示。它的外围均布有 360 条缝隙（即透光孔），用于产生 1°信号（产生的原因在以下段落中介绍其原理时具体介绍）。对于 6 缸发动机，在信号盘外围稍靠内的圆上，均匀分布着 6 个间隔 60°的透光孔，分别产生 120°曲轴转角信号，其中有一个较宽的光孔是用于产生第 1 缸上止点对应的 120°信号缝隙。

信号发生器安装在分电器壳体上，它由两只发光二极管、两只光电二极管和电子电路组成，如图 6-56 所示。两只发光二极管分别正对着两只光电二极管，信号盘在发光二极管和光电二极管之间。

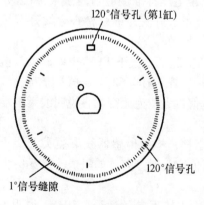

图 6-55 信号盘的结构

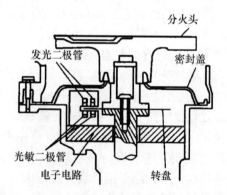

图 6-56 信号发生器的结构

光电式曲轴位置传感器是利用发动机曲轴运转带动分电器轴和信号盘转动，使发光二极管发出的光线通过信号盘上（边缘刻有小孔），产生交替变化的透光和遮光，从而使光电二极管导通与截止产生脉冲电压信号的原理制成的。

如图 6-57 所示，当信号发生器中的发光二极管的光束通过信号盘的小孔照射到与对面其正对的光电二极管上时，光电二极管感光导通产生电压信号；当发光二极管的光束被信号盘遮挡时，光电二极管截止，产生的电压为零。电于信号盘边缘刻有 360 个小孔，因此，信号盘每旋转一圈将产生 360 个脉冲电压信号，其中一个脉冲信号代表曲轴 2°角转角（分电器转一周曲轴转 2 周即曲轴转 720°），其中一个脉冲信号又由一个高电压信号（光电二极管导通时产生的）和一个零电压信号（光电二极管截止时产生的）组成，因此它们便分别代表曲轴 1°转角。120°转角产生的原理相同，由小孔里面的 6 个光孔产生，产生的信号表示活塞位于上止点位置时的曲轴位置。将光电二极管产生的脉冲电压信号经电子电路放大后，便向 ECU 输入曲轴转角的 1°信号和 120°信号。由于信号发生器安装位置的关系，120°信号并不是指活塞上止点时曲轴位置，而是在活塞上止点前 70°曲轴位置。

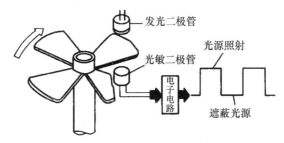

图 6-57 光电式信号发生器的工作原理

(2) 光电式曲轴位置传感器的检测方法

以日产千里马轿车的曲轴位置传感器为例对曲轴位置传感器的检测方法进行介绍。日产千里马轿车曲轴位置传感器与 ECU 的连接电路如图 6-58 所示。其检测方法如下所示。

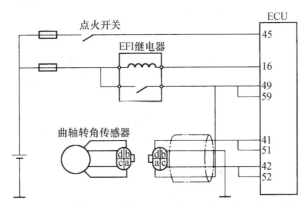

图 6-58 日产千里马轿车曲轴位置传感器与 ECU 的连接电路

① 检查电源。接通点火开关，测量端子 a 与地线之间的电压，正常时应为蓄电池电压。如电压正常，应进一步检查输入信号。

② 检查 ECU 与传感器之间的导线。关闭点火开关，拔下传感器接线器，拆下 ECU、SMJ 接线器，检查 ECU 接线器 49 号、59 号端子与端子 a 之间是否导通，正常时应导通，即所测阻值小于 1.5 Ω。

③ 检查输入信号。启动发动机,用万用表或示波器检查 ECU 端子 41、51（120°信号端子）及端子 42、52（1°信号端子）的信号。正常时应有脉冲信号,如无脉冲信号或脉冲信号缺损,则需更换传感器。

④ 检查 ECU 与传感器之间的导线和接线器。发动机熄火,拆下传感器和 ECU、SMJ 的接线器,检查 ECU 接线器端子 41、51 与端子 b,端子 42、52 与端子 c 间是否导通,正常时应导通。如导通正常,则应继续检查曲轴位置传感器,如不通,应修理或更换配线或接线器。

⑤ 检查搭铁回路。停止发动机运转,断开传感器和 ECU、SMJ 的连接器,检测 d 端子与搭铁间是否导通,正常时应导通,如不通,则应检测配线或接线器。

6.5.2 节气门位置传感器

各型汽车的节气门位置传感器 TPS（Throttle Position Sensor）都安装在节气门体上节气门轴的一端,其功用是将节气门开度（即发动机负荷）大小转变为电信号输入 ECU,ECU 根据节气门位置信号判别发动机的工况,如怠速工况、部分负荷工况、大负荷工况等,并根据发动机不同工况对混合气浓度的需求来控制喷油时间。在装备有电控自动变速器的汽车上,TPS 信号除输入发动机 ECU 之外,还要输入变速器电控单元（ECT ECU）,作为确定变速器换挡时机和变矩器锁止时机的主要信号之一。

节气门位置传感器按总体结构分为触点开关式、可变电阻式、触点与可变电阻组合式 3 种。桑塔纳 2000 GLi 型轿车采用的有触点开关式和可变电阻式两种,夏利 2000 型、捷达 AT、GTX 型、桑塔纳 2000 GSi 型、红旗 CA7220E 型轿车和切诺基吉普车采用可变电阻式。按节气门位置传感器输出信号的类型可分为线性（量）输出型和开关（量）输出型两类。

1. 触点开关式节气门位置传感器

（1）触点开关式 TPS 结构特点

触点开关式节气门位置传感器 TPS 的结构如图 6-59 所示,主要由节气门轴、大负荷触点（又称为功率触点 PSW）、凸轮、怠速触点（IDL）和接线插座组成。凸轮随节气门轴转动,节气门轴随油门开度大小而转动。

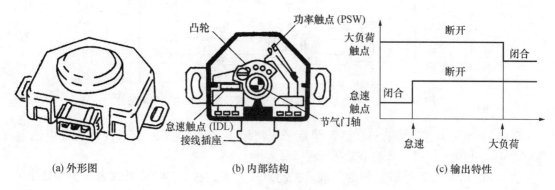

图 6-59 触点开关式 TPS 的结构

(2) 触点开关式 TPS 输出特性

触点开关式节气门位置传感器的输出特性如图 6-59 所示。当节气门关闭时,怠速触点 IDL 闭合、功率触点 PSW 断开,怠速触点 IDL 输出端子输出的信号为低电平 "0",功率触点 PSW 输出端子输出的信号为高电平 "1"。ECU 接收到 TPS 输入的这两个信号时,如果车速传感器输入 ECU 的信号表示车速为零,那么 ECU 判定发动机处于怠速状态,并控制喷油器增加喷油量,保证发动机怠速转速稳定而不致熄火。如果此时车速传感器输入 ECU 的信号表示车速不为零,那么 ECU 判定发动机处于减速状态,并控制喷油器停止喷油,以降低排放和提高经济性。

当节气门开度增大时,凸轮随节气门轴转动并将怠速触点 IDL 顶开,功率触点 PSW 保持断开状态,IDL 端子输出高电平 "1",PSW 端子输出也为高电平 "1"。ECU 接收到两个高电平信号时,便可判定发动机处于部分负荷状态,此时 ECU 根据空气流量传感器信号和曲轴转速信号计算确定喷油量,主要保证发动机的经济性和排放性能。

当节气门接近全部开启(80% 以上负荷)时,凸轮转动使功率触点 PSW 闭合,PSW 端子输出低电平 "0",IDL 端子保持断开而输出为高电平 "1"。ECU 接收到这两个信号时,便可判定发动机处于大负荷运行状态,从而控制喷油器增加喷油量,保证发动机输出足够的动力,故将大负荷触点称为功率触点。

当节气门全开时,ECU 将控制系统进入开环控制模式,此时不采用氧传感器信号。如果此时汽车空调器在工作,那么 ECU 将中断空调主继电器信号约 15 s,以便切断空调电磁离合器线圈电流,使空调压缩机停止工作,增大发动机输出功率,提高汽车的动力性。

(3) 触点开关式节气门位置传感器的检测方法

现以丰田轿车的触点开关式节气门位置传感器为例对此类型传感器的检测方法进行介绍。丰田轿车触点开关式节气门位置传感器与 ECU 的连接电路如图 6-60 所示。

① 检测电源电压。触点开关式节气门位置传感器的电源电压检测如图 6-61 所示。检测时应拔下传感器插头,用万用表电压挡测量线束插接器中可动触点(TL 端子)的电源电压,应为 12 V,否则应检查线路是否断路。

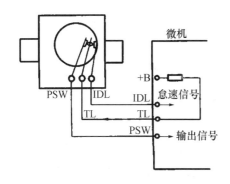

图 6-60 丰田轿车的节气门位置传感器与 ECU 的连接电路

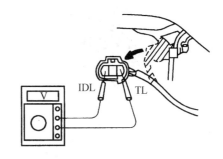

图 6-61 传感器电源电压的检测

② 检测输出信号电压。检测时，传感器应正常连接，接通点火开关，输出的信号电压应为高电平或低电平，并且随节气门轴的转动而交替变化（由低电平"0"变为高电平"1"或由高电平"1"变为低电平"0"）。

③ 检测端子电阻。

a. 检查怠速端子电阻。如图6-62所示，拔下传感器接线插头，用万用表的电阻挡测量怠速端子（IDL）与可动端子（TL）之间的电阻，其电阻值应为0Ω。转动节气门轴约40°，其电阻值应为∞。

b. 检测功率端子电阻。如图6-63所示，拔下传感器接线插头，用万用表的电阻挡测量传感器的功率端子（PSW）与可动端子（TL）之间的电阻值，其电阻值应为∞；转动节气门轴约55°，电阻值应为0Ω。

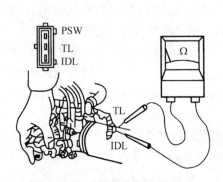
图6-62 传感器端子电阻的检测

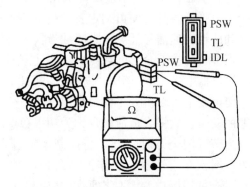
图6-63 传感器功率端子电阻的检测

2. 可变电阻式节气门位置传感器

(1) 可变电阻式节气门位置传感器结构和原理

可变电阻式节气门位置传感器的结构原理与输出特性如图6-64所示，主要由可变电阻、节气门轴和壳体组成。可变电阻为镀膜电阻，制作在传感器底板上，可变电阻的滑臂随节气门轴一同转动，滑臂与输出端子连接。

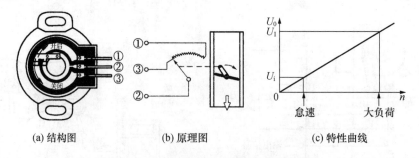

(a) 结构图　　(b) 原理图　　(c) 特性曲线

图6-64 可变电阻式TPS的结构原理与特性
①—电源电压；②—信号输出端子；③—搭铁端子

当节气门开度变化时，滑臂便随节气门轴转动，滑臂上的触点便在镀膜电阻上滑动，传感器的输出端子②与③之间的信号电压随之发生变化，输出特性如图6-64（c）所示。

传感器输出曲线性信号经过 A/D 转换器转换成数字信号后再输入 ECU。

当节气门关闭时,传感器输出电压 $U_0 < U_i$(U_i 为怠速时的输出电压),经 A/D 转换器转换并输入 ECU 后,ECU 将判定发动机处于怠速状态。

当节气门部分开启时,传感器输出电压 $U_i < U_0 < U_1$(U_1 为大负荷时的输出电压),经 A/D 转换器转换并输入 ECU 后,ECU 将判定发动机处于相应的部分负荷状态。

当节气门接近全部开启(80%以上负荷)时,传感器输出电压 $U_0 > U_1$,经 A/D 转换器转换并输入 ECU 后,ECU 将判定发动机处于大负荷状态,从而控制喷油器增加喷油量,保证发动机的动力性。

当节气门全开时,ECU 将控制系统进入开环控制模式,此时不采用氧传感器信号。如果此时汽车空调器在工作,那么 ECU 将中断空调主继电器信号约 15s,以便切断空调电磁离合器线圈电流,使空调压缩机停止工作,增大发动机输出功率,提高汽车的动力性。

(2)可变电阻式节气门位置传感器的检测

可变电阻式节气门位置传感器的常见故障一般为怠速触头或电位计可动触头接触不良,或电位计电阻值不够准确,从而使 ECU 不能接收到怠速信号或接收到的节气门开度信号不准及节气门开度信号时断时通等,进而造成发动机怠速不稳或无怠速、加速性能不良、加速性能时好时坏。

现以桑塔纳 2000 GSi 的可变电阻式节气门位置传感器为例对此类型传感器的检测方法进行介绍。其原理图如图 6-65(a)所示,与 ECU 的连接如图 6-65(b)所示。

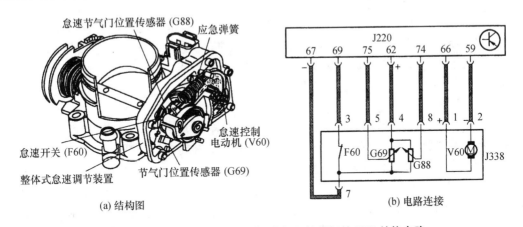

图 6-65 桑塔纳 2000 GSi 型轿车节气门控制组件 J338 结构电路
1—电动机正极端子;2—电动机负极端子;3—怠速开关信号输出端子;4—节气门位置传感器 G69 和怠速节气门位置传感器 G69 电源端子;5—节气门位置传感器 G69 信号端子;6—备用端子
7—搭铁端子;8—怠速节气门位置传感器 G88 信号端子

节气门位置传感器 G69 和怠速节气门位置传感器 G88 都起着节气门位置传感器的作用。怠速控制电机 V60 起着控制怠速的作用,能适当开大或关小节气门开度,所以桑塔纳 2000 GSi 型轿车没有配置怠速控制阀。

怠速开关、怠速节气门位置传感器以及节气门位置传感器的功用是向 ECU J220 提供节气门当前位置信息。在怠速范围内，ECU J220 根据这些信息通过控制怠速电动机来调节怠速时的节气门开度。

① 节气门位置传感器 G69。节气门位置传感器 G69 直接连接在节气门轴上，与驾驶员操纵的加速踏板联动。通过安装在节气门轴一端的滑臂在电位计电阻上滑动，将节气门开度转换为电信号输送给 ECU，在发动机工作转速范围内，向 ECU 提供当时的节气门位置信号，作为 ECU 判断发动机运转工况的依据。在配装自动变速器的汽车上，ECU 还要利用这个信号来控制自动变速器。如果 ECU 没有接收到节气门电位计传输的信号，那么 ECU 将根据发动机转速信号和空气流量传感器信号计算确定一个替代值。

② 节气门怠速位置传感器 G88。怠速节气门电位计（节气门怠速位置传感器）G88 安装在节气门体内，与怠速控制电机连接在一起，可将节气门的开度、怠速控制电机的位置信号输送给 ECU，当怠速节气门怠速位置传感器到达调节范围极限时，电位计 G88 不再移动，仍可继续开启。当怠速节气门怠速位置传感器的信号中断时，节气门控制组件将利用应急弹簧进入应急状态工作，将节气门拉开到固定位置，怠速转速升高。

③ 怠速开关 F60。怠速开关 F60 与节气门位置传感器 G69 一起安装在节气门轴上，向 ECU 提供怠速状态信息。当节气门关闭时，怠速开关触点闭合，ECU 判定发动机处于怠速状态，从而按怠速工况要求控制喷油量；当节气门打开时，怠速开关触点断开，ECU 根据这一信号控制从怠速到小负荷的过渡工况的喷油量。怠速开关信号还可作为 ECU 判断是否进行怠速自动控制和急减速断油控制的依据。当怠速开关信号中断时，ECU 将把节气门位置传感器 G69 的信号与节气门怠速位置传感器 G88 的信号进行比较，根据两个电位计的相互位置来判别出节气门的怠速位置。

④ 怠速控制电机 V60。怠速控制电机 V60 在怠速调节范围内通过齿轮传动机构来操纵节气门，使其开度增大或减小。当发动机怠速工作时，怠速节气门位置传感器 G88 将其阻值变化转换为电信号输入 ECU J220，J220 接收到该信号后，根据信号电压高低确定节气门的位置，再控制怠速控制电机 V60，通过怠速电机 V60 微量调节节气门开度来调节发动机的怠速转速。

当怠速控制电机发生故障或 ECU 对怠速电机的控制失灵时，应急弹簧将把节气门拉到一个特定的应急位置，使怠速处于应急状态运转，怠速转速将升高。

⑤ 节气门位置传感器的检测方法。

a. 检测节气门位置传感器的信号输出电压。将万用表的正极插入节气门位置传感器的信号线内，即 5 号端子内，将万用表的负表笔搭铁，打开点火开关观察万用表的电压值大小，应在 0.3～0.8 V 之间，慢慢踩下加速踏板，观察万用表的电压变化值，应随着节气门开度的增大线性变化，在全开达到 4 V。

b. 检测节气门位置传感器的电源电压。关闭点火开关，拆下控制单元（J220）的连接插头；打开点火开关，用万用表电压挡测量控制单元连接插头的 62 号端子与 67 号端子（搭铁）之间的电压，应为 5 V。

c. 检测节气门位置传感器线束的导通性。关闭点火开关，拆下控制单元（J220）的连接插头，拆下节气门控制组件的 8 芯插头。用万用表电阻挡测量 J220 连接插头的 62、67、75 各端子分别与节气门控制组件 8 芯插头上 4、7、5 端子之间的电阻值，应小于 0.5 Ω。

d. 检测节气门位置传感器的电阻值。关闭点火开关，拆下节气门控制组件（J338）的8芯插头。慢慢踩下加速踏板，用万用表电阻挡测量8芯插头的4、7两端子之间的电阻值，应为0.70Ω左右且保持不变；用万用表测量5、7两端子之间的电阻值，在节气门全闭时应为1.60Ω，在全开时应为0.95Ω，测量4、7两端子间的电阻值，在全闭时应为0.90Ω，在全开时应为1.73Ω。

e. 测量急速触点开关的电源电压。关闭点火开关，拔下节气门控制器的8芯插头，用万用表测量8芯插头中3号端子与7号端子之间的电压，急速开关的电源电压应大于9V。

f. 测量急速开关的电阻值。关闭点火开关，拔下节气门控制器的8芯插头，将万用表置于电阻挡，两表笔分别与节气门控制器的3、7号端子连接，慢慢踩下加速踏板，观察电阻值的变化情况，在节气门全闭时电阻值应小于1.0Ω，在节气门打开时电阻值应为∞。

6.5.3 液位传感器

汽车上使用的液位传感器分为模拟量输出型和开关型两种。模拟输出型液位传感器主要用于检测燃油箱油量，可以分为浮子式、热敏式、电容式等；开关输出型液位传感器主要用于测量制动液液位、清洗液位、冷却水液位，可分为热敏电阻式、浮子式等。

1. 浮子可变电阻式液位传感器的结构与原理

（1）浮子可变电阻式液位传感器的结构原理

浮子可变电阻式液位传感器的结构如图6-66所示。浮子可变电阻式液位传感器由浮子，内装滑动电阻的电位器以及连接浮子和电位器的浮子臂组成。这种液位传感器的浮子可以随液位上、下移动，通过浮子的移动带动与其相连的浮子臂在滑动电阻上滑动，从而改变搭铁与浮子间的电阻值，即改变回路的电阻值。利用这一特性控制回路中的电流大小，并在仪表上显示出来，表示液位高低。

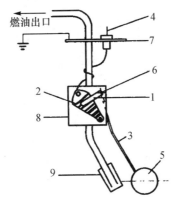

图6-66 浮子可变电阻式液位传感器的结构
1—滑动臂；2—滑动电阻；3—浮子臂；4—接线柱；5—浮子；6—支点
7—固定板；8—电位器；9—燃油滤清器

汽车汽油油量表中使用的浮子可变电阻式液位传感器如图6-67所示。从图6-67中可知，仪表与浮子可变电阻式液位传感器串联，当油箱满时，浮子升到最高位置，滑动臂滑向低电阻方向,此时通过回路中的电流增大,使双金属片弯曲增大,指针指向 F 侧;当油箱内油量较少时,浮子降到较低的位置,滑动臂滑向高电阻方向,汽油表电路中的电流减小,仪表内双金属片稍有弯曲,指针指向 E 侧。

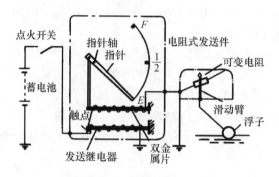

图 6-67　浮子可变电阻式液位传感器的检测传感器在汽油表中的应用

(2) 浮子可变电阻式液位传感器的检测方法

浮子可变电阻式液位传感器的检测方法如图 6-68 所示。用万用表测定浮子在不同位置时,F 与 E 两点的电阻,即传感器连接器插头 1、3 端子间的电阻。当 E 处电阻值大于 F 处电阻值,而且从 E 到 F 的变化过程中电阻值连续变化时,说明传感器性能良好。

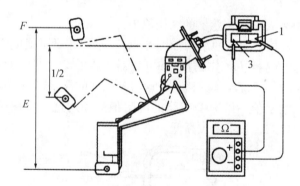

图 6-68　浮子可变电阻式液位传感器的检测

2. 热敏电阻式液位传感器

① 热敏电阻式液位传感器的结构与工作原理。热敏电阻式液位传感器利用负温度系数的热敏电阻制成,它一般用在燃油报警系统的回路中,如图 6-69 所示。当关闭点火开关时,回路接通,热敏电阻上有电流通过,在电流的作用下,热敏电阻本身会发热。当汽油液面较高时,由于热敏电阻置于汽油中,因此其热量易散发,所以热敏电阻的温度不会升高;反之,当汽油量减少时,热敏电阻会慢慢暴露在空气中,其热量难以散发,因此热敏电阻的阻值会降低(它是负温度系数的热敏电阻)。当热敏电阻的阻值下降到一定值时,线路中流过的电流增大到可以使继电器触点闭合,从而使低油面报警灯发亮报警。根据指示灯的亮、灭就可以知道汽油量的多少。

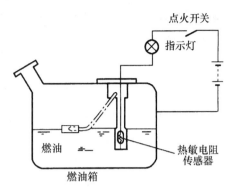

图 6-69　热敏电阻式燃油报警回路

② 热敏电阻式液位传感器的检测方法。热敏电阻式液位传感器的检测方法如下所示：从上至下改变浮筒位置，检测燃油端子与搭铁端子间的电阻，其电阻值应符合标准规定值。

③ 从燃油表上拔下连接插头，打开点火开关，把报警灯一端搭铁，这时指示灯应点亮。

④ 取出燃油油量表的外壳，然后在报警端与搭铁端连接一个 12 V、3 W 的小灯泡作报警灯，当接上蓄电池时，如图 6-70（a）所示，报警灯应当亮。当将液位传感器放入水中时，如图 6-70（b）所示，报警灯应该熄灭。

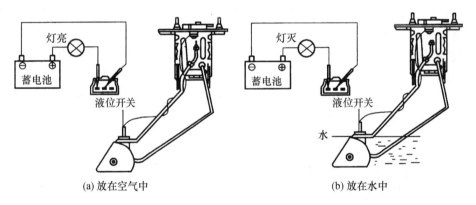

(a) 放在空气中　　　　　　　　　　(b) 放在水中

图 6-70　热敏电阻式液位传感器的检测

6.5.4　光电式车高传感器

车高传感器一般安装在左右前轮胎的挡泥板上或后桥的中部，用以将车身高度的变化（悬架的位移变形量）转变成传感器轴的转角的变化，并检测出此轴的旋转角度，把它转变成电信号输入 ECU。ECU 根据输入的车身高度变化的电信号和汽车载荷的大小，通过执行元件，对车身高度进行调节，保持车身高度基本不随载荷的变化而变化，同时还可以在汽车起步、转向、制动，以及前、后、左、右车轮载荷相应变化时，调整车轮悬架的刚度，提高汽车抗俯仰、抗侧倾的能力，维持车身高度基本不变。常见的车身高度传感器有簧片开关式、霍尔集成电路式及光电式,其中以光电式应用最为广泛,现以其为例进行介绍。

1. 光电式车高传感器的结构与原理

(1) 光电式车高传感器的结构

光电式车高传感器的结构与外形如图 6-71 所示。主要由传感器轴、光电元件及遮光板组成。

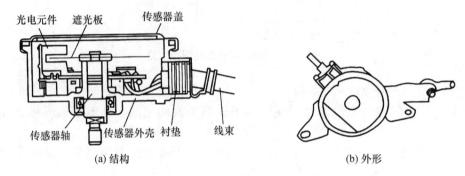

图 6-71　光电式车高传感器的结构与外形

(2) 光电式车高传感器的工作原理

光电式车高传感器的工作原理如图 6-72 所示。传感器的光电元件由发光二极管和光电三极管组成,且分布在带孔的遮光板的两侧;车身高度变化时,悬架的位移发生变化,与悬架连在一起的拉紧螺栓移动,从而带动连杆和传感器轴转动,传感器轴的转动带动遮光板的转动,使发光二极管和光电三极管之间时而透光,时而被遮光板挡住,从而使光电三极管导通与截止,进而使电路接通(ON)或断开(OFF)。传感器将这种电路的通断信号(即 ON、OFF 信号)输入给悬架 ECU,ECU 根据输入的信号检测出遮光板的转动角度,即检测出车身高度的变化。车身高度传感器的电路如图 6-73 所示。

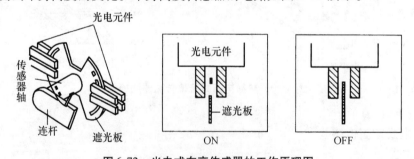

图 6-72　光电式车高传感器的工作原理图

ECU 利用 4 组光电元件进行 ON、OFF 的组合,就可以把车身高度的变化范围分为 0～15 共 16 个区域进行检测,如图 6-74 所示。ECU 根据一定的时间间隔检测一次车高传感器输出的信号,并对一定时间内各区域所占的百分比做出判断,以此决定是否对车高进行调整。当百分比超过规定值时,即开始进行调整。对于空气悬架系统,则控制空气压缩机和排气阀的开启,以增加或减少空气悬架主气室中的空气量,来保持车身高度为一定值。图

6-75 所示为车高调整装置的控制原理图。因为减振器在行车过程中因道路不平而振动，车身所处的区域很难判定，所以悬架 ECU 每隔 10 ms 就检测一次车身高度传感器输出的信号，在需要调整时及时进行车身高度的调整。

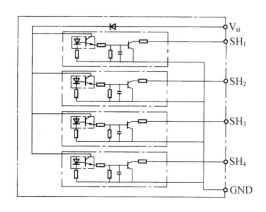

图 6-73　车高传感器的电路

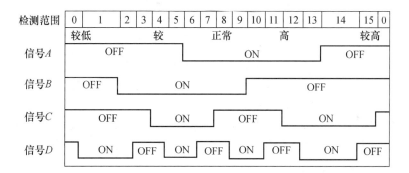

图 6-74　传感器的光电元件进行不同组合时的车身高度区域范围

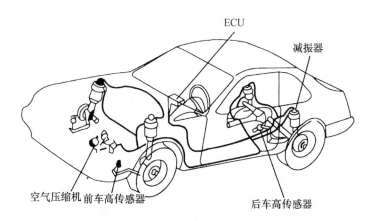

图 6-75　车高调整装置的控制原理图

2. 光电式车高传感器的检测方法

现以三菱车为例对车高传感器的检测方法进行介绍。三菱轿车前车高传感器的电路如图 6-76 所示。

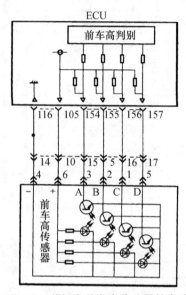

图 6-76　三菱轿车前车高传感器的电路图

（1）就车检测传感器的端子间电压值

当车高传感器的连接器处于连接状态时，在 ECU 的连接器部位测出 ECU 的电压，以判定出传感器是否良好。在图 6-76 中，105 端子是传感器的电源端子，当 ECU 工作时，该端子若能显示 4～8 V 则为良好。154～157 端子是车高信号端子，当传感器内的光电元件接通（ON）时，该信号电压应为 0 V，当光电元件处于断开（OFF）时，该信号电压若能显示 4～8 V，则传感器为良好。116 端子是处于接地状态，平时应为 0 V。

（2）单体检测传感器端子电压值

对车高传感器的单体检测就是把车高传感器单体与车辆侧电线束连接起来，点火开关处于接通（ON）时，旋转传感器的环形板，在不同位置测量各端子间的电压，其电压值应符合规定值（图 6-77 所示为前车高传感器连杆的位置）。

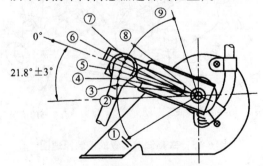

图 6-77　前车高传感器连杆的位置

6.5.5 超声波距离传感器

所谓超声波，通常指人的耳朵无法听到的高频声波。超声波距离传感器的主要功用是车辆后退时，利用超声波检测车辆后方的障碍物，并利用指示灯及蜂鸣器等把车辆到障碍物的距离及位置等通知驾驶人员，起到确保安全的作用。

超声波距离传感器采用的是压电元件锆钛化铝，一般称为 PZT。其结构如图 6-78 所示。这种传感器的特点在于它具有方向性，传感器用蜂鸣器的纸盆为椭圆形，其目的就是传感器的水平方向特性宽，而垂直方向受到限制。

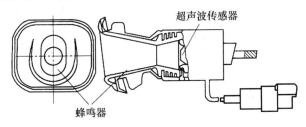

图 6-78　超声波距离传感器的结构

超声波距离传感器的工作原理犹如有人对着大山呼喊所产生的回声，利用这种现象制成汽车所用的倒车声纳系统，如图 6-79 所示，主要由反射传感器、接收传感器、ECU 及显示装置组成。

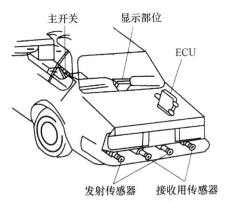

图 6-79　倒车声纳装置的组成

障碍物的位置和显示器的关系如图 6-80 所示。其中 T_1、T_2 为倒车声纳系统的发射头，R_1、R_2 为接收头。发射头以 15 次/秒的频率向后发射 40 kHz 的超声波脉冲，如果车后有障碍物，则超声波被反射到接收头，根据超声波的往返时间，可以确定障碍物到汽车的距离。距离的表示用蜂鸣器声音告知，并用显示器亮灯表示，不同的距离采用不同的报警方式，从而可用不同的声响区别不同的距离范围。当距离为 1～2 m 时，发出"嘟嘟"两声短音；当距离为 0.5～1 m 时，发出"嘟嘟嘟"三声短音。当距离为 0.5 m 以内时，发出"嘟"一声长音。而障碍物的位置是根据不同传感器发射头与接收头的组合而获得的，在倒车时，微机控制左方发射头 T_1 与右方接收头 R_1 工作，覆盖左后方区域；用 T_2 和 R_1 覆盖正后方区域；用 T_2 和 R_2 覆盖右后方区域。这样，不同的组合巡回检测，即可确定障碍物在汽车后左、中或右的位置。

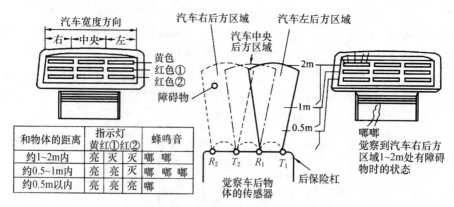

图 6-80 障碍物的位置和显示器的关系

6.6 温度传感器的结构、原理与检测

6.6.1 概述

温度传感器在工业自动化上有着广泛的用途，常用的温度传感器有热电阻式、热电耦式、热敏铁氧体式、晶体管型、集成型 5 种。

热电阻式温度传感器是根据热电阻效应制成的传感器，热电阻效应是指物质的电阻率随其本身温度的变化而变化。热电阻按材料分为金属热电阻和半导体热敏电阻。

若以金属元件作为检测元件来制作传感器，则要求材料的电阻温度系数、物理化学性能稳定且其自身的电阻率较大，这样就使得铂和铜电阻成为较理想的、常用的热电阻材料。其中铂在很宽的温度范围内都能保持良好的特性，因此得到了广泛的应用，比如汽车热线式和热膜式空气流量计的发热元件就是铂金属。但铂金属是贵重金属，当测量精度要求不高，温度范围 -50~150℃，普遍采用铜电阻。

随着科学技术的发展，近年来对于低温和超低温测量提出了迫切要求，开始出现了一些较新颖的热电阻，如铟电阻、锰电阻等。其中，铟电阻是一种高精度低温热电阻，在 4.2~15 K 温度内其灵敏度比铂高 10 倍，故可用于铂不能使用的低温范围，其缺点是材料很软，复制性很差。锰电阻的特点是在低温范围内，电阻随温度变化很大，灵敏度高；在低温度范围内，电阻率随温度平方变化，缺点是脆性大，难以控制成丝。

利用半导体材料的电阻率随环境温度变化的性质制成的温度敏感元件称为半导体热敏电阻。因其有温度系数大，形小体轻，热惯性小，结构简单等优点，故受到人们的重视。在工作范围内，按半导体与温度的特性关系可分为 3 种类型：第一种是负温度系数热敏电阻（NTC），其电阻值随温度升高而减小；第二种是正温度系数热敏电阻（PTC），其电阻值随温度升高而按指数函数增加；第三种是临界温度系数热敏电阻（CRT），其电阻值随温度升高而按指数函数减小，如图 6-81 所示。

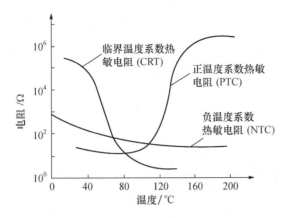

图 6-81 热敏电阻的温度特性

热电耦式温度传感器是根据热电效应（温差电动势效应）制成的，即将两个不同材料的金属黏合在一起，如图 6-82 所示，在 A、B 间产生温度差 ΔT_{AB} 时，两点间会出现一个电位差 ΔU_{AB}，即 A、B 两点间的电位差仅仅取决于其温度差的大小，测量时，将其中的一端置于恒温箱中，另一端置于被测物中，被测物温度变化时，ΔU_{AB} 也将发生变化，这样 ΔU_{AB} 的变化实际上就是被测物温度变化的反映。

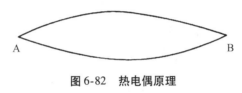

图 6-82 热电偶原理

热敏铁氧体式温度传感器实际上是一种开关式传感器，即制成热敏铁氧体式温度传感器的材料具有强磁性，此材料的环境温度超过某一温度时，其磁性急剧变化，从而形成不同的磁场，使传感器的舌簧开关导通或断开，进而形成电路的通断。

目前在汽车上应用的主要有热电阻式中的热敏电阻式温度传感器、热电耦式温度传感器、热敏铁氧体式温度传感器，其中又以热敏电阻式温度传感器应用最为广泛，如安装在冷却液道上的冷却液温度传感器、仪表板上的冷却液温度表传感器、安装在风窗玻璃底下及前保险杠内的车内外空气温度传感器、安装在空气流量计内或滤清器内或进气歧管或进气导管内的进气温度传感器、安装在空调蒸发器片上的蒸发器出口温度传感器、安装在三元催化转化器上的排气温度传感器、安装在 EGR 进气道上的 EGR 检测温度传感器、安装在变速器液压阀体上的变速器油液温度传感器等；热电耦式温度传感器由于热电位差不高，在汽车上应用较少，主要用于排气系统中排气温度的确定。热敏铁氧体式温度传感器在汽车上主要用于控制散热器的冷却风扇。

6.6.2 热敏电阻式温度传感器

热敏电阻是利用陶瓷半导体材料的电阻值随温度变化而变化的特性制成的，其突出优点是灵敏度高、响应特性好、结构简单、成本低廉。汽车上的冷却液温度传感器和进气温度传感器、水温表传感器、车内外空气温度传感器等普遍采用 NTC 热敏电阻。它们的工作原理和检测方法基本相同,下面就以冷却液温度传感器为例介绍。

1. 冷却液温度传感器结构

一般安装在发动机缸体、缸盖的水套及出水管等处冷却液温度传感器结构如图所示,有两端子式和单端子式两种,主要由热敏电阻、金属引线、接线插座和壳体组成,如图6-83所示。

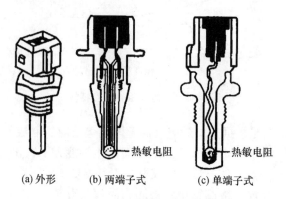

(a) 外形　　(b) 两端子式　　(c) 单端子式

图 6-83　冷却液温度传感器结构

2. 冷却液温度传感器的工作原理

电控发动机冷却液温度传感器采用一个负温度系数的热敏电阻。当冷却液温度升高时,传感器的电阻值随之减小;反之,当冷却液温度降低时,传感器的电阻值增大。这样,传感器不仅能够感知冷却液温度的变化,而且能将发动机冷却液温度的变化转换成电信号输送给ECU,从而进行喷油量、点火正时及怠速转速等参数的修正,调整空燃比,使发动机内的混合气能稳定燃烧。在发动机为冷机时,如不能发出冷机状态信号,则空燃比变得稀薄,发动机处在不正常状态。反之,当发动机处于暖机状态时,若发出冷机状态信号,空燃比过浓,发动机仍处在不正常状态。

冷却液温度传感器接头有两端子与 ECU 连接,其中一条是信号线,对应的端子用符号 THW 表示,输出电压随热敏电阻值的变化而变化,ECU 根据电压的变化测得发动机的水温;另一根是地线,对应的端子用符号 E_2 表示。冷却液温度传感器的特性如图 6-84 所示。

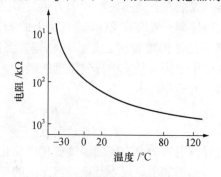

图 6-84　冷却液温度传感器的特性

3. 冷却液温度传感器的检测

以桑塔纳 2000 GSi 型轿车 AJR 型发动机冷却液温度传感器为例，它是一个负温度系数的热敏电阻，其连接电路图如图 6-85 所示。若冷却液温度传感器出现故障，发动机会出现冷车或热车启动困难，油耗增加，排放超标。

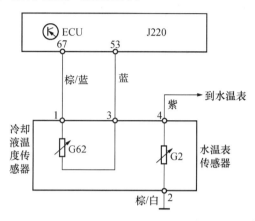

图 6-85　桑塔纳 2000 GSi 型轿车 AJR 型发动机冷却液温度传感器与 ECU 连接电路图

（1）检测电源电压

拔下冷却液温度传感器连接器插头，打开点火开关，ECU 相应端子间的电压，应该为 5 V 左右。

（2）检测信号电压

插上冷却液温度传感器插头，接通点火开关，检测 ECU 连接传感器两端子间（67 号和 53 号）的信号电压，应为（0.5～4.8）V，如电压值不符合上述规定，表明传感器已失效，应更换。冷却液温度传感器的信号电压与冷却液温度之间的关系如表 6-8 所示。

表 6-8　冷却液温度传感器信号电压与冷却液温度之间的关系

冷却液温度/℃	信号电压值/V	冷却液温度/℃	信号电压值/V
-20	4.78	60	2.25
-10	4.62	80	1.99
0	4.45	100	1.56
20	3.78	120	0.70
40	3.09		

（3）检测电阻

断开点火开关。拆下冷却液温度传感器，并将其放入装满水的容器里加热，用万用表测量不同温度下传感器两端子间的电阻，应满足表 6-9 中所示的要求，否则，应更换传感器。

表 6-9 冷却液温度传感器热敏电阻值与冷却液温度之间的关系

端子	温度/℃	电阻值/Ω	端子	温度/℃	电阻值/Ω
1～3	-20	14 000～20 000	1～3	50	700～950
1～3	0	5 000～6 500	1～3	60	540～675
1～3	10	3 350～4 400	1～3	70	400～500
1～3	20	2 250～3 000	1～3	80	275～375
1～3	30	1 500～2 100	1～3	90	200～290
1～3	40	950～1400	1～3	100	150～225

6.6.3 热敏铁氧体温度传感器

1. 热敏铁氧体温度传感器的结构与原理

(1) 热敏铁氧体温度传感器的结构

热敏铁氧体温度传感器常安装在散热器冷却水的循环通路上，用于控制散热器冷却风扇的开闭，它由永久磁铁、舌簧开关、热敏铁氧体组成，其结构及安装位置如图 6-86、图 6-87 所示。

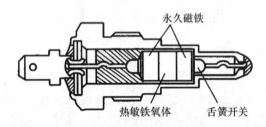

图 6-86 热敏铁氧体的结构

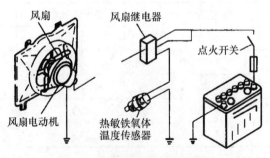

图 6-87 热敏铁氧体的安装位置

(2) 热敏铁氧体温度传感器的工作原理

热敏铁氧体是一个在一定的低温下能被磁铁磁化产生强磁性的物体，温度升高超过规定值时则不被磁化。当其被磁化时，磁力线通过舌簧开关的触点产生吸引力，使触点闭合,舌簧开关闭合,如图 6-88(a)所示,当不被磁化时,磁力线平行通过舌簧开关的触点,产生排斥力,使触点张开,舌簧开关断开,如图 6-88(b)所示。

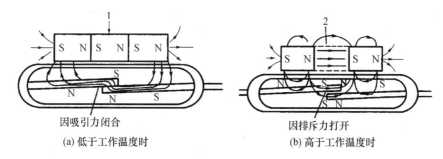

图 6-88 热敏铁氧体温度传感器的工作原理
1—热敏铁氧体(形成一个磁铁);2—热敏铁氧体(与没有时相同)

在散热器的冷却系统中,舌簧开关的闭合使冷却风扇的继电器断开,冷却风扇停止工作,反之,则冷却风扇工作,原理图如图 6-89 所示。

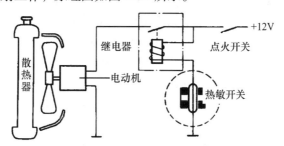

图 6-89 散热器的冷却系统工作原理图

2. 热敏铁氧体温度传感器的检测方法

电路图如图 6-90 所示,当散热器冷却风扇在发动机的冷却液温度值高于规定温度时仍不运转,则说明散热器冷却风扇的工作电路出现故障。若发现热敏铁氧体温度传感器处短路或断路,则应对热敏铁氧体温度传感器进行检测,检测方法如下。

拆下热敏铁氧体温度传感器,将其冷却水温高于规定值时,热敏铁氧体温度传感器舌簧开关断开,传感器不导通,万用表电阻挡应指示为∞;否则,热敏铁氧体温度传感器已损坏,应当更换。

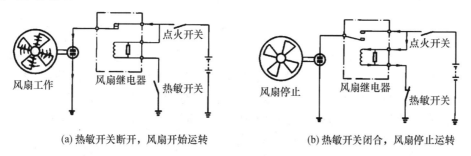

(a) 热敏开关断开,风扇开始运转　　　　　(b) 热敏开关闭合,风扇停止运转

图 6-90 散热器的冷却系统工作电路

此外还要提到的就是两种应用在老式化油器式发动机上的石蜡式及双金属片式气体温度传感器。其中石蜡式气体温度传感器是利用石蜡的低温固态、高温液态、体积膨胀推动活塞运动,从而打开关闭阀门的原理制成的。而双金属片式温度传感器则是利用膨胀系数不同的两种金属黏合后,高温时,两种金属的膨胀系数不同,使双金属片向膨胀量小的一方弯曲的特性制成的可关闭阀门。

6.7 速度与减速度传感器的结构、原理与检测

6.7.1 概述

汽车上使用的速度传感器主要有发动机转速传感器、车速传感器和轮速传感器。

转速传感器是发动机集中控制系统非常重要的传感器。它的作用是能够检测出任意轴的旋转速度。在汽车上,常用以测量发动机的转速、车轮的转速,从而依此推算出车速。对于采用钢丝软轴转速表读取的转速,只对司机显示某一转轴的旋转速度,为知道各种装量速度的数据资料,还要将发动机转速表得到的信息,应用于车速表、制动防抱死装置(ABS)、发动机控制、燃油的计算等,所以要把转速信号变换成电信号,以便用电脑读取。

转速传感器可分为脉冲检波式、电磁式、光电式、外附型盘形信号板式等几种。脉冲检波式传感器用来检测发动机的曲轴角位置,并把发动机曲轴角位置以电信号的形式检出;电磁式传感器是从喷油泵获取电信号,从而检测出发动机的转速;而光电式传感器是通过光电二极管的导通或截止将角度信号转变为脉冲信号输送给电脑;外附型盘形信号板式传感器配合曲轴角度传感器产生信号。

车速传感器是用以测量汽车行驶速度,以便使发动机的控制、自动启动、ABS、牵引JJ控制系统(TRC)、活动悬架、导航系统等装置能正常工作,它主要有簧片开关式、磁阻元件式、光电式等几种传感器,簧片开关式传感器目前已不多用;光电式传感器一般用于数字式速度表上;而磁阻元件式车速传感器是通过磁阻的变化,用磁阻元件(MRE)检测出车速的一种传感器。

减速度传感器即加速度为负的加速度传感器,用于检测汽车制动时的减速度,并将减速度信号输入 ABS ECU,实现 ABS ECU 对路面状况的判断和控制。一般用在四轮驱动的汽车上。主要有光电式、水银式、差动变压器式、惯性负压式几种。

6.7.2 车速传感器

对于自动变速器汽车,车速传感器也叫变速器输出轴转速传感器,用于检测汽车的车速信号,并将车速信号输入 ECU,实现 ECU 对变速器的换挡控制及对发动机的控制,同时将车速信号提供给车速里程表,用以指示汽车的行驶速度,记录汽车的行驶里程。而对于手动变速器汽车,车速传感器则仅仅将检测到的车速信号提供给车速里程表,用于指示汽车的行驶速度,记录汽车的行驶里程。

车速传感器一般安装在变速器输出轴附近的壳体上或速度表内,常用的有舌簧开关

式、可变磁阻式、电磁感应式、光电式等几种。

1. 舌簧开关式车速传感器

(1) 舌簧开关式车速传感器的结构与原理

舌簧开关式车速传感器目前已不多使用，但在旧式汽车上，仍有速度警报装置用这种车速传感器。舌簧开关就是在小玻璃管内装有 2 根细长的由强磁材料制成的板状簧片（铁和镍等磁性很好的物质）构成的，受外侧磁铁磁极的控制，使玻璃管中的簧片触点闭合或分离，起开关作用。

图 6-91 是舌簧开关式车速传感器的结构图。速度表内的转子接近簧片开关，当速度表内的钢丝软轴旋转时，磁铁也旋转，磁铁 N 和 S 就接近或离开舌簧开关的触点，使其不断地接通或断开。

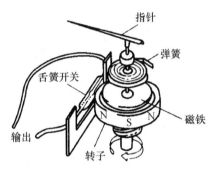

图 6-91　舌簧开关车速传感器的结构

图 6-92（a）是簧片开关触头相吸状态，图 6-92（b）是簧片开关触头相排斥状态。磁铁通常有 4 个极，软轴每旋转 1 周，将有 4 个脉冲输出。速度警报装置能够产生与速度成正比的电流，并使晶体二极管输出电压增幅增大，当电压和电流达到一定值时，使蜂鸣器发生鸣叫声，以示警告。

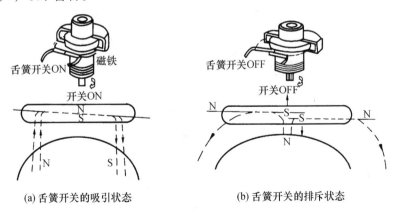

(a) 舌簧开关的吸引状态　　(b) 舌簧开关的排斥状态

图 6-92　舌簧开关式车速传感器的工作原理图

(2) 舌簧开关式车速传感器的检测方法

对于此传感器，可用指针式万用表的电压挡检测舌簧开关式车速传感器的输出电压信号,即把万用表的两个表笔接在传感器连接器的两插头端子上,转动发动机 1~2s,观察电压表指针是否有脉冲电压产生,若无脉冲电压产生,则表示传感器有故障,应当更换。

2. 可变磁阻式车速传感器

(1) 可变磁阻式车速传感器的结构与原理

可变磁阻式车速传感器安装在变速器的壳体上,由变速器齿轮驱动。它通过磁阻元件(MRE)磁阻的变化,检测出车速的传感器。该传感器的构造如图 6-93 所示,主要由环状磁铁与内装磁阻元件(MRE)的混合集成电路(IC)组成。其工作原理如图 6-94 所示,齿轮驱动轴转动,使与其连接的环状多极磁铁旋转。由于磁铁发生旋转,磁通发生变化,集成电路(IC)内的磁阻元件(MRE)的磁阻就会发生变化。

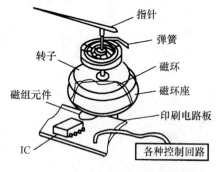

图 6-93 可变磁阻式车速传感器的构造

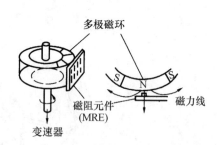

图 6-94 可变磁阻式车速传感器的工作原理

图 6-95 为可变磁阻式车速传感器的电路图。当磁环随转子旋转时,磁通量发生变化,使印刷电路板内的磁阻元件的电阻值发生变化。由于磁通的变化与磁铁的转速成正比,这样电阻值的变化引起其上电压的变化,把电压的变化输入到比较器中进行比较,再由比较器的输出信号控制晶体三极管的导通(ON)或截止(OFF),从而检测出车速。

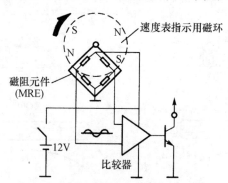

图 6-95 可变磁阻式车速传感器电路图

(2) 可变磁阻式车速传感器的检测方法

检测可变磁阻式车速传感器时,可用手转动传感器轴,在转动的同时,用万用表测量传感器两端子间输出的电压信号,若有脉冲信号输出,说明传感器良好;若无脉冲信号产生,则说明传感器已损坏,应当更换。

3. 光电式车速传感器

(1) 光电式车速传感器的结构与原理

图 6-96 是光电式车速传感器的结构图,它用于数字式速度表上,由发光二极管、光电元件、光电耦合元件及由钢丝软轴驱动的速度表和遮光板（叶轮）构成。

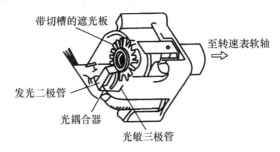

图 6-96 光电式车速传感器的结构

图 6-97 为光电式车速传感器的工作原理,当遮光板（叶轮）不动时,发光二极管的光射到光电晶体管上,光电晶体管的集电极有电流通过,该管导通,约产生 5 V 的电压。脉冲频率取决于车速,若车速为 60 km/h,速度表软轴的转速为 637 r/min,速度表软轴每旋转一圈,传感器就有 20 个脉冲输出。

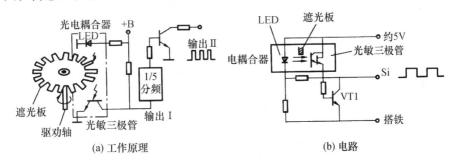

图 6-97 光电式车速传感器的工作原理和电路

采用了车速传感器的数字式速度表的结构和方框图如图 6-98 所示,它主要是由荧光管、微型计算机及集成电路构成的,荧光管根据车速传感器输出的脉冲信号显示车速,并把其他信号输入到里程表、燃油表。

速度表的电路方框图如图 6-99 所示,传感器产生的脉冲信号经整形后输入到计数电路中,在记忆电路中被记忆下来。而定时电路输出信号决定计数电路的计测时间和记忆电路的记忆时间。记忆电路的输出信号加到显示电路上,荧光管根据速度传感器输出的脉冲数显示车速。

速度表的显示分解能力为 1 km/h；当其显示的车速超过 101 km/h 时,速度判断回路输出报警信号,点亮速度报警灯；当车速超过 105 km/h 时,蜂鸣器鸣叫。

电路中还有 1/5 分频电路部分,它产生相当于舌簧开关输出的车速信号（4 个脉冲/转）,输入到自动驾驶 ECU 和恒速控制 ECU 中。

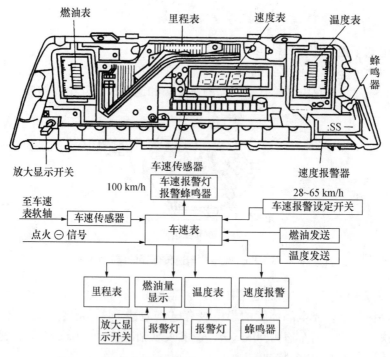

图 6-98 车速传感器的数字式速度表的结构和方框图

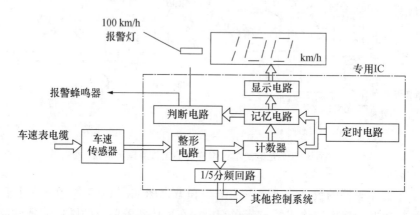

图 6-99 速度表的电路方框图

(2) 光电式车速传感器的检测方法

检测光电式车速传感器时,应在发动机启动后怠速运转的情况下,用电压表测量传感器的信号输出端子和接地端子间间电压值,应为 1.8～2.5 V。若电压不正常,则应检查传感器和接地电路的连接情况,若都无问题,则应检查发光二极管和光电三极管。

光电式传感器的光源一般采用发光二极管,它和一般二极管性质相同,但参数不一样,所有二极管都具有单向导电的性能。因此,可用万用表测量正、反向电阻来判别其极性的好坏,方法类似于一般二极管的测量。在切断电源和外电路的情况下,用万用表的电阻挡测其正反电阻值,一般正向电阻小于 50 kΩ、反向电阻大于 200 kΩ 以上为正常。如果测量正、反电阻中的一个为 0 或 ∞，则说明被测发光二极管已损坏。也可以用直流毫安挡测其工作电流，在切断电源后把 50 mA 的直流电流挡按正接正、负接负的原则串入发光二极管回路，再接通电源。在电源正常的情况下，其电流值在 10～20 mA 之间为正常值。

光电三极管也可以用万用表测量。将万用表置于 $R×1$ 挡，红与黑表棒随意接光电二极管的两个脚。这时万用表如指示值为几千欧左右，则黑棒所接的是光电三极管的正极，红棒所接的则是负极（这里正向电阻是不随光照而变化的阻值）。然后将万用表的表棒调换一下再接光电三极管的管脚，测反向电阻，这时读数一般在 200 kΩ 以上（注意测量时光电三极管的入光窗口不要对着光）。接着用相匹配的光源去照射光电三极管的窗口，这时电阻值应变小，光线越强（或固定光源靠得越近），其电阻也越小，甚至仅几百欧姆。关掉电光源，电阻值立即恢复到原来的阻值，则光电三极管是好的。如果正向电阻很大，超过 15 kΩ 以上或反向电阻很小（不照光时），受光照后阻值不变小，移去光照后阻值不恢复到原来数值，则说明光电三极管已损坏，应更换。

6.7.3 轮速传感器

轮速传感器即车轮速度传感器，用于检测车轮速度，并将其转化为电信号输入 ABS（防抱死制动系统）ECU，用于计算车轮的圆周速度。目前轮速传感器在 ABS 中应用越来越广泛，逐步取代了减速度传感器、车身速度传感器和蓄压器压力传感器。轮速传感器一般安装在驱动车轮、从动车轮、主减速器或变速器输出轴上。轮速传感器一般有电磁感应式和霍尔效应式两种，通常采用径向和轴向两种安装方式。

1. 电磁感应式轮速传感器

(1) 电磁感应式轮速传感器的结构与原理

电磁感应式轮速传感器由传感头和齿圈两部分构成。传感器齿圈是由磁阻较小的铁磁性材料制成。传感头主要由永磁性磁芯和感应线圈组成，如图 6-100 所示。轮速传感器头与磁性齿圈间的间隙很小，通常在 0.5～1.0 m 的范围内。

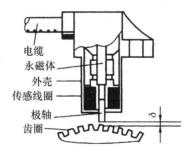

图 6-100 电磁感应式轮速传感器的结构

电磁感应式轮速传感器与电磁感应式车速传感器的工作原理相同，都是利用齿圈转动时与传感器磁头之间的间隙产生变化，从而使通过感应线圈的磁通量即磁场强度发生变化，进而在线圈上产生不同的感应电压的原理制成的。

电磁感应式轮速传感器的结构简单、成本低，所以应用较为广泛，但其输出信号的频率和幅值受转速影响较大，且其抗电磁波干扰能力差，易产生误信号，只适于 15～160 km/h

的速度,今后要求控制的转速扩大到 8~260 km/h,甚至更大,则电磁感应式轮速传感器很难适应。而霍尔式则能克服电磁式轮速传感器的不足,因此在 ABS 系统中的应用越来越多。

(2) 电磁感应式轮速传感器的检测方法

① 检测传感器的输出电压。使被检轮离地,松开驻车制动器,以 30 r/min 的转速转动车轮,用万用表测量传感器的输出电压,应满足标准规定值,若输出电压与标准值不符,则应继续检测,看传感器是否损坏。

② 检测传感器的电阻。拆下传感器连接器插头,用万用表测量传感器两接线端子间的电阻值,其值应符合标准规定值,若电阻过大或过小,则传感器已损坏,应进行更换。

③ 检测传感器磁头与齿圈的间隙。用厚薄规片测量传感器头与齿圈之间的间隙,应满足标准规定值,若不在此范围内应进行调整。

2. 霍尔效应式轮速传感器

(1) 霍尔效应式轮速传感器的结构与原理

霍尔效应式轮速传感器主要由传感器头和齿圈组成,传感器头由永久磁铁、霍尔元件和电子电路等组成,如图 6-101 所示。

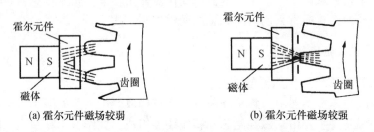

(a) 霍尔元件磁场较弱　　　　(b) 霍尔元件磁场较强

图 6-101　霍尔效应式轮速传感器的结构

当齿圈转动到齿缝正对传感器头时,永久磁铁的磁力线穿过霍尔元件通向齿圈的磁力线较为分散,磁场也相对较弱,如图 6-101(a)所示;齿圈转动到凸齿正对传感器头时,永久磁铁的磁力线穿过霍尔元件通向齿圈的磁力线较为集中,磁场也相对较强,如图 6-101(b)所示。这样在齿圈的转动过程中,由于通过霍尔元件的磁力线密度发生变化,因而引起霍尔元件上霍尔电压的变化,使霍尔元件向外输出一个正弦波电压信号。

霍尔元件在齿轮的运动下产生并向外输出一个 mV 级的正弦波霍尔电压,经放大器放大为 V 级的电压,然后送至施密特触发器输出标准的脉冲信号,并产生一定回差以提高稳定性,最后送至输出级放大输出。霍尔轮速传感器电子线路的框图及各级输出波形如图 7-49 所示。

霍尔轮速传感器的电子线路原理图如图 6-102 所示,它的工作电压为 8~15 V,负载电流为 100 mA,工作频率为 20 kHz,输出电压幅值为 7~14 V。为了适应汽车在各种温度下工作,霍尔轮速传感器的结构采用封闭式,将齿圈与传感器密封在一起,以保证在恶劣的环境中能可靠地工作。

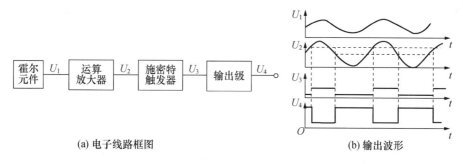

(a) 电子线路框图　　　　(b) 输出波形

图 6-102　霍尔轮速传感器电子线路的框图及各及输出波形

霍尔轮速传感器是一种主动式轮速传感器，因此克服了电磁感应式轮速传感器的输出信号幅值变化、频率响应不高、抗电磁干扰能力差的缺点，具有输出信号幅值不变、频率响应高、抗电磁干扰能力强的优点，因此在一些新型汽车的 ABS 系统中将越来越多地使用此类型的轮速传感器。

（2）霍尔效应式轮速传感器的检测方法

对于霍尔式轮速传感器，可用检测其输出电压信号的方法来判断其工作好坏。关闭点火开关，将车支起，使每个轮胎离地 10 cm 左右，然后拔下轮速传感器的导线连接器插头，并用导线将线束插头与轮速传感器插头的电源端子相连，用万用表（打开交流电压挡）的两表笔分别搭在轮速传感器的信号输出端子间，测量传感器的输出电压。接通点火开关，用手转动车轮，万用表应显示 7～14 V 范围内波动的交流电压，若电压不在此范围内，应检查传感器与齿圈之间的间隙，标准值应在 0.2～0.5 mm 范围内，否则应进行调整。

6.7.4　减速度传感器

减速度传感器即加速度为负的加速度传感器，其功用是检测汽车制动时的减速度大小，并将其转化为电信号输入 ARS ECU，以便 ABS ECU 判断路面状况并采取相应地控制方式（汽车在高附着系数路面上制动时，减速度很大；在低附着系数路面上制动时，减速度很小）。

在两轮驱动的汽车上，汽车一般没有安装减速度传感器，ABS ECU 根据轮速传感器获取的信号来判断车轮的滑移状况并相应地控制执行器。在 4 轮驱动的车上一般都装有减速度传感器，用于检测汽车制动时的减速度，由此判断道路的附着系数，从而提高制动性能。

汽车的减速度传感器部分安装在行李舱内，部分安装在发动机舱内，主要有差动变压器式、水银式、光电式、惯性压阻式几种。

1. 差动变压器式减速度传感器

差动变压器式减速度传感器的结构和原理：差动变压器式减速度传感器主要由线圈、铁芯、弹簧和印刷板电路组成。差动变压器式减速度传感器是利用耦合变压原理获得加速度信号，其结构和工作原理如图 6-103 所示，汽车正常行驶时，差动变压器线圈内的铁芯处于线圈中部位置，当汽车制动减速时，铁芯受惯性力作用向前移动，从而使差动变压器线圈内的感压电压发生变化，以此作为输出信号，来控制 ABS 系统的工作。

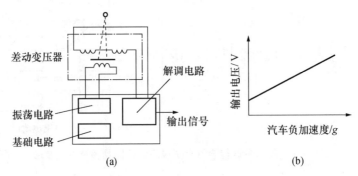

图 6-103　差动变压器式减速度传感器的结构和原理

该传感器中的加速度感受元件——铁芯产生的惯性力与汽车的加速度（或减速度）的大小成正比，而方向相反，加速度感受元件产生的惯性力不同，其在线圈中所处位置也随之不同，加速度传感器输出的电压信号也就不同。

2. 水银式减速度传感器

（1）水银式减速度传感器的结构

水银式减速度传感器的结构如图 6-104 所示，由玻璃管和水银组成。

（2）水银式减速器的工作原理

图 6-105 所示是日本日产汽车的 4×4 全轮驱动汽车用水银式减速度传感器的原理图。当汽车在低附着系数路面制动时，汽车减速度小，水银在玻璃管内基本不动，ABS 控制电路接通，ABS 系统控制车轮防抱死，保证湿滑路面上的制动稳定性。当汽车在高附着系数（干燥）路面制动时，汽车减速度大，水银在玻璃管内因为惯性作用前移，从而玻璃管内水银前移之后电路断开，向 ECU 发出汽车减速度信号，再根据车轮转速的信号，ECU 做出是否进行车轮制动防抱死控制的判断，确保车辆不跑偏。

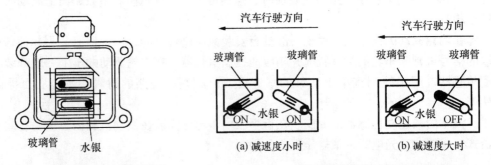

图 6-104　水银式减速度传感器的结构　　图 6-105　水银式减速度传感器的工作原理

由水银式减速度传感器的结构可见，该传感器可检测前、后或左、右两个方向的加、减速度，因此可以用作横向加速度传感器。当汽车的横向加速度低于设定值时，水银在玻璃管内基本不动，传感器电路接通，向 ABS ECU 输入一个高电平信号；当汽车高速急转弯时，横向加速度超过设定值，水银在惯性作用下移动，传感器电路断开，向 ABS ECU 输入一个低电平信号。ABS ECU 接收到横向加速度超过设定值的信号后，立即发出控制指令，修正左、右车轮制动分泵压力，从而提高 ARS 的制动性能。横向加速度传感器在高级轿车和赛车上采用较多。

3. 光电式减速度传感器

图 6-106 为光电式减速度传感器的结构，它由两个发光二极管、两个光电（光电）三极管、一个远光板和信号转换电路组成。

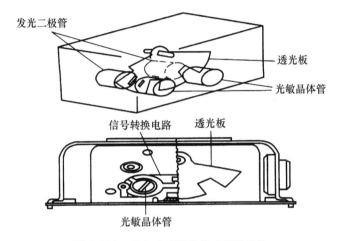

图 6-106　光电式减速度传感器的结构

图 6-107 为光电式减速度传感器的工作原理。透光板的作用是穿过或隔断发光二极管到光电三极管之间的光线，以此控制光电三极管的开与关，两对发光二极管和光电三极管的组合可以将汽车的减速度分为 4 个等级。

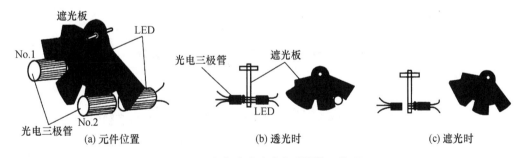

图 6-107　光电式减速度传感器的工作原理

如图 6-108 所示，汽车匀速行驶时，传感器的透光板静止不动；汽车制动时，即减速行驶时，透光板则随着减速度的变化而沿汽车的纵轴方向进行摆动。

这种减速度传感器已广泛地应用在日本丰田公司的赛利卡、凯美瑞等 4 轮驱动汽车上。

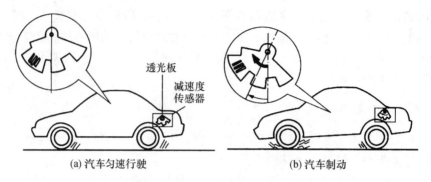

图 6-108　光电式减速度传感器在汽车行驶时的工作示意图

4. 惯性压阻式减速度传感器的结构与原理

惯性压阻式减速度传感器由惯性压阻元件组成的电桥、恒压电路、抗干扰及温度补偿电路等组成。紧急制动时，传感器上的质量块随减速度的大小产生相应的惯性力，施加在压阻元件上，从而改变电桥的电阻，打破了电桥电路的平衡，使传感器输出的电压信号发生变化，即输出一个随减速度变化的电压差。丰田陆地巡洋舰吉普车 AKS 系统便采用了这种形式的减速度传感器，它与 ECU 的连接电路如图 6-109 所示，图中 GS1 输出 4～6 V 的电压，GS2 输出 4～6 V 或 7～12 V 的电压。

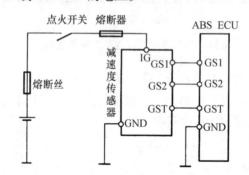

图 6-109　惯性压阻式减速度传感器与 ECU 的连接

6.8　爆震与碰撞传感器的结构、原理与检测

6.8.1　概述

为了避免因爆震损坏发动机，人们通过在发动机上装上爆震传感器来检测有无爆震现象的产生，并将检测的信号输入 ECU，ECU 根据爆震传感器的反馈信号来调整点火提前角，从而使点火提前角保持最佳位置，改善发动机的工作性能。

按发动机缸体振动频率的检测方式不同，爆震传感器可分为共振型和非共振型两种；按爆震传感器结构不同，分为磁致伸缩式、压电式及火花塞金属垫式几种。

碰撞传感器用在现代轿车的 SRS 安全气囊和新型的防抱死制动系统中,已成为确保汽车操纵稳定性和制动性能的重要元件。其功能是检测判断汽车的碰撞强度,以便及时"通知" SRS ECU 启动安全气囊。

碰撞传感器按工作原理可分为机电结合式、电子式和水银开关式 3 种。机电结合式碰撞传感器是一种利用机械机构运动来控制继电器触点动作,再通过触点断开与闭合来控制气囊点火器电路接通与切断的传感元件。常用的有滚球式、滚轴式和偏心锤式 3 种碰撞传感器。

电子式碰撞传感器没有继电器触点,一般用作中心碰撞传感器,常用的有压阻效应式和压电效应式两种。压阻效应式碰撞传感器指在发生碰撞时传感器的应变电阻发生变形,使应变电阻的阻值发生变化,进而使传感器的输出电压信号发生变化,当电压值超过预定值时,气囊被触发;压电效应式碰撞传感器则是传感器的压电晶体在碰撞时输出电压发生变化,当变化的电压值达到预定值时,气囊被触发。

水银开关式碰撞传感器是利用水银(汞)导电的良好特性来控制气囊点火器电路的接通或切断,一般用作防护传感器。

6.8.2 爆震传感器

(1) 爆震及爆震控制系统

汽油发动机是利用火花塞产生的电火花将混合气点燃,使火焰在混合气中不断扩展传播燃烧的。在火焰的传播过程中,如果压力和温度异常升高,一些部位的混合气不等火焰传到,就自行着火燃烧,在整个燃烧室内造成瞬时爆发燃烧,产生高温和强大的压力波,这种现象称为爆震。发动机工作时,如果持续产生爆震,不但会引起汽缸体、汽缸盖和进气歧管等薄壁构件的高频振动,以及运动机构的冲击载荷,产生很大噪声,最终导致机件损坏,而且火花塞电极或活塞很可能产生过热、熔损等现象,造成发动机的严重故障,因此必须防止爆震的产生(爆震和点火时刻有密切的关系,在一定的范围内,点火时刻提前,燃烧的最大压力就高,就越容易发生爆震)。

为防止爆震的产生,在发动机上安装了爆震传感器,用于检测爆震,从而可以把点火时刻控制在接近爆震极限的位置,使发动机的潜力得到充分的发挥。

发动机的爆震控制系统实际上是在电控点火系统的基础上增加了一个爆震传感器,在 ECU 中相应增加了接口电路和爆震信号判断电路,如图 6-110 所示。爆震传感器检测到爆震信号并作为点火提前角的反馈信号输入 ECU,实现 ECU 对点火提前角的修正,使其保持最佳,从而实现点火提前角的闭环控制。

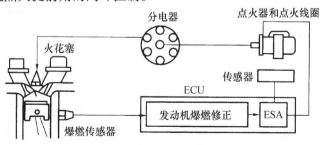

图 6-110 发动机的爆震控制系统

爆震传感器一般安装在发动机汽缸体、火花塞或进气歧管上,它能够感应出发动机各种不同频率的振动,并将振动转化为不同的电压信号。当发动机发生爆震时,爆震传感器感应到此变化并产生较大的振幅电压信号,如图6-111所示。

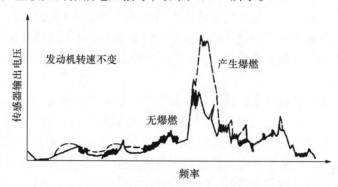

图6-111　爆震传感器的检测频率与输出电压

来自爆震传感器的含有各种频率的电压信号输入到ECU中的爆震信号判别电路,如图6-112所示。首先须经滤波电路,将爆震信号与其他振动信号分离,只允许特定范围频率的爆震信号通过,然后将此信号的最大值与爆震强度基准值进行比较,如大于基准值,则将爆震信号电压输入ECU,表示发生爆震,由ECU进行处理。

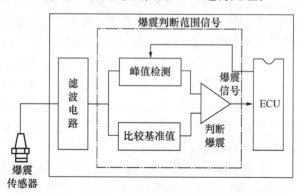

图6-112　ECU中的爆震信号判别电路

由于发动机的振动频繁而剧烈,为了使传感器只检测到爆震信号,从而防止ECU发生错误的爆震判别,因此判别爆震信号并非任何时刻都进行,而是有一个判别范围,如图6-113所示。限于识别发动机点火后爆震可能发生的一段曲轴转角范围内的振动,只有在该范围内,爆震传感器的信号才能被输入比较电路。

爆震强度则以超过基准值的次数计量,其次数越多,则爆震强度越大;次数越少,则爆震强度越小,如图6-114所示。

试验表明,当发动机的负荷低于一定值时,一般不会出现爆震,这时不宜采用控制爆震的方法来调整点火提前角,可采用开环控制的方式控制点火提前角,即此时ECU不再检测和分析爆震传感器输入的信号,只根据有关传感器及ROM中存储的数据控制点火提前角的大小。

第6章 汽车用传感器

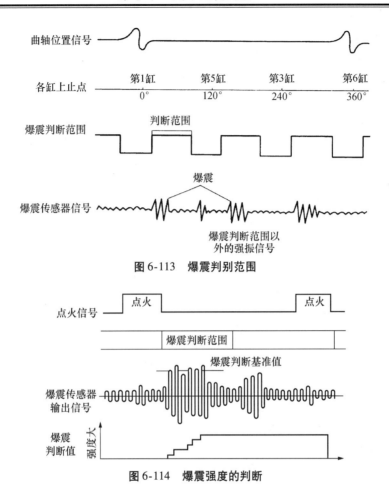

图6-113 爆震判别范围

图6-114 爆震强度的判断

而要判断在某一时刻究竟要采用开环还是闭环控制,可由ECU对负荷传感器送来的信号进行分析判断。

当ECU进行闭环控制时,实际点火提前角的控制如图6-115所示。当任何一缸产生爆震时,ECU立即以某一固定值(1.5°~2°曲轴转角)逐渐减少点火提前角,直至发动机不产生爆震为止。然后,在一定的时间内,先维持调整过的点火提前角不变。在此期间内,若又有爆震发生,则继续以固定值减少点火提前角;若无爆震发生,则此段缓冲时间过后,则又开始逐渐以同样的固定值增大点火提前角,直至爆震重新发生,又开始进行上述的反馈控制过程。

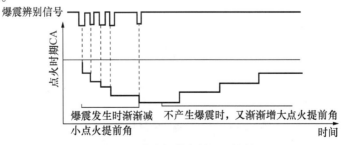

图6-115 点火提前角的闭环控制

（2）爆震传感器

爆震传感器通常安装在发动机汽缸体的侧面，按发动机缸体振动频率的检测方式不同，可分为共振型和非共振型两种；按爆震传感器结构的不同，分为磁致伸缩式和压电式及火花塞金属垫式几种。

共振型爆震传感器的显著特点是传感器的共振频率与发动机爆震的固有频率一致，因此其内部设有共振体，并且共振体的共振频率与爆震频率协调一致。其优点是输出电压高，不需要滤波器，因此信号处理比较方便。由于机械共振体的频率特性尖且频带窄，因此无法响应发动机条件变化引起的爆震频率变化。即共振型爆震传感器只能用于特定的发动机，不能与其他发动机互换使用，装车自由度很小。

非共振型爆震传感器的突出优点是适用于所有的发动机，装车自由度很大。但其输出电压较低，频率特性平且频带较宽，需要配用带通滤波器（只允许特定频带的信号通过，对其他频率的信号进行衰减的电路组成的滤波器称为带通滤波器，带通滤波器一般由线圈和电容器组合而成），信号处理比较复杂。

① 爆震传感器的结构与原理。

a. 磁致伸缩式爆震传感器。磁致伸缩式爆震传感器是应用最早的爆震传感器，其结构如图 6-116 所示。用高镍合金组成的磁芯外侧设有永久磁铁，在磁铁上绕有感应线圈。当发动机产生爆震对，机体会产生振动。机体的振动使磁芯受振而偏移致使感应线圈中的磁力线发生变化，线圈将产生感应电动势，此电动势即为爆震传感器的输出电压信号。输出电压的大小与发动机振动的频率有关，当传感器固有振动频率与发动机的振动频率相同时将产生谐振，此时，传感器输出的电压最大，其输出特性如图 6-117 所示。

b. 共振型压电式爆震传感器。共振型压电式爆震传感器的结构如图 6-118 所示，主要由压电元件和振荡片组成。压电元件紧压在振荡片上，振荡片又固定在传感器的基座上。振荡片随发动机的振动而振荡，波及压电元件，使其变形而产生电压信号。当发动机爆震时的振动频率与振荡片的固有频率相等时，振动片将产生共振，此时，压电元件将产生最大的电压信号，如图 6-119 所示。因该爆震传感器在爆震时输出的电压比较高，因此无需使用滤波器即可判别有无爆震产生。

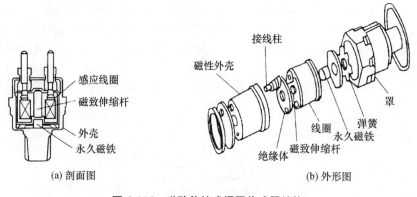

图 6-116 磁致伸缩式爆震传感器结构

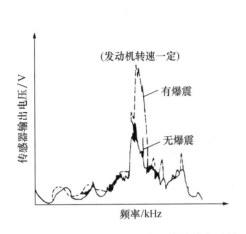

图 6-117 磁致伸缩式爆震传感器的输出特性

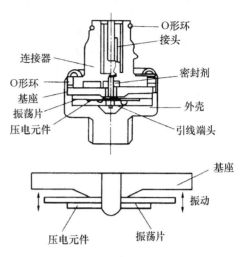

图 6-118 共振型压电式爆震传感器

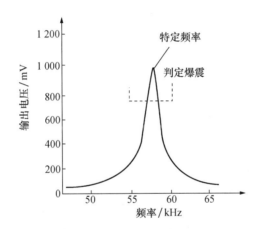

图 6-119 共振型压电式爆震传感器输出电压与频率关系

c. 非共振型压电爆震传感器。这种爆震传感器的结构如图 6-120 所示。它由配重、压电元件、壳体、电器连接装置等构成。两个压电元件同极性相向对接,配重将加速度变换成作用于压电元件上的压力,输出电压从这两个压电元件的中央取出,配重由螺丝固定在壳体上。该爆震传感器构造简单,制造时不需要调整。

当发动机爆震时,安装在发动机缸体上的爆震传感器内部平衡重因受震动的影响而产生加速度,因此,在压电元件上受到加速时惯性力的作用而产生压电信号。在爆震产生时,这种传感器输出的电压不是很大,具有平缓的输出特性,如图 6-121 所示。因此,必须将反映发动机振动频率的输出电压信号送至识别爆震的滤波器中,判别是否有爆震产生的信号。

d. 火花塞金属垫式爆震传感器。火花塞金属垫式爆震传感器又称为垫圈式压力传感器或压力检测式爆震传感器,该类传感器是由压电元件制成的,安装在火花塞的垫圈与发动机缸体之间,其结构如图 6-122 所示。它能根据燃烧压力直接检测爆震信息,并将燃烧压力转换成电压信号输出。这类爆震传感器一般每缸火花塞都安装一个。

爆震传感器的输出电压波形如图 6-123 所示。如果发生爆震现象,在燃烧期间传感器输出的电压信号波形的振幅将增大,输入 ECU 后,经过滤波处理,根据其值的大小可判定有无爆震的产生。

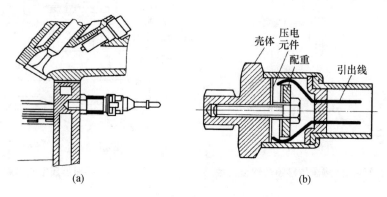

图 6-120 非共振型压电爆震传感器

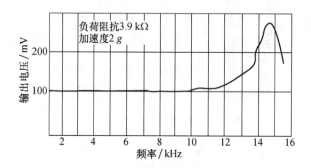

图 6-121 非共振型压电式爆震传感器输出电压与频率关系

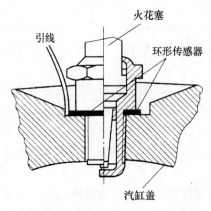

图 6-122 火花塞金属坐垫型爆震传感器

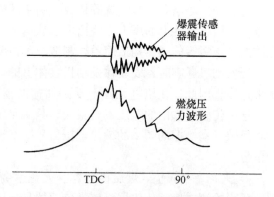

图 6-123 火花塞金属垫式爆震传感器的输出波形

从以上可以看出,共振型与非共振型压电式爆震传感器的输出波形大致如图 6-124 所示。即在共振型爆震传感器的输出波形中可以直接观察出爆震的波形,即爆震点,而非共振型的爆震传感器输出波形则需经滤波器分离处理后才能检出爆震的信号。

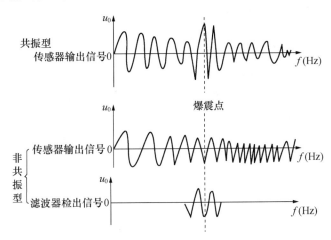

图 6-124　共振型与非共振型爆震传感器的输出波形

② 爆震传感器的检测方法。各类型的爆震传感器的检测方法基本相似,现以共振型磁致伸缩式爆震传感器为例进行介绍。共振型磁致伸缩式爆震传感器与 ECU 的连接电路如图 6-125 所示。

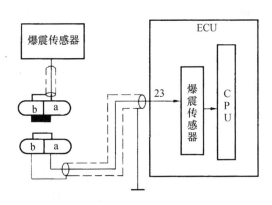

图 6-125　共振型磁致伸缩式爆震传感器与 ECU 的连接电路

a. 万用电表检测法。关闭点火开关,脱开爆震传感器接线端,脱开 ECU 接线器;用万用表测量 ECU 爆震传感器信号输入端与爆震传感器信号输出端子 a 之间的连线是否导通。如果不通,应检查这段配线及接线器;

如果检查上述线路无问题,再检查传感器 b 端子与搭铁间是否导通。如不通说明接线不良;如果检查 b 端子搭铁良好,可进一步脱开爆震传感器接线器,单独测量其 a、b 两端子间的电阻,应接近于 0 Ω,如不对,则说明该传感器已损坏。

b. 示波器测波形法。在正常情况下,各爆震传感器的输出电压波形如图 6-117 所示,传感器的输出波形与爆震程度有关,爆震引起的振动越大,电压峰值越大,当峰值达到一定的频率时就说明发生了爆震。

检测时，将传感器的连接线断开，将示波器的信号测量线与传感器的信号线相连，敲击缸体以使传感器产生信号，观察示波器的波形变化，所测波形应与标准波形相符；如果测得波形不对或无波形，或在缸体振动较大时，波形振幅基本不变，则可能是传感器损坏。

③ 检测方法在具体车型上的应用。

a. 桑塔纳2000GSi 轿车压电式爆震传感器的检测。桑塔纳2000GSi 轿车设有两个爆震传感器。爆震传感器Ⅰ（G61、白色插头）安装在缸体进气管侧1、2缸之间，用于检测1、2缸的爆震情况；爆震传感器Ⅱ（G66、蓝色插头）安装在缸体进气管侧3、4缸之间，用于检测3、4缸的爆震情况。

桑塔纳2000GSi 轿车的爆震传感器是根据压电原理制成的。传感器由压电陶瓷（压电元件）配重、壳体、导线等组成，如图6-126 所示。传感器的电路图如图6-127 所示。

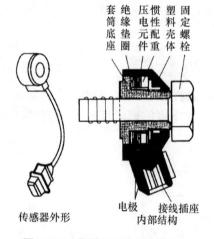

图6-126　桑塔纳2000GSi 轿车的爆震传感器结构

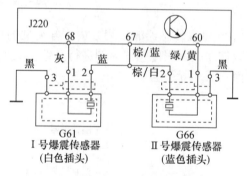

图6-127　桑塔纳2000GSi 轿车爆震传感器与ECU 的连接电路

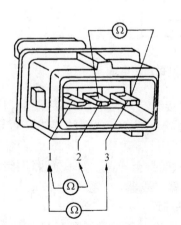

图6-128　检测爆震传感器的电阻值

传感器的检测方法如下所示。

• 检测爆震传感器的电阻值

关闭点火开关，分别拔下Ⅰ、Ⅱ号爆震传感器的3芯插头，用万用表的电阻挡分别测量3芯插头各端子之间的电阻值，如图6-128 所示。各端子间的电阻值应都大于1 MΩ。

• 检测爆震传感器线束的导通性

关闭点火开关，分别拔下Ⅰ、Ⅱ号爆震传感器的3芯插头，然后拔下ECU（J220）的60芯插头。用万用表的电阻挡分别测量Ⅰ号爆震传感器3芯插座1、2、3号端子与ECU（J220）的68、67及搭铁之间的电阻值，应均小于0.5 Ω；用万用表的电阻挡分别测量Ⅱ号爆震传感器 3 芯插座 1、2、3 号端子与 ECU（J220）的 60、67 及搭铁之间的电阻值，也应均小于 0.5Ω。

如果电阻值过大或为无穷大，则线束与端子可能接触不良或存在断路，应及时排除。

- 检测爆震传感器的输出信号

检测爆震传感器的输出信号时，应先关闭点火开关，拔下传感器的连接器插头，再打开点火开关，启动发动机使之怠速运转，用万用表电压挡检测传感器的两个接线端子 1 与 2，应有脉冲电压信号输出，否则，应更换爆震传感器。

b. 上海别克轿车压电式爆震传感器的检测。上海别克轿车只设置一个爆震传感器，安装在发动机右侧的汽缸体上。爆震传感器为单导线型传感器，用于检测发动机的爆震情况，并将其爆震转化为电信号输入 PCM，PCM 根据传感器信号的振幅和频率推迟点火正时控制的火花时间。

爆震传感器是利用结晶或陶瓷多晶体的压电效应制成的，传感器的外壳有压电元件、配重块及导线等。传感器与 PCM 的连接电路如图 6-129 所示。

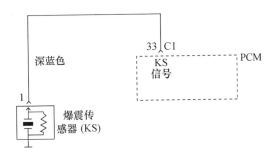

图 6-129　上海别克轿车爆震传感器与 PCM 的连接电路

传感器的检测方法如下所示。

- 检测传感器的电阻值

关闭点火开关，拔下传感器的 1 芯插头，用万用表的电阻挡测量 1 芯插头与传感器外壳之间的电阻值，应为 ∞，若为 0Ω，则说明传感器已损坏，应更换。

- 检测传感器的信号电压

拔下传感器的导线插头，当发动机怠速运转时，用示波器检测爆震传感器的信号端子与搭铁端子之间是否有脉冲电压波形的输出，若没有，则说明传感器已损坏，需要更换。

c. 丰田雷克萨斯 LS400 轿车爆震传感器的检测。雷克萨斯 LS400 发动机的左右缸体外侧各安装一只压电式爆震传感器，用来检测发动机的爆震。当爆震发生时，ECU 收到爆震信号后会自动推迟发动机的点火提前角，用于制止爆震的进一步发生。爆震传感器与 ECU 的连接电路如图 6-130 所示。

发动机转速在 1 600～5 200 r/min 之间时，1 号爆震传感器电路出现断路或短路，这时会显示故障码 52；当 ECU 中的爆震控制程序电路出现故障时，会显示故障码 53，2 号爆震传感器电路出现断路或短路时，会显示故障码 55。若出现此状况，应对爆震传感器进行检测。检测时可用万用表和示波器检查爆震传感器的电阻和输出信号情况，进一步判断故障。

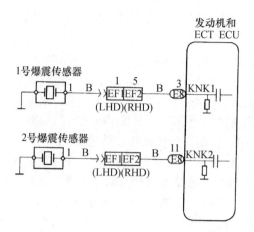

图6-130 雷克萨斯LS400轿车爆震传感器与ECU的连接电路

- 检测爆震传感器的电阻

关闭点火开关,拔下爆震传感器连接器插头,用万用表的电阻挡检查爆震传感器的接线端子与外壳间的电阻。若导通,说明传感器已经损坏,必须更换。

- 检测爆震传感器的输出信号

当发动机怠速运转时,用示波器检查爆震传感器的接线端子与搭铁间的信号电压,此时示波器上应有脉冲波形显示。如果没有脉冲波形显示,说明传感器已经损坏,必须更换。

(d) 丰田皇冠3.0轿车爆震传感器的检测。丰田皇冠3.0轿车的发动机也安装了两个爆震传感器,传感器与ECU的连接电路如图6-131所示。传感器的检测方法如下所示。

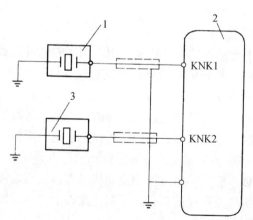

图6-131 丰田皇冠3.0轿车爆震传感器与ECU的连接电路

- 检测爆震传感器的电阻

关闭点火开关,拔下传感器上的连接器插头,用万用表测量传感器的接线端子与外壳间的电阻,若为无穷大,则正常;若电阻约为零(或导通),则传感器损坏,须更换爆震传感器。

● 检测传感器的输出信号

拔下爆震传感器导线的连接器插头,在发动机怠速时用万用表检查爆震传感器的接线端子与搭铁间的电压,应有脉冲电压输出;否则,应更换爆震传感器。

6.8.3 碰撞传感器

碰撞传感器一般用于安全气囊系统中,是安全气囊系统中主要的信号输入装置,其作用是在汽车发生碰撞时,检测汽车碰撞强度的信号,并将信号输入给安全气囊 ECU,安全气囊 ECU 根据碰撞传感器传送的信号来判断是否引爆气体发生器使气囊充气。

碰撞传感器通常安装在左、右挡泥板上方,或驾驶室内前下部的左、右两侧,或前保险杠附近,或 SRS ECU 内部,如图 6-132 所示。

碰撞传感器按其功用可分为碰撞信号传感器和碰撞防护传感器。其中碰撞信号传感器又称为碰撞强度传感器,一般安装在汽车的左前、右前、前部中央和 SRS ECU 内部,分别称为左前、右前、中央和中心碰撞传感器,其作用是将汽车碰撞时的强度信号输入 SRS ECU,用于判断是否需要引爆气体发生器使气囊充气。碰撞防护传感器又称为防护传感器或安全传感器或保险传感器,一般安装在 SRS ECU 内部,其功用是防止气囊在非碰撞情况下发生错误引爆。

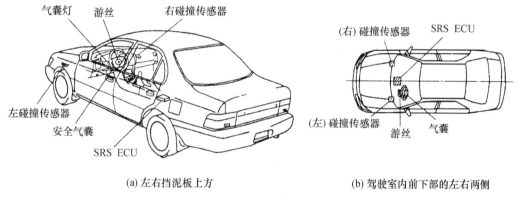

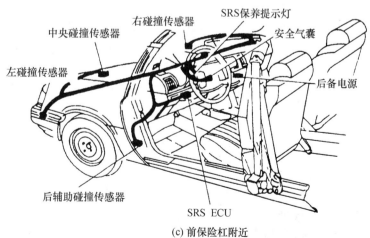

(c) 前保险杠附近

图 6-132 碰撞传感器的安装位置

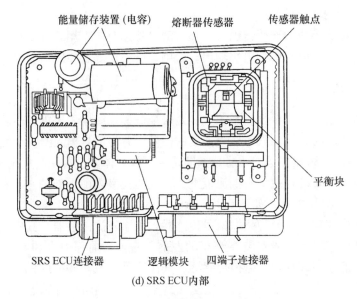

(d) SRS ECU内部

图6-132 碰撞传感器的安装位置（续）

在安全气囊系统中，左前、右前、中央和中心碰撞传感器之间均为并联关系，而各碰撞传感器与防护传感器之间为串联关系，即只有当防护传感器与任意一只碰撞信号传感器同时接通时，点火引爆电路才能接通，气囊才能引爆充气。设置碰撞防护传感器的目的是防止前碰撞传感器意外短路而造成气囊误膨开。因为在不设置碰撞防护传感器的情况下，如果不慎将其信号输出端子短路使点火器电路接通，那么气囊就会引爆充气膨开，意外造成气囊误膨开，从而造成不必要的经济损失。

碰撞防护传感器和碰撞信号传感器的结构原理基本相同，区别在于设定的减速度阈值有所不同。即一只碰撞传感器既可用作碰撞信号传感器，也可用作碰撞防护传感器，但是须重新设定其减速度阈值。设定减速度阈值的原则是碰撞防护传感器的减速度阈值比碰撞信号传感器的减速度阈值稍小。

碰撞传感器按工作原理可分为机电结合式、电子式和水银开关式3种。机电结合式碰撞传感器是一种利用机械机构运动（滚动或转动）来控制继电器触点动作，再由触点断开与闭合来控制气囊点火器电路接通与切断的传感元件。常用的有滚球式、滚轴式和偏心锤式3种碰撞传感器。

电子式碰撞传感器没有继电器触点，一般用作中心碰撞传感器，常用的有压阻效应式和压电效应式两种。压阻效应式碰撞传感器指在发生碰撞时传感器的应变电阻发生变形，使应变电阻的阻值发生变化，进而使传感器的输出电压信号发生变化，当电压值超过预定值时，气囊被触发；压电效应式碰撞传感器则是传感器的压电晶体在碰撞时输出电压发生变化，当变化的电压值达到预定值时，气囊被触发。

水银开关式碰撞传感器是利用水银（汞）导电的良好特性来控制气囊点火器电路的接通或切断，一般用作防护传感器。

（1）碰撞传感器的结构与原理

① 滚球式碰撞传感器的结构与原理。

a. 滚球式碰撞传感器的结构。滚球式碰撞传感器又称为偏压磁铁式传感器,其结构如图 6-133 所示,主要由铁质滚球、永久磁铁、导缸、固定触点和外壳组成。两个触点分别与传感器的引线端子连接,滚球在导缸内可移动或滚动,用来感测减速度的大小。壳体上印制有箭头标记,方向与传感器结构有关,有的规定指向汽车前方,有的规定指向汽车后方,因此在安装传感器时,箭头方向必须符合使用说明书的规定。

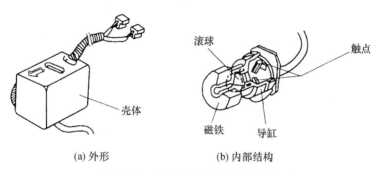

图 6-133 滚球式碰撞传感器的结构

b. 滚球式碰撞传感器的工作原理

滚球式碰撞传感器的工作原理如图 6-134 所示。

当汽车没有发生碰撞时,即传感器处于静止状态时,在永久磁铁的磁力作用下,导缸内的滚球被吸向磁铁,传感器内的两个触点与滚球分离,传感器电路处于断开状态,如图 6-134(a)所示。

当汽车遭受碰撞且减速度达到设定阈值时,滚球产生的惯性力将大于永久磁铁的磁性吸力,此时滚球在惯性力作用下会克服磁力的作用沿导缸向两个固定触点运动,并将固定触点接通,如图 6-134(b)所示。当传感器用作碰撞信号传感器时,固定触点接通,将碰撞信号输入 SRS ECU;当传感器用作碰撞防护传感器时,固定触点接通,将点火器电源电路接通。

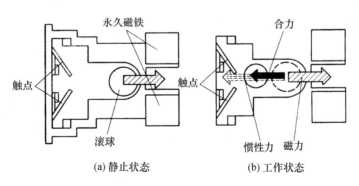

图 6-134 滚球式碰撞传感器的工作原理

② 滚轴式碰撞传感器的结构与原理。

a. 滚轴式碰撞传感器的结构。滚轴式碰撞传感器的结构如图 6-135 所示,主要由止动销、滚轴、滚动触点、固定触点、底座和片状弹簧组成。片状弹簧一端固定在底座上,与传感器的一个引线端子连接，另一端绕在滚轴上；滚动触点固定在滚轴部分的片状弹簧上，并可随滚轴一起转动。固定触点与片状弹簧绝缘固定在底座上，并与传感器的另一个引线端子连接。

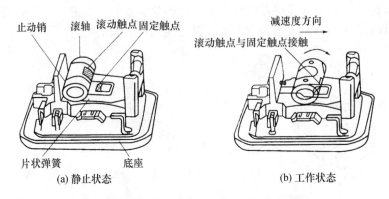

图6-135　滚轴式碰撞传感器的结构和原理图

b. 滚轴式碰撞传感器的工作原理。滚轴式碰撞传感器的工作原理如图6-135所示。汽车未碰撞时，传感器处于静止状态，滚轴在片状弹簧的弹力作用下滚向止动销一侧，滚动触点与固定触点处于断开状态，如图6-135（a）所示，传感器电路断开。

当汽车遭受碰撞且减速度达到设定阈值时，滚轴产生的惯性力将大于片状弹簧的弹力。此时滚轴在惯性力作用下就会克服弹簧弹力向右滚动，使滚动触点与固定触点接触，如图6-135（b）所示。当传感器用作碰撞信号传感器时，滚动触点与固定触点接触后将碰撞信号输入SRS ECU；当传感器用作碰撞防护传感器时，滚动触点与固定触点接触后将点火器电源电路接通。

③ 偏心锤式碰撞传感器的结构与原理。

a. 偏心锤式碰撞传感器的结构。偏心锤式碰撞传感器又称为偏心转子式碰撞传感器，属于惯性开关式碰撞传感器。偏心锤式碰撞传感器由壳体、偏心转子、偏心重块、固定触点、旋转触点等部分组成，其结构如图6-136所示。

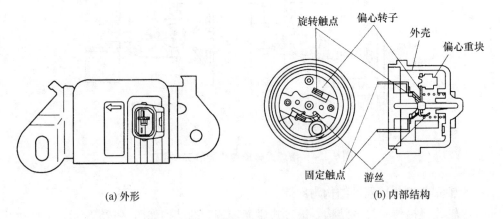

图6-136　偏心锤式碰撞传感器的结构

转子总成由偏心锤（或偏心重块）、转动触点臂及转动触点组成，安装在传感器轴上。转动触点臂两端固定有转动触点，转动触点随触点臂一起转动。两个固定触点绝缘固定在传感器壳体上，并用导线分别与传感器接线端子连接。在传感器外还固定有一个电阻，如图6-137所示。电阻 R 的功用是对系统进行自检，即检测 ECU 与前气囊碰撞传感器之间的导线是否断路或短路。

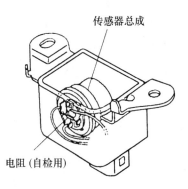

图6-137 自检电阻

b. 偏心锤式碰撞传感器的工作原理。偏心锤式碰撞传感器的工作原理如图6-138所示。

汽车未碰撞时，传感器处于静止状态，偏心锤和偏心锤臂在螺旋复位弹簧弹力的作用下，顶靠在与外壳相连的挡块上，偏心锤与挡块保持接触，此时转子总成处于静止状态，转动触点与固定触点处于断开状态，开关置于 OFF，如图6-138（a）所示。

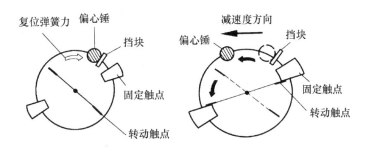

图6-138 偏心锤式碰撞传感器的工作原理

当汽车遭受碰撞时，且偏心锤的惯性力矩大于螺旋复位弹簧弹力作用时，惯性力矩就会克服弹簧力矩使转子总成转动，从而带动转动触点臂转动，如图6-138（b）所示。当碰撞强度达到设定值时，转子总成将转动到转动触点与固定触点接触闭合的位置，此时碰撞传感器接通 SRS 系统的搭铁回路，向 ECU 输入一个"ON"信号，进而引爆充气元件向气囊充气。

④ 电阻应变计式碰撞传感器的结构与原理。

a. 电阻应变计式碰撞传感器的结构。电阻应变计式碰撞传感器的结构如图6-139（a）所示，主要由电子电路、电阻应变计、振动应变计的电阻 R_1、R_2、R_3、R_4 制作在硅膜片上，如图6-139（b）所示。当硅膜片产生变形时，应变电阻的阻值就会发生变化。应变电阻一般连接成桥式电路，并设计有稳压和温度补偿电路，以提高传感器的检测精度，如图6-139（c）所示。

b. 电阻应变计式碰撞传感器的工作原理。当汽车遭受碰撞时，碰撞传感器的振动块振动，缓冲介质随之振动，进而使应变计的应变电阻产生变形，应变电阻阻值随之发生变化。由于应变电阻以电桥电路的方式连接，随着应变电阻阻值的变化，电桥电路的输出电压也会发生变化，经过信号处理与放大后，传感器将变化的信号电压输入 SRS ECU。SRS ECU 根据传感器输入的电压信号的强弱便可判断碰撞的强度，即碰撞激烈度。当信号电压超过设定值时，SRS ECU 就会立即向点火器发出点火指令引爆点火剂，进而向气囊充气，打开气囊。

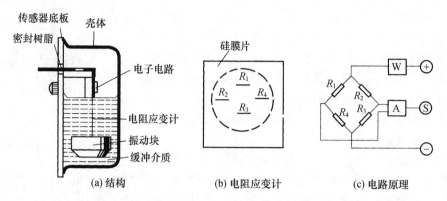

图 6-139　电阻应变计式碰撞传感器的结构与原理

⑤ 压电效应式碰撞传感器的结构与原理。

压电效应式碰撞传感器是利用压电效应制成的传感器（压电效应是指压电晶体在压力作用下，晶体外形发生变化进而使其输出电压发生变化的过程，如图 6-140 所示）。压电晶体通常用石英或陶瓷制成，在压力作用下，压电晶体的外形和输出电压就会发生变化。

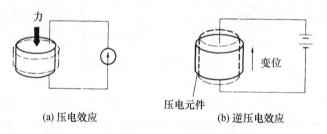

图 6-140　压电效应

当汽车遭受碰撞时，传感器内的压电晶体在碰撞产生的压力作用下，压电晶体的电阻值发生变化，通过电路的连接后会使电路的输出电压发生变化。传感器将此电压信号输入 SRS ECU，SRS ECU 根据传感器输入的电压信号的强弱即可判断碰撞的激烈度。如果电压信号超过设定值，SRS ECU 就会立即向点火器发出点火指令，引爆点火剂使气体发生器给气囊充气，从而使 SRS 气囊膨胀开，达到保护驾驶员和乘员的目的。

⑥ 水银开关式碰撞传感器的结构与原理。

a. 水银开关式碰撞传感器的结构。水银开关式碰撞传感器是利用水银导电良好的特性制成的传感器，一般用做防护传感器（安全传感器）。其结构如图 6-141 所示，主要由水银、电极、密封圈、密封螺塞及壳体组成。

b. 水银开关式碰撞传感器的工作原理。水银开关式碰撞传感器的工作原理如图 6-141 所示。当汽车未碰撞时，传感器处于静止状态，水银在其自身重力作用下处于如图 6-141 (a) 所示的位置，传感器的两个接线端子处于断开状态。

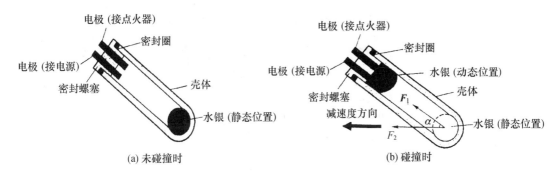

图 6-141 水银开关式碰撞传感器的结构与原理

当汽车碰撞时且减速度达到设定阙值时，如图 6-141（b）所示，水银产生的惯性力及其运动方向的分力将克服其重力的分力使水银向传感器电极端移动，使传感器的两个电极接通。当传感器用作碰撞信号传感器时，两个电极接通，将碰撞信号输入 SRS ECU；当传感器用作碰撞防护传感器时，将点火器电源电路接通。

⑦ 阻尼弹簧式碰撞传感器的结构与原理。

a. 阻尼弹簧式碰撞传感器的结构。阻尼弹簧式碰撞传感器用于整体式安全气囊。它装在方向盘的气囊内，一旦汽车发生碰撞，它可使点火剂点燃，让充气装置的气体发生剂燃烧，使气囊充气膨胀。阻尼式弹簧传感器由球体、导向筒、点火针、触发杠杆、平衡弹簧、点火弹簧等组成，其结构如图 6-142 所示。

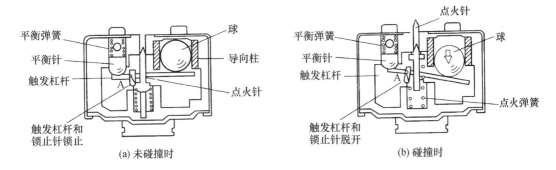

图 6-142 阻尼弹簧式碰撞传感器的结构与原理

b. 阻尼弹簧式碰撞传感器的工作原理。阻尼弹簧式碰撞传感器的工作原理如图 6-142 所示。当汽车发生碰撞时，传感器受到一个向后的惯性力作用，传感器内球体在惯性力作用下沿导向筒向下（图 6-142 中所示方向）推动。触发杠杆绕支点 A 转动，触发杠杆左端压缩弹簧；当冲撞减速度达到一定值时，触发杠杆转动到触发杠杆上的锁止针失去作用的位置，此时引燃高速冲击点火剂而点燃气体发生剂。这种方式没有采用电控方式，其结构简单，只能作为气囊装置发挥作用，且没有可靠的补救功能和自我诊断功能。

⑧ 中央加速度传感器的结构与原理。

中央加速度传感器又称为防护传感器或中央安全气囊传感器，安装在安全气囊电脑（SRS ECU）的内部，如图 6-143 所示。

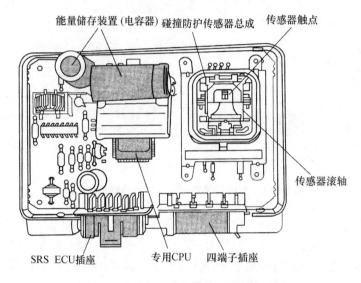

图6-143 中央加速度传感器的安装位置

a. 中央加速度传感器的结构。中央加速度传感器的结构及电路如图6-144所示，由悬臂、计示电阻及集成电路组成。计示电阻是一个半导体应变片，半导体应变片两端被悬臂架压住。

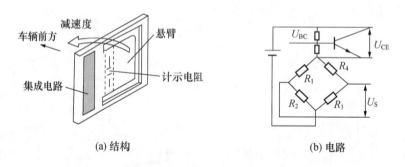

(a) 结构　　　　　　　　　　　(b) 电路

图6-144 中央加速度传感器的结构及电路

b. 中央加速度传感器的工作原理。当汽车发生碰撞时，半导体应变片在悬臂架惯性力作用下发生弯曲应变，受压后的半导体应变片的电阻值产生变化，电阻的变化引起集成电路输出电压 U_S 的变化。汽车的速度越大，碰撞后产生的减速度越大，传感器输出的电压越大。由于半导体压力传感器的输出特性受温度影响，因此常采用晶体管的基极—发射极间的电压变化来对温度进行修正。安全气囊ECU根据碰撞信号进行分析处理，若需要引爆安全气囊，安全气囊ECU便会接通点火电路，如此时前方碰撞传感器的触点同时也闭合，则气体发生器的电路接通，安全气囊引爆。

中央加速度传感器信号处理电路如图6-145所示。从主放大器输出的电压与作用在夹板上的加速度成正比，具有对夹板折断或放大器电路有无异常做自我检查的功能。在发动机启动前进行检验，在点火开关接通后，即能发出ECU的故障诊断电路来的检验信号，矩形波电压加于阻抗桥上，如一切正常，则从主放大器输出微分波形。此外，在通常转动时也进行日常检查,例如,当夹板断裂时,电桥电路变异变位,则主放大器的输出停留在"H_i"和"L_o"上,预先发现异常情况,引起驾驶员注意。

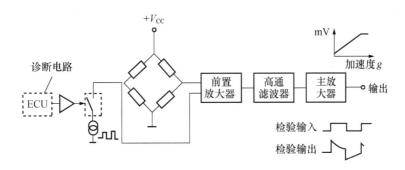

图 6-145　中央加速度传感器的信号处理电路

(2) 碰撞传感器的检测方法

当检测碰撞传感器时,应注意以下事项。

① 检查安全气囊系统时,即使只发生了轻微碰撞而安全气囊并未膨开,也应对碰撞传感器和 SRS 气囊系统及其他部件进行检查。

② 安全气囊系统对零部件的工作可靠性要求极高,所有零件均为一次性使用部件,绝不要试图修复碰撞传感器和 SRS 系统部件,同时应更换左前和右前碰撞传感器。在更换碰撞传感器时,应使用新品,且不允许使用不同型号车辆上的零部件。

③ 在检修汽车其他零部件时,如有可能对安全气囊系统的碰撞传感器产生冲击,则应在检修工作开始之前,先将碰撞传感器拆下,以防安全气囊误膨开。

④ 安全气囊系统的防护碰撞传感器采用水银开关式碰撞传感器。由于水银蒸发有剧毒,因此该传感器更换之后,换下的旧传感器不能随意毁掉,应当作为有害废物处理。当车辆报废或更换 SRS ECU 时,应当拆下水银开关式碰撞传感器总成并作为有害废物处理。

⑤ 当碰撞传感器摔碰之后或其壳体、支架、导线连接器有裂纹、凹陷时,应换用新件。

⑥ 前碰撞传感器和安全气囊系统的重要组件不得暴晒或接近火源。

⑦ 在安全气囊系统各个总成或零部件的表面上,均标有说明标牌或注意事项,使用与检修时必须遵照执行。

⑧ 碰撞传感器的动作具有方向性,安装前碰撞传感器时,传感器壳体上的箭头必须指向规定方向,如日本日产和马自达汽车按使用说明书规定应指向汽车后方。安装丰田车系前碰撞传感器时,则要求传感器壳体上的箭头必须指向汽车前方。

⑨ 前碰撞传感器的定位螺栓和螺母必须经过防锈处理,拆卸或更换前碰撞传感器时,必须同时更换定位螺栓和螺母。

⑩ 前碰撞传感器引出导线的连接器装有电路连接诊断机构。安装连接器时,插头与插座应当插牢。当连接器插头与插座未插牢时,自动诊断系统将会检测出故障并将故障码存入存储器中。

现以丰田雷克萨斯 LS400 轿车的前碰撞传感器为例对碰撞传感器的检测方法进行介绍。

① 检测前碰撞传感器电路。拔下 SRS ECU 线束插头，先检测线束插头上 +SR 与 -SR 端子、+SL 端子与 -SL 端子之间的电阻，如图 6-146 所示。正常阻值应为 755~885 Ω。如电阻值不正常，则说明端子 +SR 或 -SR、+SL 或 -SL 至前碰撞传感器之间的线束搭铁或前碰撞传感器电路有故障。

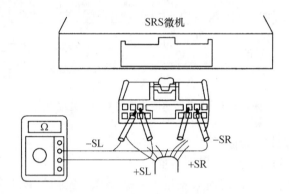

图 6-146　检测前碰撞传感器电路

再检测 +SR、+SL 端子与车身（搭铁）之间的电阻，如图 6-147 所示。若为无穷大，说明线束良好，故障出在传感器，即前碰撞传感器需要更换；如阻值不为无穷大，说明端子 +SR 或 +SL 至前碰撞传感器之间的线束搭铁，需要修理或更换线束。

② 检查前碰撞传感器。脱开前碰撞传感器线束连接器插头，用万用表欧姆挡检测传感器插头各端子之间的电阻值，如图 6-148 所示。其中 +S 与 +A 间阻值应为 755~885 Ω，+S 与 -S 间阻值应为无穷大，-S 与 -A 间阻值应小于 1 Ω，如不符，应当更换前碰撞传感器。

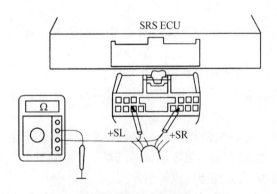

图 6-147　传感器线路搭铁的检测

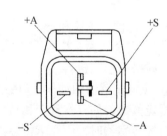

图 6-148　前碰撞传感器的检测

③ 通过检测前碰撞传感器。根据 +SR、+SL 端子间的电压检查线路故障。将蓄电池负极电缆端子接上，将点火开关转到"ON"位置，用万用表电压挡在 SRS 微机线束插头上检测 +SR，+SL 端子与车身（搭铁）之间的电压，如图 6-149 所示。正常电压应为

0V；如果电压超过0V，说明端子+SR或+SL至前碰撞传感器之间的线路与电源线搭铁有故障，需要修理或更换线束与连接器。

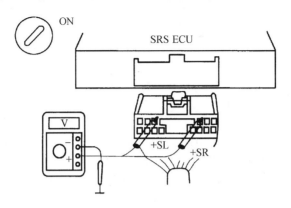

图6-149 检测前碰撞传感器的线路电压

④ 检查SRS ECU至前碰撞传感器之间的线路是否断路。拔下SRS ECU线束连接器插头，分别用导线将插头上的+SR与-SR、+SL与-SL端子连接起来，用万用表检测传感器插头上+SR与-SR、+SL与-SL端子之间的阻值，如图6-150所示。正常电阻值应小于1Ω；否则，说明前碰撞传感器至SRS ECU之间的线束断路或接触不良，应进行修理或更换新品。

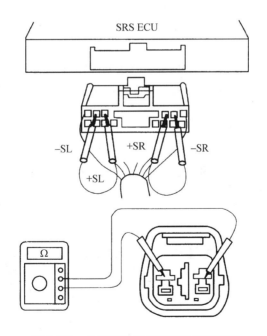

图6-150 检测前碰撞传感器线是否断路

6.9 气体浓度传感器的结构、原理与检测

6.9.1 概述

目前在汽车上使用的气体浓度传感器主要有氧传感器、宽量程空燃比传感器、稀薄混合气传感器、烟尘浓度传感器等。

氧传感器安装在发动机的排气管上,其功能是检测排放气体中氧气的含量和空燃比的浓稀,并将检测结果转变为电压或电阻信号,反馈给ECU,ECU根据氧传感器输入的信号,不断对喷油时间和喷油量进行修正,使混合气浓度保持在理想范围内,实现空燃比反馈控制。使用氧传感器对混合气的空燃比进行控制后,能够使发动机得到最佳浓度的混合气,从而降低有害气体的排放量,减少汽车排气污染。同时能使排气管中的三元催化转化器起到更有效的净化作用(三元催化转化器只在空燃比接近理论值时才起到净化作用)。

相对普通氧传感器而言,有一种传感器能连续检测混合气从浓到稀的整个范围的空燃比,此类传感器称为宽量程空燃比传感器。与宽量程空燃比传感器形成对比的是稀薄混合气传感器,这种传感器能够在混合气极稀薄领域中连续地测出稀薄燃烧区的空燃比,实现了稀薄领域的反馈控制。

此外还有与空气净化器配套使用的烟尘浓度传感器,此传感器通过检测烟雾浓度后,可使空气净化器自动运转或停止,从而达到净化驾驶室内空气的目的。

6.9.2 氧传感器

汽车发动机燃油喷射系统目前已实际采用的氧传感器主要有二氧化锆型(ZrO_2)和二氧化钛型(TiO_2)两种类型。二氧化锆型传感器有加热式和非加热式两种,汽车上大部分使用的是加热式;二氧化钛型也有加热式和非加热式两种,一般也使用加热式。

(1) 二氧化锆式氧传感器

① 二氧化锆式氧传感器的结构与原理。

a. 二氧化锆式氧传感器的结构。二氧化锆式氧传感器(非加热型)的结构如图6-151所示。

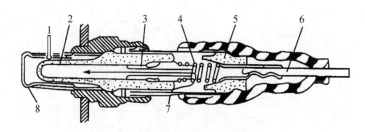

图6-151 二氧化锆式氧传感器的结构

二氧化锆式氧传感器的基本元件是锆管——专用陶瓷体(即二氧化锆固体电解质)制成的试管似的固体电解质。锆管固定在带有安装固定螺钉的固定套中,其内表面通大气,

外表面与排气相通。锆管内表面和外表面都喷涂有一层多孔性的铂膜作为电极,同时为防止发动机所排出的废气中的杂质腐蚀铂膜,在锆管的外表面上还喷涂有一层多孔的陶瓷粉末作为保护膜。

传感器的接线端上有一个金属护套,其上设有用于锆管内腔和大气相通的透气孔。电线将锆管内表面的铂极经绝缘套从此接线端上引出。

b. 二氧化锆式氧传感器的工作原理。二氧化锆式氧传感器的工作原理如图 6-152 所示。锆管的陶瓷体是多孔的,渗入其中的氧气在温度较高时发生电离。只要锆管内(与大气相通)、外侧(与排气相通)氧含量不一致,存在浓度差,氧离子就将从大气侧向排气侧扩散,从而使锆管成为一个微电池,在两铂极间产生电压。

当供给发动机的可燃混合气较稀时,由于排气中氧含量较高,锆管内外表面的氧浓度差较小,因此锆管两铂膜电极间的电位差很低,产生很小的电压,即传感器的输出电压几乎为零;当供给发动机的可燃混合气浓时,排气中氧含量少,同时伴有较多的未完全燃烧的产物 CO、HC、H_2 等,这些成分在锆管外表面上的催化剂铂的作用下,与氧发生反应,消耗排气中残余的氧,这将使锆管外表面本来就极其稀少的氧浓度含量进一步降低,而锆管内表面仍与大气相通,氧含量较高,这样锆管内、外表面的氧浓度差就较大,因此锆管两铂膜电极之间的电位差就较高,产生较大的电压,即传感器的输出电压接近 1 V,如图 6-153 所示。

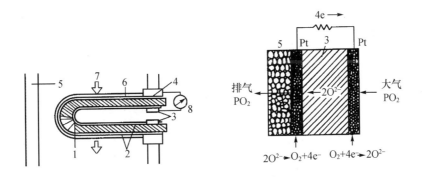

图 6-152 二氧化锆式氧传感器的工作原理图

1—废气;2—锆管;3—电极;4—弹簧;5—绝缘体;6—信号输出导线;7—空气;8—保护套管

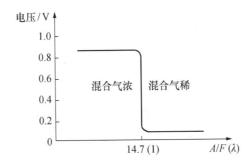

图 6-153 二氧化锆式氧传感器的输出特性

从图 6-153 中还可以看出，这种电压的突变发生在空燃比为 14.7 时，即为理论空燃比时，此时空气过量系数为 1。但要保持混合气为理论空燃比是不可能的。实际上的反馈控制只能使混合气在理论空燃比附近一个狭小的范围内波动，故氧传感器的输出电压在 0~1V 之间不断变化（通常每 10 s 变化 8 次以上）。如果氧传感器的输出电压变化过缓或电压保持不变（不论保持在高电位还是低电位），则表明氧传感器有故障。

其实传感器的这种特性在温度较高时才充分体现出来。即氧气在高温时才能完全电离，在温度较低时其特性有很大的变化。因此，后来生产的二氧化锆式氧传感器都在其内部增加了一个陶瓷加热元件，用于保证其工作温度，这就是在前面提到的加热式二氧化锆氧传感器。这种加热式二氧化锆氧传感器有 4 根线，两根与 ECU 相连，两根是电源的正、负线。加热元件受 ECU 控制，无论排气温度是多少，只要不超过工作极限温度，陶瓷体温度总是会不断变化。

二氧化锆非加热式及加热式氧传感器与 ECU 的连接电路如图 6-154 所示。

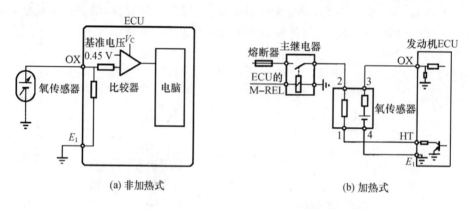

图 6-154　二氧化锆式氧传感器与 ECU 的连接电路

② 二氧化锆式氧传感器的检测方法。对二氧化锆式氧传感器可用电阻法及电压法来进行检测，具体方法如下。

a. 电阻法。利用万用表测量二氧化锆式氧传感器在暖机和非暖机情况下的电阻，在充分暖机状态下氧传感器的电阻值约为 300 kΩ，不在暖机状态下其电阻值应为 ∞。

对于带加热器的二氧化锆式氧传感器，可检测其加热器电阻：将点火开关置于 OFF，拔下氧传感器导线插接器，用万用表电阻挡测量氧传感器接线端子中加热器端子与搭铁端子间的阻值，其阻值应符合标准规定值（一般为 4~40 Ω）。若不符合，则氧传感器可能损坏，应继续检测或更换。

b. 电压法。用汽车专用万用表的红色测试线接氧传感器的信号线，黑色线接地，同时将其置于 4V 直流挡位置。让发动机以 2 500 r/min 左右的转速运转，当发动机尾气较浓时，输出信号电压应在 0.9 V 左右，当排出的废气较稀时，输出的信号电压应在 0.1 V 左右，若测得值相差很大，则说明传感器已经损坏。

③ 检测方法在具体车型上的应用。

a. 桑塔纳 2000 GLi 型轿车二氧化锆式氧传感器的检测。桑塔纳 2000 GLi 型轿车的氧传感器均为二氧化锆式，其电路图如图 6-155 所示。

第6章 汽车用传感器

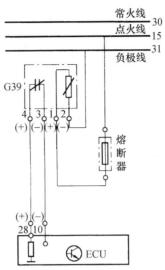

图 6-155 桑塔纳 2000GLi 型轿车的氧传感器电路图

当桑塔纳 2000 GLi 型轿车的氧传感器出现故障时，发动机 ECU 检测不到故障信息，但发动机仍能以开环方式继续运转。因为 ECU 接收不到氧传感器信号来调节混合气浓度，所以发动机不能工作在最佳状态，排气中有害气体的含量以及发动机的燃油消耗量将增加。使用配备的专用诊断仪，通过诊断插座可以读取氧传感器的工作参数和获取氧传感器的故障信息。

对此类型轿车的氧传感器进行检测时，仍用万用表测量相应端子间的电压及电阻值，应符合标准规定值，否则说明已损坏，应更换。其标准值如表 6-10 所示。

表 6-10 桑塔纳 2000 GLi 型轿车氧传感器的检测

检测项目	检测条件	检测部位	标准值
电源电压	点火开关 ON，发动机怠速	两根白色导线间的电压 1 与 2 端子	13～14 V
信号电压	发动机启动	灰色与黑色导线间的电压 4 与 3 端子	在 0.1～0.9 V 之间变化
模拟故障检测信号电压	发动机启动，怠速拔下油压调节器真空管并将管口堵住	两根白色导线间的电压 1 与 2 端子	显示 0.9 V，然后开始摆动
加热元件电阻	拔下传感器连接器	灰色与黑色导线间的电压 4 与 3 端子	0.5～20 Ω
信号正极线	拔下 ECU、传感器连接器	28 端子与 4 端子	<0.5 Ω
信号负极线	拔下 ECU、传感器连接器	10 端子与 3 端子	<0.5 Ω
加热元件正极导线	关闭点火开关，拔下传感器连接器	点火开关 15 端子至传感器连接器端子	<0.5 Ω
加热元件负极导线	关闭点火开关，拔下传感器连接器	传感器连接器端子 2 端子至搭铁端子 31	<0.5 Ω

b. 捷达轿车二氧化锆式氧传感器的检测。桑塔纳 2000 GSi 和捷达 CL，AT，GTX 型轿车使用的氧传感器型号相同，都是 G39，结构也相同，都是二氧化锆型传感器，如图 6-156 所示。其电路图及接线端子如图 6-157 所示。

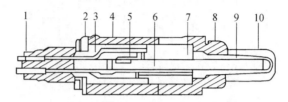

图 6-156　捷达轿车二氧化锆式氧传感器的结构
1—接线；2—片簧；3—陶瓷管；4—防护套；5—加热元件引线；6—加热元件；7—连接线；
8—传感器壳体；9—传感器活性陶瓷；10—防护套

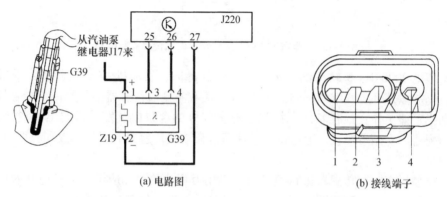

(a) 电路图　　　　　　　　　　　　(b) 接线端子

图 6-157　捷达轿车二氧化锆式氧传感器的电路图及接线端子
1—加热元件正极；2—加热元件负极；3—信号电压正极；4—信号电压负极

这里需要进行说明的是，氧传感器又叫"λ"传感器，它安装在排气谐振腔内，"λ"的功能是根据排气中氧气的浓度而产生不同的电压信号。实质是根据排气中的氧浓度检测混合气空燃比是过浓还是过稀。其评价指标就是空气过量系数"λ"。"λ"传感器的最大特点是当过量空气系数 λ=1 时输出电压信号发生突变，ECU 可以借此信号检测和识别发动机在任一瞬间的可燃混合气浓度，对过浓或过稀的混合气进行修正，保证发动机在部分负荷和怠速工况下实现 λ=1 的闭环控制，即实行"λ"调节。而在"λ"氧传感器中最重要的是二氧化锆传感元件，其内外铂电极根据空气和排气中氧气的浓度差而产生传感器输出电压信号。它的最佳工作温度为 600℃，工作温度区间为 300～850℃，为此在传感器内部设有加热元件 Z19。"λ"传感器向 ECU 提供的是废气中剩余氧含量的信息，ECU 根据此信息计算出当时的混合气成分。

氧传感器需要被加热，以便在启动时迅速达到其工作温度，在怠速时实现最佳的"λ"调节。发动机启动后由燃油泵继电器 J17 控制氧传感器中的加热元件。ECU 根据传感器信号按顺序修正喷油器的喷油时间，使混合气成分保持 λ=1。"λ"调节可以自适应。传感器和执行元件上的改变可以通过自适应的"λ"调节在喷油时间上补偿。在装有"λ"调节的车上不再需要人工 CO 浓度调节。如果"λ"信号中断，就不再有"λ"调节。此时 ECU 按最后一次自适应喷油时间值工作。在更换氧传感器时,要在安装之前在螺纹上涂 "G5" 密封胶,注意勿将 "GS" 涂到传感器体的缝隙中。

对此种类型传感器可从电阻及电压方面去检测,方法如下。

- 检测加热元件的电阻。加热元件的电阻值在常温条件下是 $1\sim5\,\Omega$,温度上升很少时,阻值就会显著增大。因此,在室温下,可用万用表进行检测。检测时,拔下氧传感器线束插头,检测插头上端子 1 与 2 之间的电阻,阻值在常温下应为 $1\sim5\,\Omega$。如常温下阻值为无穷大,说明加热元件断路,应更换氧传感器。

- 检测传感器的电源电压。氧传感器加热元件的电压为整车电源电压,当点火开关接通使燃油泵继电器触点接通时,加热元件的电源即被接通。检测加热元件的电压时,拔下氧传感器插头,启动发动机,检测连接器插座上的端子 1 与 2 之间的电压,电压值应不低于 11 V。如电压为零,说明熔断丝断路或燃油泵继电器触点接触不良,分别检修即可。

- 检测传感器的信号电压。检测氧传感器信号电压时,插头与插座连接,将数字式万用表连接到氧传感器端子 3 与 4 连接的导线上,接通点火开关时,电压应为 0.45 ± 0.05 V;当供给发动机浓混合气(节气门加大到底)时,信号电压应为 $0.7\sim1.0$ V;当供给发动机稀混合气(拔下空气流量传感器至发动机之间的真空管)时,信号电压应为 $0.1\sim0.3$ V;否则说明氧传感器失效,应予以更换。

检测氧传感器的信号电压,可将一只发光二极管和一只 $300\,\Omega/0.25$ W 的电阻串联连接在传感器 3 与 4 端子连接的导线之间进行检测。二极管正极连接到 3 端子上,二极管的负极经 $300\,\Omega$ 电阻连接到连接器 4 端子上。发动机怠速或部分负荷运转时,发光二极管应当闪亮。如电源电压正常,二极管不闪亮,说明传感器发生故障,应予以更换。发光二极管闪亮频率每分钟应不低于 10 次。如二极管不闪或闪亮频率过低,说明氧传感器加热元件失效,应更换传感器。

c. 丰田雷克萨斯 LS400 型轿车二氧化锆式氧传感器的检测

丰田雷克萨斯 LS400 型轿车的发动机排气管的左列和右列各安装有两个主、副二氧化锆式氧传感器。主氧传感器带加热装置,安装在前面;副氧传感器不带加热装置,安装在后面。其安装位置如图 6-158 所示。

丰田雷克萨斯 LS400 型轿车氧传感器的结构与输出特性如图 6-159 所示,主氧传感器与 ECU 的连接电路如图 6-160 所示。

- 主氧传感器的检测。主氧传感器加热装置、加热线圈由 EFI 主继电器供电,并由 ECU 控制搭铁回路。主氧传感器输出信号由 OXL1 和 OXR1 端子输入 ECU,对发动机的空燃比进行控制。

当点火开关在 ON 时,发动机的水温和转速高于设定值,传感器的稀、浓信号会交替出现。当主氧传感器信号电压在 $0.35\sim0.70$ V 之间变化时,会出现故障码。

这时应先检测 ECT、ECU 连接器端子 HT_1 和 HT_2 与搭铁间的电压。拆下 ECT、ECU 连接器,点火开关在 ON 时,测量 HT_1、HT_2 与搭铁间的电压,应为蓄电池电压。

再检测加热装置线圈的电阻。测量主氧传感器连接器端子 1 与 2 之间的电阻,在 20℃ 时应为 $5.1\sim6.3\,\Omega$。

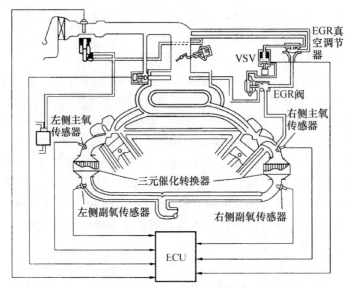

图 6-158 丰田雷克萨斯 LS400 型轿车氧传感器的安装位置

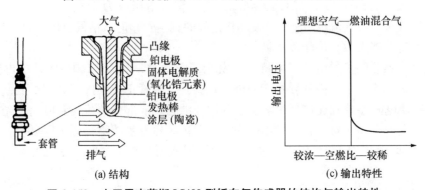

图 6-159 丰田雷克萨斯 LS400 型轿车氧传感器的结构与输出特性

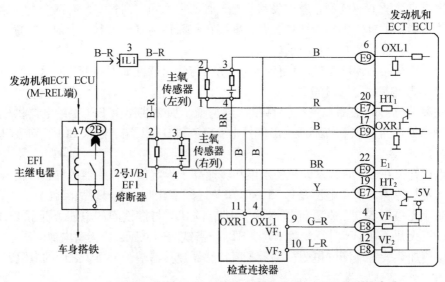

图 6-160 丰田雷克萨斯 LS400 型轿车主氧传感器与 ECU 的连接电路

最后检测 ECT、ECU 连接器端子 HT_1、HT_2 与搭铁间的电压。当发动机预热到正常温度、急速时，测量 ECT、ECU 连接器端子 HT_1、HT_2 与搭铁间的电压，应为 0 V；当发动机转速在 4 000 r/min 时，测量 HT_1、HT_2 与搭铁间的电压，应为蓄电池电压。

经以上检查，若所测量的搭铁电压不在规定范围内，则应更换主氧传感器。

- 副氧传感器的检测。雷克萨斯 LS400 型轿车副氧传感器与 ECU 的连接电路如图 6-161 所示。

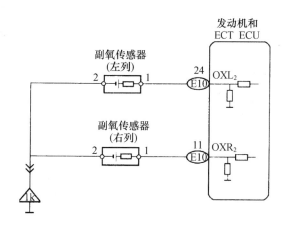

图 6-161　丰田雷克萨斯 LS400 型轿车副氧传感器与 ECU 的连接电路

副氧传感器用于氧含量的辅助控制，以达到精确控制空燃比的目的。其检测方法如下。

测量 ECT、ECU 连接器端子 OXL_2 和 OXR_2 与 E_2 间的电压。当发动机预热到正常温度时，使发动机在 4 000 r/min 运转 3 min，测量连接器端子 OXL_2 和 OXR_2 与 E_2 间的电压，应在 0.5 V 以上。若为 0 或不在所测范围内，可能是传感器已损坏或电路有故障，应继续检测，若传感器损坏应进行更换。

d. 广州本田雅阁轿车二氧化锆式氧传感器的检测。本田雅阁轿车的四缸发动机只配备了一个氧传感器，安装在三元催化装置的上游排气管上；3.0LV6 发动机配备了两个氧传感器，在三元催化装置前后各安装了一个，如图 6-162 所示。

本田雅阁轿车也是使用二氧化锆式氧传感器检测废气中的氧含量，并把氧含量的信号输入给 ECU 系统。在发动机闭环控制中，ECU 根据氧传感器输入的信号调节燃油喷射的脉冲宽度，使混合气的空燃比保持在最佳的范围内。氧传感器的结构与特性如图 6-163 所示。

本田雅阁轿车的二氧化锆式氧传感器与 ECU（ECM/PCM）的连接电路如图 6-164 所示。传感器的检测方法如下。

先检测传感器的信号电压。启动发动机，让发动机以 2 500 r/min 左右转速运转，用指针式万用表测量氧传感器的信号线（白）与搭铁线（绿/黑）之间的电压值，如图 6-165 所示。万用表指针应在 0～1 V 之间摆动，且 10 s 内摆动次数不应少于 8 次。发动机转速迅速升高至 4 500 r/min 时，测量电压应不小于 0.6 V。

再检测氧传感器的电阻值。关闭点火开关,拔下氧传感器的 4 芯插头。测量氧传感器的 3、4 两端子之间的电阻值,如图 6-166 所示。电阻的标准值应在 10～40Ω 之间。

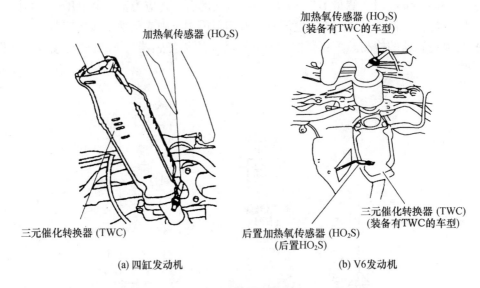

图 6-162 广州本田雅阁轿车氧传感器的安装位置

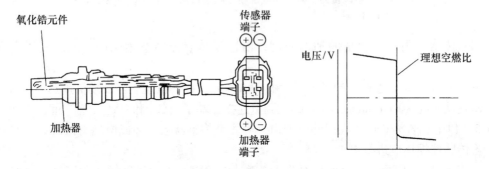

图 6-163 广州本田雅阁轿车氧传感器的结构与特性

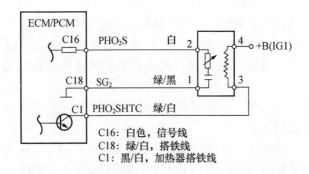

图 6-164 广州本田雅阁轿车氧传感器与 ECU 的连接电路

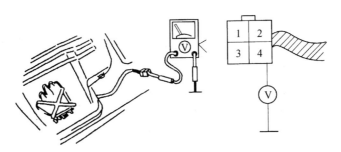

图 6-165　检测氧传感器的信号电压和电源电压

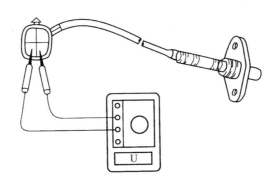

图 6-166　检测氧传感器的电阻

最后检测氧传感器的线束导通性。关闭点火开关，拔下 ECM/PCM 的 C 插头（31 芯），拔下氧传感器的 4 芯插头。分别测量氧传感器 4 芯插头的 1、2、3 端子与 C18、C16、C1 之间的导通性，如图 6-167 所示。所测的各端子间电阻值应小于 1.5Ω，若为无穷大则断路。

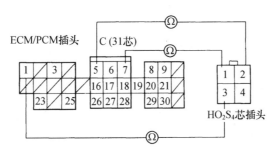

图 6-167　检测氧传感器的线束导通性

e. 富康轿车二氧化锆式氧传感器的检测。富康轿车也采用加热型二氧化锆式氧传感器，它安装在三元催化转换器之前的排气管上，其结构及输出特性如图 6-168 所示。

富康轿车氧传感器的电路图如图 6-169 所示。氧传感器上有 4 个接线端子，其中接线端子 1 通过主继电器与蓄电池连通；接线端子 2 与发动机电脑（ECU）的接线端子 19 或 2 连通；接线端子 3 与电脑（ECU）的接线端子 10 连通；接线端子 4 与电脑（ECU）的接线端子 28 连通。

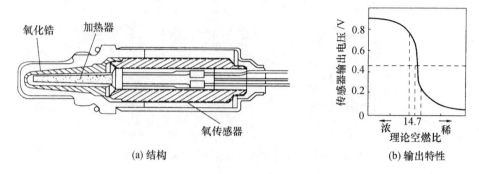

(a) 结构　　　　　　　　(b) 输出特性

图 6-168　富康轿车氧传感器的结构与特性

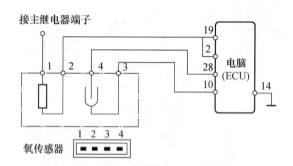

图 6-169　富康轿车氧传感器的电路图

富康轿车氧传感器的检测方法如下。

先检测氧传感器的电阻。关闭点火开关，取下氧传感器的插头，检测插头端子 1 和端子 2 之间的电阻，其电阻值应为 3.5Ω 左右。如检测结果相差很大，则表明氧传感器的加热电阻损坏，应更换氧传感器。

再检测氧传感器的电压。关闭点火开关，取下氧传感器的插头后，再打开点火开关，检测怠速控制阀插头端子 1 与搭铁之间的电压，其标准值应为 12V；否则应检查熔断器、主继电器以及它们之间的导线连接情况。

最后检测氧传感器的输出信号。插好氧传感器的插头，启动发动机，使氧传感器达到工作温度，并维持怠速运转。此时，检测氧传感器插头端子 3 和 4 之间的输出电压，其电压值应在 0.4～0.9V 之间波动。若取下一根发动机真空管，将产生稀混合气，此时检测的电压应下降约为 0.4V；若取下燃油压力调节器上的真空管，将产生浓混合气，此时检测的电压应增大 0.7V 左右。在混合气浓度变化时，如果氧传感器输出信号的电压不能相应改变，表明氧传感器有故障。此时，可使发动机高速运转，并同时拆下一根大真空管，以清除氧传感器上的铅或积炭，然后再进行测试，如果故障仍存在，则需更换氧传感器。

f. 北京切诺基汽车氧传感器的检测。北京切诺基吉普车采用的也是带加热元件的二氧化锆式传感器，安装于前排气管上。该传感器用来向发动机控制器输入一个与发动机排气中氧含量有关的电压信号，发动机控制器以此来实现对最佳空燃比的控制。氧传感器与 ECU 的连接电路如图 6-170 所示。

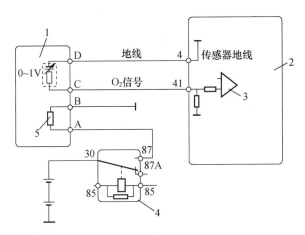

图 6-170　北京切诺基氧传感器与 ECU 的连接电路

从图 6-170 中可以看出，传感器上共有 4 条导线，依次为 A 端子接加热元件的电源输入线，B 端子为接地线，C 端子接传感器的信号输出线，D 端子为地线。

北京切诺基汽车氧传感器的检测方法如下。

先检测传感器的电阻。拔下氧传感器的线束接头，用万用表欧姆挡测试 A、B 端子之间的电阻值。在正常情况下，其电阻值应为 5～7Ω，如果电阻值为无穷大，表明加热电阻断路，应更换氧传感器。

然后检测传感器的信号电压，检测氧传感器的输出电压时，应使发动机在正常工作温度下稳定运行，用万用表直流电压挡测量传感器 C、D 端子之间的电压，其电压值应在 0～1V 范围内。如果电压值保持 0V 不变，则要调节节气门的开度，改变发动机的转速，若电压随着节气门的开度变化而变化，说明氧传感器良好，否则，说明氧传感器已损坏，应予更换。如果电压值保持 1V 不变，可拆下进气歧管上的一根真空管，使混合气变稀，若电压值发生变化，则表明氧传感器良好，否则，说明传感器已损坏，应当换用新的氧传感器。

（2）二氧化钛式氧传感器

① 二氧化钛式氧传感器的结构与工作原理。

a. 二氧化钛式氧传感器的结构。二氧化钛式氧传感器的结构与二氧化锆式氧传感器的结构相似，主要由二氧化钛传感元件（钛管）、钢质壳体、加热元件和接线端子、护套、护管等组成，如图 6-171 所示。

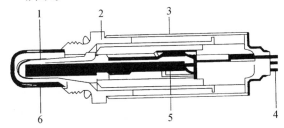

图 6-171　二氧化钛式氧传感器的结构
1—钛管；2—壳体；3—护套；4—接线端子；5—加热元件；6—传感器护管

与二氧化锆式氧传感器相同的是，二氧化钛式氧传感器也需要在温度高于300℃时才能正常工作，因此它也安装在温度较高的排气管上。同时，后来生产的二氧化钛式氧传感器的内部也都采用了电加热器对二氧化钛传感元件进行加热，以使氧传感器在发动机的工作过程中保持恒定的温度。

与二氧化锆式氧传感器不同的是，二氧化钛式氧传感器不需要与大气压进行比较（它是利用二氧化钛的电阻随排气中氧含量的变化而变化的特性制成的），因此传感元件的密封与防水十分方便，利用玻璃粉末或滑石粉末等密封剂密封即可达到使用要求。此外，在电极引线与护套之间设置一个硅橡胶密封衬垫，可以防止水汽浸入传感器内部而腐蚀电极。

目前使用较多的二氧化钛传感元件有芯片式和厚膜式两种。芯片式是将铂金属线埋入二氧化钛芯片中，金属铂兼作催化剂用；厚膜式是采用半导体封装工艺中的氧化铝层压板工艺制成。此外还有用热敏电阻进行温度补偿的二氧化钛式传感器等。

b. 二氧化钛式氧传感器的工作原理。纯净的二氧化钛是一种电阻很高的半导体，其表面一旦缺氧，其晶格会出现缺陷，产生更多的电子，使其电阻降低。二氧化钛式氧传感器就是利用二氧化钛材料的电阻值随排气中氧含量变化的特性制成的，所以又叫电阻型氧传感器。二氧化钛式氧传感器的信号源（即传感元件）相当于一个可变电阻，其阻值与过量空气系数和空燃比的关系如图6-172所示。

从图6-172中可以看出，当发动机的可燃混合气稀（过量空气系数大于1）时，排气中氧离子含量较多，传感元件周围的氧离子浓度较大，二氧化钛呈现高电阻状态。当发动机的可燃混合气较浓（过量空气系数小于1）时，传感元件周围的氧离子很少，同时在催化剂铂的作用下，剩余氧离子与排气中的一氧化碳（CO）发生化学反应生成二氧化碳（CO_2），将排气中的氧离子进一步消耗掉，二氧化钛呈现低阻值状态，从而大大提高了传感器灵敏度。二氧化钛式氧传感器的电阻将在混合气的过量空气系数为1（空燃比A/F为14.7）时产生突变。

由此可见，二氧化钛式氧传感器与二氧化锆式氧传感器的主要区别在于：二氧化锆式氧传感器是将排气中的氧含量变化转变为电压的变化；而二氧化钛式氧传感器是将排气中氧含量的变化转变为电阻的变化。

二氧化钛式氧传感器与ECU的连接电路如图6-173所示。

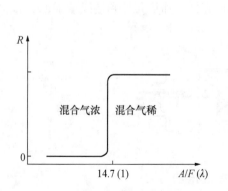

图6-172 二氧化钛式氧传感器的特性

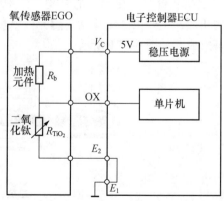

图6-173 二氧化钛式氧传感器与ECU的连接电路

在发动机的运转过程中,并不是在任何时刻或任何工况下,氧传感器和反馈控制系统都起作用,ECU 是通过开环和闭环两种方式对发动机的喷油量进行控制的。发动机在启动、大负荷及暖机运转过程中,需要较浓的混合气,此时 ECU 处在开环控制状态,氧传感器不起作用。因为氧传感器只有在高温下(一般在 390℃)才投入工作,产生可靠信号。而发动机在启动后,在氧传感器未达到此温度之前,ECU 处于开环控制状态。只有当发动机达到正常工作温度后,ECU 才进行闭环控制,此时氧传感器才起反馈作用。而当氧传感器出现故障,输出信号异常时,ECU 会自动切断氧传感器的反馈作用,使发动机进入开环状态。

使用氧传感器进行信号反馈控制需要使用无铅汽油,因为含铅汽油燃烧后,废气中的铅分子会附在传感器的表面,阻碍氧离子扩散,使传感器的灵敏度下降,最终失效,这种情况称为氧传感器中毒。同时润滑油中的硅化物燃烧后生成的二氧化硅可能使氧传感器产生硅中毒而失效。所以最好使用无铅汽油和质量好的润滑油,同时在行驶一段路程后最好应更换氧传感器。

② 二氧化钛式氧传感器的检测方法。

a. 检测加热器电阻。用高阻抗数字式万用表电阻挡对氧传感器的加热电阻值进行测试。拔下氧传感器线束插头,测试氧传感器 A、B 接线柱间的电阻值。在正常情况下,其阻值为 5~7Ω。如果电阻为 ∞,说明加热电阻烧断,应更换氧传感器。

b. 检测氧传感器电源电压。如图 6-174 所示,打开点火开关,用万用表电压挡测量传感器的电源电压,其标准值为 1 V。

c. 检测氧传感器加热器电源电压。如图 6-175 所示,打开点火开关,用万用表电压测试传感器的加热电源电压,其标准值应为 12 V。

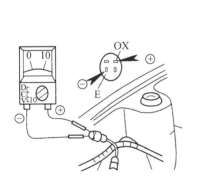

图 6-174 检测氧传感器电源电压

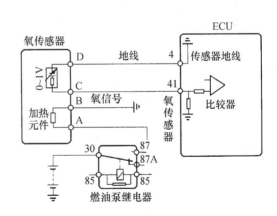

图 6-175 检测氧传感器加热器电源电压

d. 检查氧传感器反馈电压。接通点火开关,启动发动机使其在怠速下正常运转,然后用电压表测量 ECU 的 4 号端子与搭铁之间的电压值,其值应在 0.2~0.8 V 内变动。当发动机提高转速后,其电压值应为 0.6~1.0 V,否则应更换氧传感器。

e. 动态测试。使发动机充分预热,拔下燃油压力调节器的真空软管,堵上歧管,使混合气变浓（空燃比减小）。在怠速状态下测量 ECU 插接器上的 41 端子电压，电压值应大于 0.5 V，否则应更换氧传感器。

6.9.3 宽量程空燃比传感器

宽量程空燃比传感器原理如图 6-176 所示。

宽量程空燃比传感器是利用氧浓度差电池原理和氧气泵的泵电池原理，连续检测混合气从过浓到理论空燃比再到稀薄状态整个过程的一种传感器。当混合气过浓时，氧气泵就会吸入 O_2 到测定室中；而当排放的气体浓度比混合气空燃比稀薄时，则从测定室中放出 O_2 到排气中去。宽量程空燃比传感器就是利用这一特点用氧气泵供给出入测定室的 O_2，使排放气体保持在理论空燃比上。这样就可通过测定氧气泵的电流值来测定排放气体中的空燃比 A/F。如图 6-177 所示，混合气空燃比在过浓一侧为负电流，在稀薄一侧为正电流，当理论空燃比 A/F 为 14.7 时，电流值为零，即可连续测量出空燃比。

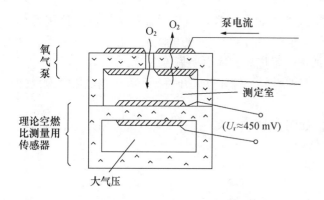

图 6-176　宽量程空燃比传感器原理图

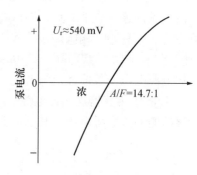

图 6-177　宽量程空燃比传感器的特性

6.9.4 稀薄混合气传感器

稀薄混合气传感器应用在发动机稀薄燃烧空燃比反馈控制系统中。该传感器与二氧化锆式氧传感器一样，使用二氧化锆元件测定排气中的氧浓度，从而来测定空燃比。这种传感器的特点是：在超稀薄燃烧状态下进行空燃比的反馈控制，与氧化催化剂结合，达到降低燃料消耗和降低排气中 NO_x 含量的目的。

稀薄混合气传感器的结构如图 6-178 所示。

稀薄混合气传感器的内部装有二氧化锆陶瓷元件与加热器。前文中介绍的二氧化锆式氧传感器是在二氧化锆元件的内外侧分别装有铂电极，并以该电极上随氧浓度差产生的电位差作为输出电压信号，利用在理论空燃比附近输出电压急剧变化的特性，检测出在理论空燃比附近的变化状态。与此相比，稀薄混合气传感器是利用在传感器电极两端施加一定电压时，通过的电流与排气中氧浓度成正比的这一特性，连续地检测出稀薄燃烧状态下的空燃比的。这种传感器的特性如图 6-179 所示。

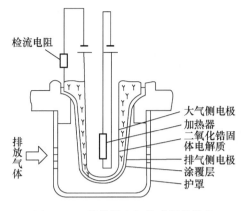

图 6-178 稀薄混合气传感器的结构

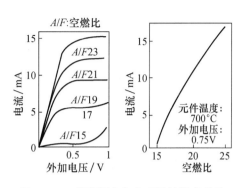

图 6-179 稀薄混合气传感器的输出特性

部分丰田轿车的稀薄燃烧系统采用了稀薄混合气传感器，用于对稀薄混合气状态下的空燃比进行反馈控制，稀薄燃烧系统的构成如图6-180所示。

为了净化排气，除采用三元催化转化方式净化排气外，也可采用稀薄燃烧法降低排气中的NO_x含量。采用三元催化方式降低NO_x含量，空燃比只能限制在15～16之间，若把空燃比提高到19后，发动机的转矩变化增大，会影响发动机的动力性；但当采用稀薄燃烧系统后，空燃比提高到23时，才开始出现转矩变化增大的现象，因此可以在转矩变化的允许范围内，选择较高空燃比以使废气中的NO_x含量符合限制值。这样，稀薄混合气范围的燃烧得到了改善，同时与理论空燃比相比，耗油率可降低10%～15%。也就是说，采用稀薄燃烧系统之后，利用改善燃烧状况的方法，在NO_x含量和转矩变化两个因素均符合要求的前提下，节省了燃油。

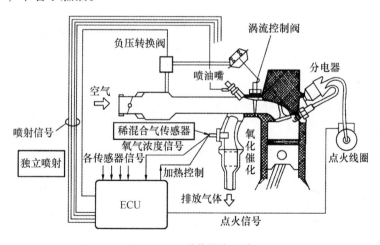

图 6-180 稀薄燃烧系统

在稀薄燃烧系统中，由ECU对燃油喷射量与点火时刻进行控制，采用了进气歧管压力、发动机转速、冷却液温度、进气温度、节气门位置等传感器信号，并以稀薄混合气传感器代替氧传感器，实现了稀薄燃烧状态下的空燃比反馈控制。

6.9.5 烟尘浓度传感器

在汽车乘员室内，吸烟者吸烟发出的香烟烟雾，以及车外侵入的灰尘等都会造成车内空气污染，从而严重危害人体健康，为此，汽车上需安装空气净化器除去空气中的烟尘。烟尘浓度传感器是与空气净化器配套使用的装置，用于检测烟雾，当烟尘浓度传感器从乘员室内感知到烟尘的存在时，可自动地使空气净化器运转；没有烟尘时使空气净化器自动停止运转，从而使乘员室内空气始终保持清新。

烟尘浓度传感器的外观如图 6-181 所示，它是由本体和盖板组成的，安装在车室顶棚上室顶灯的旁边。烟尘浓度传感器本体上设置有许多可以使烟雾自由进入的细缝，当检测出有烟雾时，烟尘浓度传感器使空气净化器的鼓风机自动运转。在一般情况下，当烟雾浓度达到 $0.3\%/m^3$，即抽 1～2 根香烟时，就可使烟尘浓度传感器启动。在烟尘浓度传感器的本体上还设有感测灵敏度调整旋钮（灵敏度用电位器），转动旋钮，即可调整传感器的灵敏度。

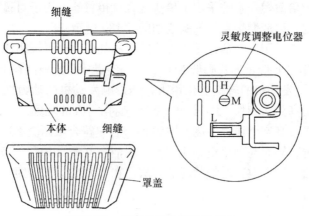

图 6-181 烟尘浓度传感器的外观

烟尘度浓度传感器是由发光元件、光电元件及信号处理电路部分组成的，其结构如图 6-182 所示。

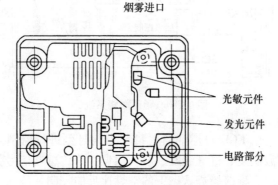

图 6-182 烟尘度浓度传感器的结构

烟尘浓度传感器的工作原理如图 6-183 所示。当空气进入烟尘浓度传感器壳体的窄缝后，可以自由地流动，发光元件（发光二极管 LED）间歇地发出肉眼不可见的红外线光，在空气中没有烟雾的情况下，这种红外线光射不到光电元件上，电路不工作；但当烟雾等进入到烟尘浓度传感器的壳体内时，烟雾粒子对间歇的红外光进行漫反射，使部分红外光照射到光电元件上，这时传感器判断出车内有烟雾的存在，就会使空气净化器鼓风机电动机旋转。烟尘浓度传感器的内部电路方框图如图 6-183 所示。

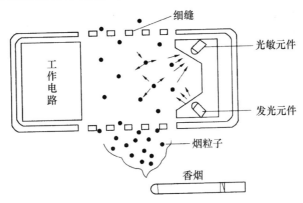

图 6-183　烟尘度浓度传感器的工作原理

为了防止外部干扰引起烟尘浓度传感器的误动作，这种传感器的控制电路采用了脉冲振荡式工作方式，这样即使有相同波长的红外线射入到烟尘浓度传感器内，因其脉冲周期不同，传感器也不能做出有烟雾的判断。另外在烟尘浓度传感器控制电路中还包含有定时、延时电路，若没有或只有少量的烟雾，鼓风机一旦动作起来，也只能连续旋转 2 min 后而停止工作。

应用烟尘浓度传感器的车内空气净化系统的构成如图 6-184 所示，从图 6-184 中可以看出，这一系统主要由空气清净器本体、控制开关及烟尘浓度传感器构成。

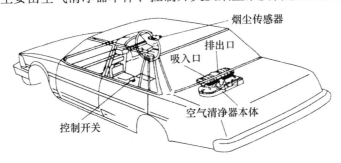

图 6-184　车内空气净化系统的构成

空气净化器本体的结构如图 6-185 所示。空气净化器本体是由鼓风机电动机、风扇、滤清器、调速电阻以及壳体组成的。滤清器采用加活性炭的滤纸式结构，在滤清器侧面塑料盒内放有中和除臭剂，目的是增大除臭作用。鼓风电动机旋转时带动风扇旋转，在吸风口处把灰尘、烟雾等吸入，把经滤清器过滤、除臭后的空气在出风口处吹向乘员室内。

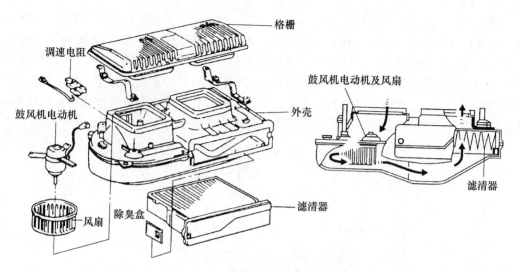

图 6-185 空气净化器本体的结构

自动空气净化系统的电路如图 6-186 所示。

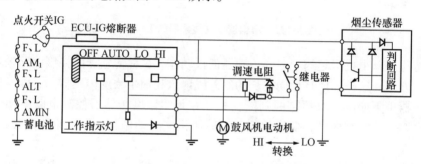

图 6-186 自动空气净化系统的电路图

第 7 章 传感器与检测系统的信号处理技术

7.1 电桥电路

7.1.1 电桥的种类

电桥电路有直流电桥和交流电桥两种。电桥电路的主要指标是输出特性、非线性误差和桥路灵敏度。下面主要讨论有关电路及其指标。

7.1.2 直流电桥

(1) 直流电桥的平衡条件

直流电桥的基本形式如图 7-1 所示。R_1、R_2、R_3、R_4 为电桥的桥臂电阻，R_L 为其负载（可以是测量仪表内阻或其他负载）。当 $R_L \to \infty$ 时，电桥的输出电压，应为

$$\Delta f = \frac{U_o' - U_o}{U_o'} \times 100\% = -\frac{1}{2}\frac{\Delta R_1}{R} \times 100\%$$

当电桥平衡时，$U_o = 0$，由上式可得

$$R_1 R_4 = R_2 R_3 \tag{7-1}$$

$R_1 R_4 = R_2 R_3$ 即称为电桥平衡条件。

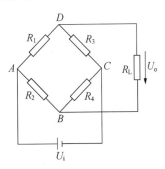

图 7-1 直流电桥电路

(2) 直流电桥的不平衡状态

① 单臂直流电桥。所谓单臂就是电桥中一桥臂为电阻式传感器，其他桥臂阻值固定不变。

a. 电桥的输出。假设只有 R_1 为传感器，且其电阻变化为 ΔR_1，这时电桥输出电压 $U_o \neq 0$（此时仍可视电桥为开路状态），则不平衡电桥实际输出电压 U_o 为

$$U_o = U_i \left(\frac{R_1}{R_1+R_2} - \frac{R_3}{R_3+R_4} \right) = U_i \left(\frac{1+\frac{\Delta R_1}{R_1}}{1+\frac{\Delta R_1}{R_1}+\frac{R_2}{R_1}} - \frac{1}{1+\frac{R_4}{R_3}} \right) \qquad (7\text{-}2)$$

当满足条件 $R_1 = R_2 = R_3 = R_4 = R$（等臂条件），且 R 远大于 ΔR_1 时，电桥的理想输出为

$$U_o = \frac{\Delta R_1}{4R} U_i$$

可见电桥的理想输出与电阻的变化率呈线性关系。

b. 电桥的非线性。通过前面的分析可以看出，电桥的输出特性表现为线性关系是在一定条件下的近似，用线性关系式来计算电桥的输出结果与电桥的实际输出之间存在一定的误差，这个误差称为非线性误差（Δf），用关系式表达为

$$\Delta f = \frac{U_o' - U_o}{U_o'} \times 100\% = -\frac{1}{2}\frac{\Delta R_1}{R} \times 100\% \qquad (7\text{-}3)$$

式中，Δf 为电桥的非线性误差；U_o' 为电桥的实际输出电压；U_o 为按线性关系计算出的电桥的输出电压。

c. 电桥的灵敏度。电桥的输出电压与被测电阻变化率之间的比值，称为电桥的灵敏度 S_n。

单臂电桥工作时为

$$S_n = \frac{U_o}{\frac{\Delta R_1}{R}} = \frac{\frac{\Delta R_1}{4R} U_i}{\frac{\Delta R_1}{R}} = \frac{1}{4} U_i \qquad (7\text{-}4)$$

② 差动直流电桥（半桥式）。若图 7-1 中直流电桥的相邻两臂为传感器，其他桥臂阻值固定不变，即构成半桥式电桥。

当 R_1 和 R_2 为传感器，满足等臂条件，并且其相应变化为 $\Delta R_1 = -\Delta R_2 = \Delta R$，则该电桥实际输出电压为

$$U_o = \frac{1}{2}\frac{\Delta R}{R} U_i \qquad (7\text{-}5)$$

式（7-5）表明，电桥的实际输出与电阻变化率呈线性关系，则说明差动电桥无非线性误差。又由于电桥的输出电压比单臂电桥输出电压提高一倍，则电桥的灵敏度也提高一倍，此时，

$$S_n = U_i/2$$

③ 双差动直流电桥（全桥式）。若图 7-1 中直流电桥的四臂均为传感器，则构成全桥差动电路。

若满足等臂条件，且有 $\Delta R_1 = -\Delta R_2 = \Delta R_4 = -\Delta R_3 = \Delta R$，则输出电压和灵敏度分别为

$$U_o = \frac{\Delta R}{R} U_i$$

$$S_\mathrm{n} = U_\mathrm{i}$$

由此可知，全桥式直流电桥是单臂直流电桥的输出电压和灵敏度的 4 倍，是半桥式直流电桥的输出电压和灵敏度的 2 倍，而且无非线性误差。

7.1.3 交流电桥

交流电桥的供桥电源为交流电源，即把图 7-1 中直流电源换成交流电源 U_i，它的四桥臂为电阻、电感、电容任意组合的复阻抗 Z_1、Z_2、Z_3、Z_4。

（1）交流电桥的平衡条件

交流电桥平衡条件分析与直流电桥相同，由此可得输出电压为

$$U_\mathrm{o} = U_\mathrm{i} \frac{Z_1 Z_4 - Z_2 Z_3}{(Z_1 + Z_2)(Z_3 + Z_4)}$$

则电桥平衡的条件为：$Z_1 Z_4 = Z_2 Z_3$。

（2）交流电桥不平衡状态

当满足与直流电桥相对应的条件时，可以得到对应的交流电桥在不平衡状态下的电压输出如下。

① 单臂交流电桥的输出电压为：

$$U_\mathrm{o} = \frac{1}{4} U_\mathrm{i} \frac{\Delta Z_1}{Z}$$

② 半桥式的输出电压为：

$$U_\mathrm{o} = \frac{1}{2} U_\mathrm{i} \frac{\Delta Z_1}{Z}$$

③ 全桥式的输出电压为：

$$U_\mathrm{o} = U_\mathrm{i} \frac{\Delta Z_1}{Z}$$

7.2 信号放大

7.2.1 反相比例放大器

图 7-2 为反相比例放大器电路，其增益 K 和平衡电阻 R 的公式如下：

$$K = \frac{U_\mathrm{o}}{U_\mathrm{i}} = -\frac{R_\mathrm{F}}{R_1}$$

$$R = \frac{R_\mathrm{F} R_1}{R_\mathrm{F} + R_1}$$

它反相输入，为电压并联负反馈电路。

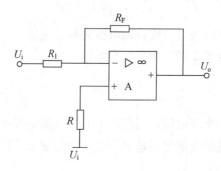

图 7-2 反相比例放大器电路

7.2.2 同相比例放大器

图 7-3 为同相比例放大器电路,其增益 $K = U_o/U_i = 1 + R_F/R_1$。它同相输入,为电压串联负反馈电路。

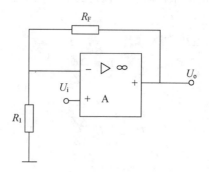

图 7-3 同相比例放大器电路

7.2.3 电压跟随器

图 7-4 为电压跟随器电路,它是同相放大器的特殊情况,$R_F = 0$。其增益 $K = U_o/U_i = 1$,它的输入阻抗很高,输出阻抗较低。

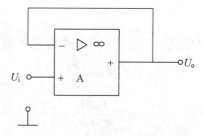

图 7-4 电压跟随器电路

7.2.4 差动放大器

图 7-5 为差动放大器电路，它差动输入，能求两个电压之差，也称减法器，其输出电压 U_o 为

$$U_o = \frac{R_F}{R_1}(U_2 - U_1)$$

当满足 $R_F/R_1 = R_3/R_2$ 时，上式成立。

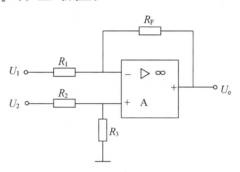

图 7-5 差动放大器电路

7.2.5 交流放大器

图 7-6 为交流放大器电路，它反相输入，其电压增益为

$$K = \frac{U_o}{U_i} = -\frac{Z_F}{Z_1}$$

式中

$$Z_1 = R_1 + \frac{1}{j\omega C_1}$$

$$\frac{1}{Z_F} = \frac{1}{R_F} + j\omega C_F$$

$$R = \frac{R_F R_1}{R_F + R_1}$$

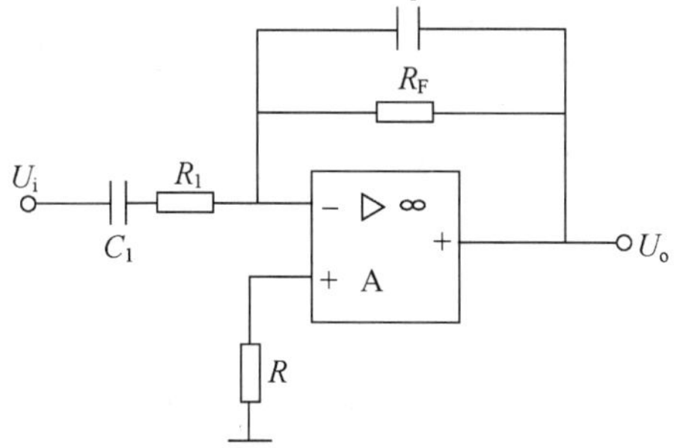

图 7-6 交流放大器电路

7.2.6 加法器

(1) 反相输入式加法器

① 电路及特点。由运算放大电路构成的加法电路的输出与输入之间的关系不随负载变化，且误差较小。

图 7-7 为反相输入式加法电路。设图中运算放大器为理想运算放大器，则有

$$U_o = -\left(\frac{R_F}{R_1}U_1 + \frac{R_F}{R_2}U_2 + \frac{R_F}{R_3}U_3\right)$$

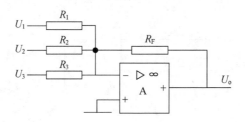

图 7-7　反相输入式加法电路

② 电路的设计及使用。由上述分析可知，由于运算放大电路具有很高的开环放大倍数，电路中又采用了深度负反馈，所以此电路能很好地实现加法运算，而且此关系不会因加带负载而变化。但在设计模拟加法电路时，应注意以下事项：

接在同相输入端的补偿电阻 R_P，根据减小温漂的要求，其值应为 $R_P = R_1 // R_2 // R_3 // R_F$；

放大器输入偏置电流在输入端产生的电压应很小，一般应不大于输入信号电压的 1/10；

R_F 不宜取大，否则会因负反馈深度减小而使误差加大。

如果取 $R_F = R_1 = R_2 = R_3$，则有

$$U_o = -(U_1 + U_2 + U_3)$$

(2) 同相输入式加法器

① 电路图。当所有待相加的信号均送到放大器的同相端，我们称之为同相输入式加法电路，其电路如图 7-8 所示。

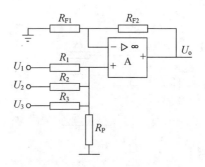

图 7-8　同相输入式加法电路

同样设运算放大器具有理想特性,可得

$$U_o = \left(1 + \frac{R_{F2}}{R_{F1}}\right)(R_1//R_2//R_3//R_P)\left(\frac{U_1}{R_1} + \frac{U_2}{R_2} + \frac{U_3}{R_3}\right)$$

② 电路的特点与使用。由上式可以看出,同相式加法电路与反相式加法电路的一个显著不同之处,是各路输入信号的电压传输系数,不仅和本路信号源与放大器输入端所接电阻之值有关,还和其他路信号源与放大器输入端所接电阻之值有关。也就是说电路中各路输入信号之间有相互影响。

温度补偿电阻 R_P 的值应满足:$R_P//R_1//R_2//R_3 = R_{F1}//R_{F2}$,则此时输入与输出之间关系式变为

$$U_o = R_{F2}\left(\frac{U_1}{R_1} + \frac{U_2}{R_2} + \frac{U_3}{R_3}\right)$$

另外,同相式加法电路具有和同相输入式放大器一样的缺点,就是输入端有较大的共模电压。计算最大共模电压时,应同时考虑所有待相加的各输入电压。

7.2.7 比较器

比较电路可实现对两个模拟信号进行比较,并用电压大小表示比较结果。表示结果的电压通常为离散值,多数情况下用高电平(逻辑1)和低电平(逻辑0)表示。

(1) 基本的电压比较电路

① 零电平检测电路。图 7-9(a)所示为开环式零电平检测电路。由运算放大器的特性可知,当运算放大器的反相端电位高于同相端时,运算放大器的输出电压为负饱和电压。相反,当运算放大器的反相端电位低于同相端时,运算放大器的输出电压为正饱和电压。在此电路中,由于同相端接地,所以有图 7-9(b)所示的输入电压与输出电压之间的关系波形。

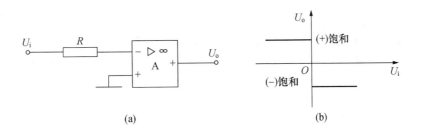

图 7-9 开环式零电平检测电路

图 7-10(a)所示为闭环式零电平检测电路,图 7-10(b)所示为输入电压与输出电压之间的关系波形。

由图 7-10(a)所示电路可知,当输入电压 $U_i > 0$ 时,二极管 VD 导通,输出电压 U_o 为 $-U_D$,(U_D 为二极管的导通压降)。当输入电压 $U_i < 0$ 时,输出为稳压二极管的击穿电压 U_Z。

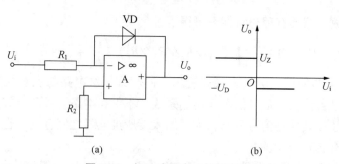

图 7-10　闭环式零电平检测电路

② 任意电平检测电路。

a. 开环式任意电平检测电路。图 7-11（a）所示为开环式任意电平检测电路。在图 7-11（a）所示的电路中，我们很容易发现开环式零电平检测电路中的运算放大器的同相端接地，反相端作为输入信号的输入端。开环式任意电平检测电路与开环式零电平检测电路的主要不同，在于同相端不接地而是接在参考电压 U_R 上。

分析电路可知，当输入电压 $U_i > U_R$ 时，输出电压 U_o 为负的饱和电压。当 $U_i < U_R$ 时，输出电压 U_o 为正的饱和电压。输入电压与输出电压之间的关系波形如图 7-11（b）所示。

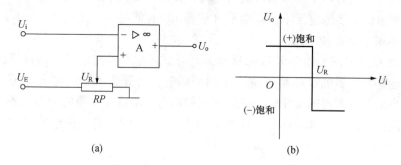

图 7-11　开环式任意电平检测电路

由图 7-11（a）可知，参考电压 U_R 可以是 $0 \sim U_E$ 之间的任意值。

b. 加法闭环式任意电平检测电路。图 7-12（a）所示电路为加法闭环式任意电平检测电路，图 7-12（b）所示为此电路的输入电压与输出电压之间的关系波形。

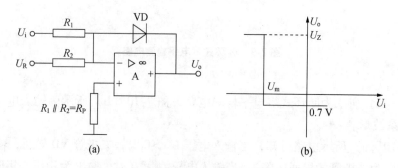

图 7-12　加法闭环式任意电平检测电路

分析图中电路可知，运算放大器的同相端通过电阻 R_P 接地，反相端接入两路信号 U_R 和 U_i，则当运算放大器发生跳变时，则有

$$\frac{U_i}{R_1} + \frac{U_R}{R_2} = 0$$

此时的 U_i 即为跳变点电压 U_m，$U_m = -(R_1/R_2)U_R$。即当输入电压 $U_i > -\left(\frac{R_1}{R_2}\right)U_R$ 时，二极管导通，输出电压 U_o 为二极管导通电压 $-U_D$。当输入电压 $U_i < -\left(\frac{R_1}{R_2}\right)U_R$ 时，二极管截止，输出电压 U_o 为稳压二极管的击穿电压 U_Z：

由上述分析可知，跳变点电压 U_m 不仅与参考电压 U_R 有关，还与 R_1 和 R_2 的比值有关，可在较大范围内调整跳变电压。

c. 减法闭环式任意电平检测电路。图 7-13（a）所示电路为减法闭环式任意电平检测电路，图 7-13（b）所示为输入电压与输出电压之间的关系波形。

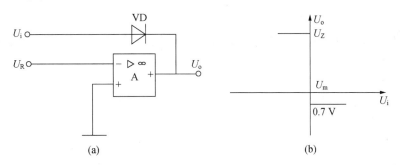

图 7-13　减法闭环式任意电平检测电路

分析电路可知，当输入电压 $U_i > U_R$ 时，二极管 VD 导通，使输出电压 $U_o = -U_D$（U_D 为二极管的导通压降）。当 $U_i < U_R$ 时，二极管 VD 截止，输出电压 $U_o = U_Z$（U_Z 为稳压二极管的击穿电压）。

（2）迟滞电压比较器电路

① 电路图。在基本比较器的基础上，外加一正反馈，如图 7-14（a）所示，便可构成迟滞电压比较器。

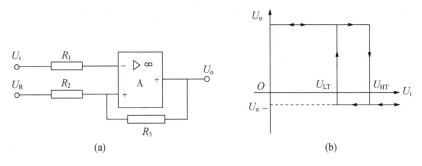

图 7-14　迟滞电压比较器电路

由图 7-14（a）可知，运算放大器的同相输入端的电位由两部分叠加而成，分别是参考电压 U_R 和输出电压 U_o，经 R_2、R_3 构成的正反馈电路在运算放大器的同相输入端的分压，即

$$U_P = \frac{R_2}{R_2 + R_1} U_o + \frac{R_3}{R_2 + R_3} U_R$$

② 电路分析。

当输入电压 U_i 很小时，输出电压 U_o 为正，记为 U_{o+}。此时运算放大器的同相输入端的电压 U_{P+} 为

$$U_{P+} = \frac{R_2}{R_2 + R_3} U_{o+} + \frac{R_3}{R_2 + R_3} U_R$$

当输入信号增大到 U_{P+} 时，比较器翻转，输出电压为 U_{o-}，则比较器的同相输入端的电压 U_{P-} 为

$$U_{P-} = \frac{R_2}{R_2 + R_3} U_{o-} + \frac{R_3}{R_2 + R_3} U_R$$

如果输入信号继续增大，比较器的输出将保持 U_{o-} 不变。当输入信号开始减小，并减小到 U_{P-} 时，比较器翻转，输出又变为 U_{o+}，同相输入端电压又变为 U_{P+}。如果输入信号继续减小，输出将保持 U_{o+} 不变，只有当输入信号开始增大，并增大到 U_{P+} 时，比较器才翻转，重复上述过程。则由上述分析可得图 7-14（b）所示的迟滞电压比较器的输出特性。

由图 7-14（b）可知，当改变比较器的输入信号时，比较器的再次翻转电压 U_{P-} 要比上一次翻转电压 U_{P+} 滞后一个电压 ΔU，我们称第一次翻转电压 U_{P+} 为上门限电压 U_{HT}，第二次翻转电压 U_{P-} 为下门限电压 U_{LT}，则

$$\Delta U = U_{HT} - U_{LT} = U_{P+} - U_{P-}$$

迟滞比较器由此而得名，也称作回差比较器，另外有些资料也把此电路称为施密特电压比较器或施密特触发器。

7.3 信号变换

成套仪表系统及自动检测系统中，传感器与仪表之间以及仪表与仪表之间的信号传送，我们总是希望采用统一标准的信号。将传感器信号转换为统一标准信号，不仅便于使用微型计算机进行巡回检测，同时可以使指示、记录仪表单一化。目前，世界各国均以直流信号作为统一信号，并将直流电压（0～5）V 及直流电流（0～10）mA 或 4～20 mA 作为统一标准信号。由于直流电流信号的"恒流性能"，在采用直流电流信号传送时，传送导线长度在一定范围内的变化不会影响信号的精度。因此，直流标准信号便于远距离传送。对于要求电压输入的仪表，可在电流回路中串入一个电阻，将电流信号转变成电压信号，故电流信号传送应用较灵活。

通常，传感器的输出信号多数为电压信号，为了将电压信号变成电流，需采用电压电流信号变换器。

7.3.1 （0～10）mA 电压/电流变换

电压/电流变换即为 V/I 变换器，其作用是将电压变换为标准的电流信号，它不仅要求具有恒流性能，而且要求输出电流随负载电阻变换所引起的变换量不超过允许值。变换电路如图 7-15 所示。运算放大器 A 接成同相放大器，此变换电路属于电流串联负反馈电路，具有较好的恒流性能。R_3 为电流反馈电阻；R 为负载电阻，它小于 R_3。三极管 T_1 和 T_2 组成电流输出级，用来扩展电流。若运算放大器的开环增益和输入阻抗足够大，则会有

$$U_{sr} \approx U_F = I_{sc} R_3$$

可见，输出电流 I_{sc} 仅与输入电压 U_{sr} 和反馈电阻 R_3 有关，与负载电阻无关，这说明它有较好的恒流性能。选择合适的反馈电阻 R_3，便能得到所需的变换关系。

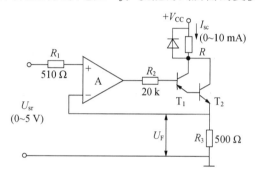

图 7-15 （0～10）mA 电压/电流变换

7.3.2 （4～20）mA 电压/电流变换

传感器在工业控制与检测中，为了使输出信号的远距离传送更为可靠，可以采用具有恒流输出的 V/I 变换器，产生 4～20 mA 的统一标准信号（规定传感器从零到满量程的统一输出信号为 4～20 mA 的直流恒电流），其特性如图 7-16 所示。这种统一标准信号广泛用于高可靠性的过程仪表中。实现该特性的典型电路如图 7-17 所示。

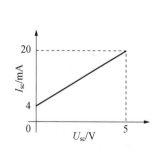

图 7-16 （4～20）mA 电压/电流变换器特性

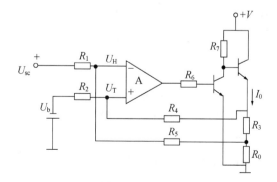

图 7-17 （4～20）mA 电压/电流变换器电路

在图 7-17 中，电压/电流变换电路由运算放大器 A 和三极管 T_1、T_2 组成。运算放大器除了幅度作用外，还兼有比较作用，它将输入电压 U_{sr} 和反馈电压 U_F（反馈电阻 R_3 两端电压）进行比较。T_1 为倒相放大级，T_2 为电流输出级。R_0 为负载电阻，U_b 为偏置电压，加在 A 的同相端，用以进行零点迁移。输出电流 I_0 流经 R_3 得到反馈电压 U_F，此电压经 R_4、R_5 加到 A 的两个输入端，形成 A 的差动输入信号，由于具有深度电流串联负反馈，因此具有较好的恒流性能。

下面按理想运算放大器求出输出电流 I_0 与输入电压 U_{sr} 的变换关系。

假设 $R_4 R_5$ 远大于 $(R_3 + R)$，则可以认为 I_0 是流过 R_3 的全部电流。利用叠加原理，可求出在 U_{sr}、I_0 和 U_b 作用下，运算放大器 A 的同相端及反向端电压为：

同相端

$$U_H = \frac{U_{sr}}{R_1 + R_5} R_5 + \frac{I_0 R}{R_1 + R_5} R_1$$

反向端

$$U_T = \frac{I_0 (R_3 + R)}{R_2 + R_4} R_2 - \frac{U_b}{R_2 + R_4} R_4$$

根据运算放大器工作原理，当其开环作用足够大，则在差动输入时可认为 $U_H = U_T$，令 $R_1 = R_2$，$R_4 = R_5$，则有 $R_2 R_3 I_0 = R_4 (U_{sr} + U_b)$，即

$$I_0 = \frac{R_4}{R_2 R_3} (U_{sr} + U_b)$$

由上式可以看出：

① 当运算放大器 A 的开环增益及输入阻抗足够大时，输出电流 I_0 与输入电压 U_{sr} 之间的关系为线性关系，并且与运算放大器的参数及负载电阻 R 无关，说明它具有恒流性能。

② 输出电流 I_0 与输入电压 U_{sr} 之间的变换系数决定于电路参数，可根据 U_{sr} 及 I_0 的范围来决定电路参数。

例如，输入 $U_{sr} = (0 \sim 5)$ V，要求 $I_0 = 4 \sim 20$ mA。若取 $R_1 = R_2 = 100$ kΩ，$R_4 = R_5 = 20$ kΩ，则可求出 U_b 和 R_3 的值。

当 $U_{sr} = 0$ V，$I_0 = 4$ mA，代入上式得：$20 R_3 = U_b$。当 $U_{sr} = 5$ V，$I_0 = 20$ mA，代入上式得：$100 R_3 = 5 + U_b$。联解得：$R_3 = 62.5$ kΩ，$U_b = 1.25$ V。

③ 令 $U_b = 0$，则上式可变为

$$I_0 = \frac{R_4}{R_2 R_3} U_{sr}$$

上式表明，图 7-17 也能实现 $U_{sr} = (0 \sim 5)$ V，而输出 $I_0 = (0 \sim 10)$ mA 的变换关系。

图 7-18 是用 $(4 \sim 20)$ mA 统一信号传送的参数检测系统框图。图中信号变送器的作用是将传感器的输出从零到满量程的电压信号变换成 $(4 \sim 20)$ mA 的电流信号，用于远距离传送在接收端先通过 250 Ω 电阻变换成 $1 \sim 5$ V 直流电压，然后再进行 A/D 转换。

图 7-18 用 $(4 \sim 20)$ mA 传送的参数

采用直流（4～20）mA 的电流信号来传送传感器输出信号，具有以下优点：

① 送导线的电阻不会造成误差。图 7-19 所示为电流信号传送的典型电路。该电路中传送线电流 I 为

$$I = \frac{R_0}{(r_1 + r_2 + R) + R_0} I_0$$

式中　I_0——变送器输出电流；
　　　R_0——变送器输出电阻；
　　　r_1、r_2——传输线电阻；
　　　R——电流/电压变换电阻或显示仪表内阻。

当 $R_0 \geqslant r_1 + r_2$ 及 R_0 比 R 足够大时，则有 $I = I_0$，这表明，传送电流与传送线电阻无关。借助于 R 可进行 I/V 变换。若传送器的输出电路采用恒流电路（$R_0 = \infty$），使用250 Ω（0.1%级）的 I/V 变换电阻，可将（4～20）mA 的电流信号变换为（1～5）V 的直流电压信号。

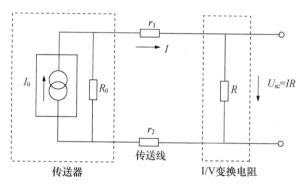

图 7-19　电流信号传送典型电路

② 能够实现传送线的断电自检。由于这种传送信号方式，在正常工作时有 4 mA 的基本电流，故接收端信号电压为（1～5）V。当传送线断线时，经 A/D 转换器后的信号为零值，据此即可以检出断线。

电压/电流变换电路除了用上述方法实现外，也可采样集成电压/电流转换芯片来完成。这类芯片有 ZF2B20、AD694 等。

第 8 章 抗干扰技术和自动检测系统在汽车上的应用

8.1 汽车电控系统抗干扰技术简介

现代汽车的车载电子装置大量使用，使得电磁干扰问题日渐突出。在汽车控制系统等电器中，各种电机及功率执行器件在工作时会在电路中产生能量等级不同、持续时间长短不一的瞬变脉冲电压，形成电磁干扰。这些不同形式的电磁干扰，可能会导致汽车部分电气系统的功能失常，甚至使得某些敏感的元器件永久失效。

来自汽车自身的电磁干扰主要有：发动机点火、发动机管理控制系统、各类电动机、继电器及开关触点之间的火花放电、电路的瞬变、电磁耦合等，这些噪声源所产生的电磁噪声，一部分在汽车电器内通过导体及器件传播，对车内的敏感电子器件形成传导干扰；另一部分电磁噪声向空间辐射，形成辐射干扰。上述干扰，对车载电子装置工作的可靠性影响较大。下面将论述车内主要干扰源的形成机理及其抑制方法。

1. 干扰源的形成机理

(1) 点火系统电磁干扰源

汽车内部最强的电磁干扰源是点火系统。汽车发动机点火时，为了保证足够的点火能量，点火线圈初次级的瞬变电压很高，对车载电子装置产生很强的传导干扰。同时，由于火花塞电极放电强烈，对周围的空间形成很强的电磁辐射。在点火脉冲过后的瞬间，初级绕组的感应电动势最大值可达 300 V 以上。此瞬变电压若无有效的抑制措施，势必对初级电路中的电子器件构成威胁，甚至通过导线对其他电子装置产生严重的干扰。

次级绕组感应电动势的幅值是初级绕组的 ($N2/N1$) 倍，通常可达 25 kV 以上，形成足够的点火电压和点火能量，使火花塞电极间隙击穿，产生强烈的火花放电。火花放电将产生约 0.151 000 MHz 的宽带电磁波向周围的空间辐射，对数十米以内的电子装置产生强烈的辐射干扰。

(2) 交流发电机干扰电波源

交流发电机其激磁电流输入采用炭刷和滑环，旋转中的接触状态稍有改变，也会产生火花，干扰电波会从其引出线辐射出去，形成干扰电波，如图 8-1 所示。

另外，发动机运转中 SW 为 OFF 时，发电机磁场组和蓄电池间的通路切断，在磁场绕组中感生的反向电压峰值可达 50~100 V，因此时已没有蓄电池吸收该脉冲，会引起电子元件的损坏。再如，发动机在运转中，电压调节器自动调节激磁电流，其调节方式是"瞬间断电式"，会在磁感线圈中引起自感电动势，形成干扰电磁波。发电机与蓄电池间连线意外脱开或负载突然卸掉（如关闭灯光、空调），发电机端电压会瞬时升高，可达 100 V 以上，持续时间约为 0.1 s，此脉冲电压对敏感的电元件会导致损坏或产生误动作（如

ECU 控制的点火和喷油电路），为此，也应有可靠地防治措施。

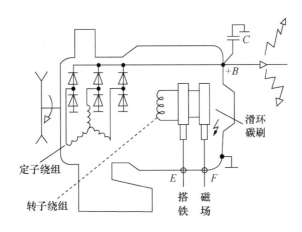

图 8-1 交流发电机的干扰

（3）来自电动风扇和刮水电机的干扰电波

电动风扇和刮水电机都是带整流器的直流永磁电机，其数量都在 3 个以上。高速转动时，炭刷从整流器的一片向另一片过渡时，由于接触电阻的急剧变化，导致电流突变而产生火花，引起连续而较强的电磁波干扰。虽然有良好的封闭式金属外壳，但电机的电源引入线和搭铁线，仍能辐射出一定能量的干扰电磁波，如图 8-2 所示。

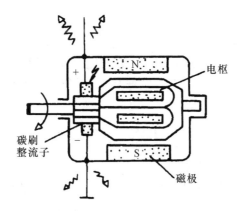

图 8-2 直流电机的干扰

（4）感性负载瞬变干扰源

汽车电气内存在着大量的感性负载，如各种电动机、电磁阀、继电器、电喇叭等，其线圈在开路瞬间，都会成为一种宽频谱、大能量的瞬变干扰源。比如喇叭及其继电器的触点在工作中不断的高速开闭，由于喇叭的工作电流较大（可达 10～20 A），在电路中激发产生高频振荡，也形成较强的电磁波辐射（见图 8-3）振荡峰值电压较高，这对 ECU 电喷系统和 ABS 制动系统中具有高频响应的敏感元件，也会产生失控或误动作，应有可靠的预防措施和合理安装位置。

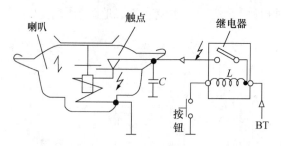

图 8-3 喇叭触点的干扰

可见，凡有电感、电容性质的各种电负载，其中也包括空调压缩机的电磁离合器，在工作切换时，都会在电路中激发出高频振荡，这对高频响应的控制系统会产生误动作。为此，电控系统的电元件，都应有良好的防干扰措施。目的是保证自身不受干扰，也不能干扰相邻的其他电元件。

(5) 电磁耦合干扰源

汽车电气系统内存在着大量成束包扎的导线及多点搭铁的接地回路，较长的无屏蔽配线及搭铁阻抗在汽车电气系统内产生磁感应耦合和电容耦合。同时由于多点搭铁接地形成共同的阻抗通道，当一条导线上的电流通过其公共的地阻抗通道时，也会在另一条共地导线上产生共地阻抗耦合的干扰。上述这种耦合噪声电压的最高幅度可达 200 V 以上，持续时间在几百毫秒以内，可对部分电子装置产生严重干扰。

2. 电磁干扰的抑制

汽车电气存在着多种形式的电磁干扰源，这些干扰对车载电子装置及无线电接收装置会产生不同程度的影响。在汽车电气设计过程中，往往综合采用硬件措施和软件措施来提高车载电子装置的抗干扰能力，同时抑制各种电磁干扰源的噪声发射和传导。通常软件抗干扰主要是将模拟信号采用相应的软件滤波算法处理，将模拟信号经过 A/D 转换后进入 ECU 中。在硬件的抗干扰设计上，则主要通过选用合理的电路和器件，包括采用滤波、屏蔽、增加阻尼、去耦和隔离电路、合理地布线，特殊的接地等方式来提高电路的抗干扰能力。

(1) 供电系统电磁干扰的抑制

汽车供电系统发电机存在着瞬变过电压及整流子火花放电等电磁干扰，一般可在整流子电刷的两个电极并联一个 0.5 μF 的电容来抑制高频噪声。由于蓄电池具有吸收瞬变电压的能力，它可有效地抑制瞬变电压，因而要保证蓄电池与发电机的可靠连接，且应尽量缩短连线，并尽可能地增大连线的截面积。

供电系统发电机抛负载引起的瞬变电压对车载电总之汽车电磁兼容设计主要是提高器件的抗干扰能力和对干扰源的干扰噪声进行有效的抑制。

供电系统发电机抛负载引起的瞬变电压对车载电子装置危害极大，有必要采取措施进行抑制。常用的抑制方法是在发电机的输出端对地连接一个过压箝位保护器件，其电压曲线如图 8-4 所示。

图 8-4 中，V_P 为发电机抛负载时的峰值电压（一般 ≤125 V）；V_B 为蓄电池电压，V_{CL} 为加入箝位保护器件后的箝位电压。箝位前的波形如图中的虚线所示（最大值为 V_P），箝

位后的波形如图中的实线所示。从图中可以看出，加入箝位器件后，最大电压的峰值由 V_P 下降为 V_{CL}。

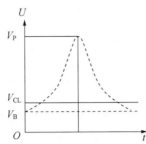

图 8-4 供电系统电磁干扰的抑制

（2）点火系统电磁干扰的抑制

汽车发动机控制系统中最严重的电磁干扰源是点火系统，其电磁干扰主要是点火线圈初级电路中电流瞬变产生的感应电动势 dV/dt 的变化，该瞬变电动势沿着导线及车内的金属构件传导；另外点火线圈次级侧的高压火花放电向空间辐射电磁波，因而点火系统既有传导干扰，又有辐射干扰。

① 初级电路干扰的抑制。为了抑制瞬变电压沿初级传导，可在初级线圈两端并联 RC 吸收电路，如图 8-5 所示。在图 8-5 中，当功率开关管 T 突然由导通变为截止时，初级线圈 N_1 上产生的反向瞬变电压通过 RC 回路释放，电流通过电阻 R 时将电磁能量转化为热量消耗，从而有效地抑制了传导干扰。

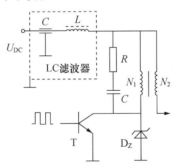

图 8-5 初级电路干扰的抑制

为了进一步抑制初级线圈端的传导干扰，还可在点火电源的输入端接入低通滤波器（如图 8-5 中虚线框内的 LC 滤波器），可阻止瞬变电压高频分量通过电源传导。图 8-5 中所示的 LC 滤波器中的电容为穿心电容，电感为铁氧体磁环式扼流圈，这种结构的低通滤波器对高频分量具有很好的抑制效果。图中虚线框为 LC 滤波器的屏蔽罩，它的作用是防止在扼流圈上产生的高频电磁噪声辐射，屏蔽罩必须可靠接地。

② 次级电路干扰的抑制。点火线圈次级电路在高压点火时产生强烈的电磁辐射。从理论上讲，最有效的抑制方法是用良导电材料密封罩把点火系统全部屏蔽起来，并可靠接地，使辐射的高频电磁波被控制在屏蔽体内，并以涡流的形式转为热能消耗掉。实际上这种完全屏蔽是做不到的。因为点火系统对外的各种联系，必在屏蔽罩上留下各种孔眼或固

定接头的间隙，使得屏蔽功能大为下降。实际有效的办法是对各个部件分散地实行完全或不完全屏蔽。例如在火花塞引线上加装屏蔽套管，并尽量缩短火花塞到分电器间的导线。在分电器及点火线圈等电磁辐射较强的部位用金属屏蔽罩屏蔽起来，且各屏蔽体都须可靠接地。

目前已广泛采用的最简单有效的方法是使用专用的高压阻尼线，并结合采用阻尼碳精触点代替分电器触点、阻尼式火花塞，可使电磁辐射大大衰减。

（3）感性负载瞬变噪声干扰的抑制

汽车电气内有很多的感性负载，这些感性负载在开路时所产生的瞬变噪声具有能量大、频谱宽等特点。有效的抑制方法是在感性负载的两端并联浪涌吸收电路，如图 8-6、图 8-7 所示。

在图 8-6 中，利用二极管的单向导通特性，在开关 K 断开时为电感 L 上的磁场能量提供泄放通道，并被电阻 R 吸收，因而具有较好的效果。若只接二极管，磁场的能量不能及时吸收，将会延长放电时间，降低动态响应特性。

图 8-7 电路具有与图 8-6 相同的功能，是常用的 R-C-L 吸收器，电容 C 为无极电容，一般为 $0.1 \sim 0.5\ \mu F$，耐压视瞬变电压而定，R 一般选 $10 \sim 100\ \Omega$。

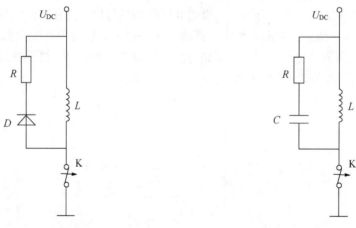

图 8-6　浪涌吸收电路　　　　　图 8-7　R-C-L 吸收器

以上各种抑制方法应根据电路的特点及需要来选择。对于刮水器、电喇叭、继电器等电器件，可在离噪声源最近的地方并接 $0.5\ \mu F$ 以内的电容器，可有效地抑制高频噪声。

对于一些干扰特别严重的噪声源，当采用上述简单方法不能满足要求时，在线路中可接入 π 型低通滤波器和 T 型低通滤波器，如图 8-8 所示。

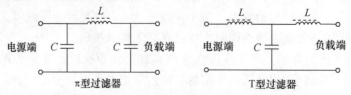

图 8-8　π 型低通滤波器和 T 型低通滤波器

另有一种共模干扰抑制电路，它能有效地抑制由电源线传输的电磁干扰信号，其电路如图 8-9 所示。在图 8-9 中，共模扼流圈的两线圈 L_1 和 L_2 匝数相同、绕向相反，绕在同一个软磁铁氧体磁环上。在滤波电路中，两线圈通过的信号电流 I_1 和 I_2 所产生的磁通在铁芯中相互抵消，因而可以有效地阻止干扰信号通过。图中的电感 $L_1 = L_2 = 0.2 \sim 40$ mH 之间，要求低频特性好时，L 可取上限值。电容 C 一般取 $0.22 \sim 0.68$ μF 即可。在抗干扰要求较高的电路中，接入共模干扰抑制电路，可以起到较好的抑制效果。

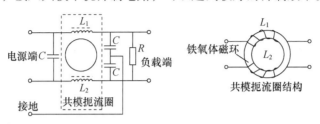

图 8-9　一种共模干扰抑制电路

电磁干扰问题是电磁兼容性的一个重要组成部分，它是一个极为复杂的技术问题。往往采用简单的方法难以达到预期的效果，而采用复杂的抑制电路可能会大幅度增加成本和体积。由于电磁兼容技术涉及面广，因此在抑制汽车电磁干扰工作中，重要的是掌握有关电磁兼容的基本原理，认真分析和试验，从而找到解决问题的最佳方法。

随着车载电子装置的不断增加，汽车电气电磁干扰的问题将更加突出。有效地抑制电磁干扰，同时进一步提高电子装置的抗干扰能力，是汽车电气电磁兼容设计的主要任务。

8.2　自动检测系统在汽车上的应用

8.2.1　概述

汽车电子控制技术是汽车技术与电子技术相结合的产物。随着汽车工业与电子工业的不断向前发展，汽车的电子化程度越来越高。与之相适应，汽车的检测技术也向电子化、智能化方向发展。特别是，随着计算机技术、传感器技术、通信技术等的不断发展，给汽车的自动检测带来了划时代的变化。

8.2.2　汽车自动检测系统组成与实例

汽车的许多电子控制系统的控制过程都是依靠反馈机制来实现的。这些系统能及时识别迅速变化的外界条件和系统自身的变化，系统本身再根据变化的信息控制系统去工作，或者将这些信息储存起来以备将来某个时候使用。系统接收信息的元件称传感器，接受控制信息后经过处理产生动作的机构叫做执行器。

如图 8-10 所示，汽车电子控制系统主要由传感器、电子控制装置（ECU）和执行器三大部分组成，图 8-11 所示为与博世 M 型电控汽油喷射系统有关的主要控制系统部件的构成图。

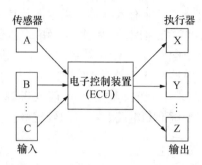

图 8-10 电子控制系统的基本组成

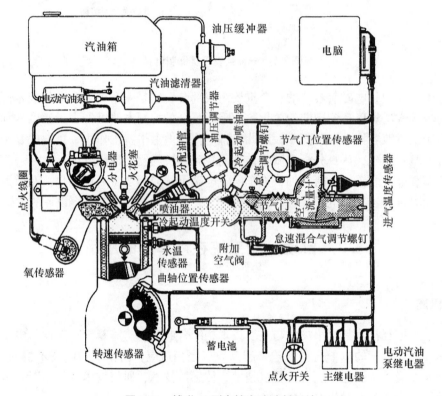

图 8-11 博世 M 型电控汽油喷射系统

1. 传感器

传感器在汽车电子控制系统中担负采集信息的任务,并将有关动作或热效应等方面的信息变换成和这些物理量成比例的模拟或数字电信号,再传输给控制系统。显然,如果没有各种传感器,ECU 控制就根本无法实现。要有效地控制某一系统需要具备相应条件,条件不充分或不具备都达不到控制的目的。某一电子控制系统需要多少相应的条件就需要多少个传感器,条件多少取决于影响这一系统工作过程的因素多少。图 8-12 所示的点火系统就有三个传感器,分别用来测定曲轴转角、发动机转速和进气管真空度。这些传感器为电子控制装置提供信号,以便正确地控制点火时间。影响点火时间的因素较多,而一个传感器只能测定一个项目。如果要求点火正时有更高的精确度，还需测定更多变量，如发动机的温度、CO 的排量等。

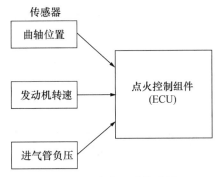

图 8-12　点火系统传感器

2. ECU

ECU 是一种电子综合控制装置，具备的基本功能如下：

① 接受传感器或其他装置输入的信息；给传感器提供参考（基准）电压：2 V、5 V、9 V 或 12 V；将输入的信息转变为微计算机所能接受的信号。

② 存储、计算、分析处理信息；计算出输出值所用的程序；存储该车型的特性参数；存储计算中的数据（随存随取）、存储故障信息。

③ 运算分析，根据信息参数求出执行命令数值；将输出的信息与标准值对比，查出故障。

④ 输出执行命令，把弱信号变为强的执行命令，输出故障信息。

⑤ 自我修正功能。

如图 8-13 所示，ECU 主要由输入回路、A/D 转换器、微型计算机和输出回路 4 部分组成。输入回路的作用是将传感器输入的信号，在除去杂波和把正弦波转变为矩形波后，再转换成输入电平。从传感器输出的信号，有模拟信号和数字信号两种。信号输入 ECU 后，首先通过输入回路。其中数字信号直接输入微计算机；而由传感器输出的模拟信号，微机不能直接处理，故要用 A/D 转换器将模拟信号转换成数字信号，再输入微型计算机。

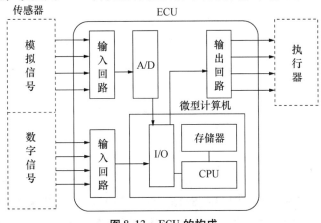

图 8-13　ECU 的构成

图 8-14 所示为空气流量传感器输出模拟信号，由 A/D 转换器处理的示意图。微计算机的功能是根据汽车工作的需要，把各种传感器送来的信号和数据进行运算处理，并把处理结果，如燃油喷射控制信号、点火控制信号等送往输出回路。

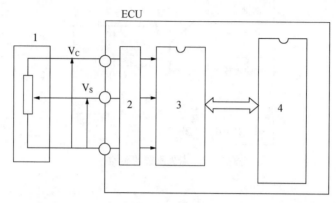

图 8-14　空气流量传感器模拟信号转换处理示意图
1—空气流量计；2—输入回路；3—A/D 转换器；4—微计算机

3. 执行器

执行器受 ECU 控制，执行某项具体控制功能。通常由 ECU 控制执行器电磁线圈的搭铁回路，或由 ECU 控制某些电子控制电路，如电子点火控制器等。

外部传感器和执行器之间执行数据传送任务，一般称之为 I/O 接口。输出回路的功用是将微计算机输出的数字信号转换成可以驱动执行元件的输出信号（由于由微计算机输出的是电压很低的数字信号，用它一般是不能直接驱动执行元件的）。输出回路多采用大功率三极管，由微计算机输出的信号控制其导通和截止，从而控制执行元件的搭铁回路，如图 8-15 所示。

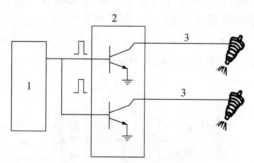

图 8-15　输出回路和执行器
1—微计算机；2—输出回路；3—喷油器

4. 典型发动机电子控制系统举例

典型发动机电子控制系统框图如图 8-16 所示。ECU 接收空气流量传感器、转速传感器、曲轴位置传感器、进气温度传感器、大气压力传感器、氧传感器、节气门位置传感、爆震传感器等的输出信号，进过计算、对比，分析输出控制信号，控制喷油器、点火器、怠速调节阀、废气再循环阀等执行器工作，从而实现发动机的电子控制。

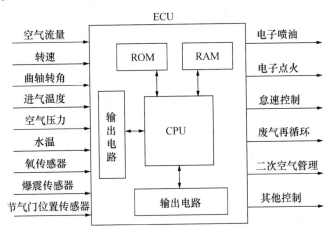

图 8-16　典型发动机电子控制系统框图

5. 汽车用传感器与微机接口

由图 8-17 可看出，数字量输出的传感器不必经放大与 A/D 转换即可直接与计算机的中央处理器（CPU）连接，但通常数字式传感器成本较高，故现在汽车上一般仍采用模拟式传感器。模拟计算机以电压和电流等模拟量进行运算，故运算精度低（约 0.1%），仅用于特殊情况，故信息处理仍采用数字式计算机。

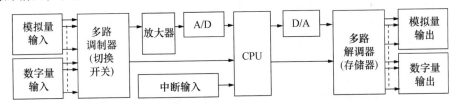

图 8-17　汽车用传感器与微机的连接器

车用传感器和微型计算机一起组成电子控制系统时，模拟式传感器与数字化的中央处理器的接口是关键问题。在设计系统接口时应考虑的问题有：传感器、I/O 接口、微型计算机处的 A/D 转换问题；数字传感器、时间模拟传感器、A/D 转换器等选用哪种转换方法的问题；总同步、采样保持、缓冲存储等选用哪种子程序方法的问题。

参 考 文 献

[1] 李晓莹. 传感器与测试技术 [M]. 北京：高等教育出版社，2004.
[2] 刘红丽，张菊秀. 传感与检测技术 [M]. 北京：国防工业出版社，2007.
[3] 周征. 传感器原理与检测技术 [M]. 北京：清华大学出版社、北京交通大学出版社，2007.
[4] 陈杰，黄鸿. 传感器与检测技术 [M]. 北京：高等教育出版社，2002.
[5] 舒华，姚国平. 桑塔纳轿车电控与电气系统结构原理检修 [M]. 北京：人民邮电出版社，2003.
[6] 霍志义. 凯迪拉克 CTS 胎压监测系统及故障诊断 [J]. 汽车维修与保养，2008 (3).
[7] 黄贤武. 传感器原理与应用 [M]. 成都：电子科技大学出版社，1999.
[8] 孙宝元，杨宝清. 传感器及其应用手册 [M]. 北京：机械工业出版社，2005.
[9] 宋年秀，刘超，杜彦蕊. 怎样检测汽车传感器 [M]. 北京：中国电力出版社，2007.
[10] 孟立凡. 传感器原理及技术 [M]. 北京：国防工业出版社，2005.
[11] 吴际璋，等. 当代汽车电控系统结构原理与检修 [M]. 北京：人民交通出版社，2002.
[12] 黄建. 汽车电磁干扰研究初探 [J]. 昌河科技. 2004 (1).
[13] 王化祥. 传感器原理及应用 [M]. 天津：天津大学出版社，1999.
[14] 李景之，吴际璋，冯传荣. 汽车电磁干扰故障的诊断与排除 [J]. 汽车科技，2000 (9).
[15] 谢志萍. 传感器与检测技术 [M]. 北京：电子工业出版社，2007.
[16] 李贵山，周征，黄晓峰. 检测与控制技术 [M]. 西安：西安电子科技大学出版社，2006.
[17] 张乃国. 实用电子测量技术 [M]. 北京：电子工业出版社，1996.
[18] 宋福昌. 汽车传感器别与检测（第2版）[M]. 北京：电子工业出版社，2007.
[19] 黄继昌. 传感器工作原理及应用实例 [M]. 北京：人民邮电出版社，1998.
[20] 王昌明，孔德仁，何云峰. 传感与测试技术 [M]. 北京：北京航空航天大学出版社，2007.
[21] 贺建波，等. 汽车传感器的检测 [M]. 北京：机械工业出版社，2005.
[22] 董辉. 汽车用传感器 [M]. 北京：北京理工大学出版社，2000.
[23] 王家桢，王俊杰. 传感器与变速器 [M]. 北京：清华大学出版社，1997.
[24] 李东江，宋良玉，等. 现代汽车用传感器及其故障检修技术 [M]. 北京：机械工业出版社，1999.
[25] 鲁植雄. 汽车传感器检测图解 [M]. 南京：江苏科学技术出版社，2001.
[26] 宋年秀，刘超，杜彦蕊. 怎样检测汽车传感器 [M]. 北京：中国电力出版社，2007.
[27] 董素荣，舒华，张煜，等. 超声波检测涡流式空气流量传感器 [J]. 汽车电器，2002 (1).